U0731035

普通高等学校学前教育专业系列教材

幼儿园组织与管理

（第三版）

主　编　张　欣　马晓春
副主编　张　卉　金　涛　梁　莹
编　委（按姓氏笔画排列）
　　　　万　中　马金虎　马晓春　王华军
　　　　石伟峰　朱智红　李　莹　李新舟
　　　　周　欣　赵　丽　康松玲　董向红
　　　　蔡　军

复旦大学出版社

内容提要

本教材立足于学前教育专业学生的认知水平和幼儿园的工作性质，旨在让学生了解幼儿园组织与管理的基本原理和内容，掌握幼儿园组织与管理的基本规律，学会用所学专业理论解决实际工作中遇到的管理问题。本教材在理论的基础上列举了大量实用案例并给出案例分析，培养学生的思辨意识、创新意识，提高学生与时俱进的管理理念。为学生今后从事幼儿园教育工作和管理工作奠定良好的基础，具有较强的实用性和可操作性。

第三版教材增添了思维导图，有效帮助学生建立知识体系，运用"图象记忆"的方式提高学生的学习效率。同时将科学的管理理念渗透于幼儿园管理的各个方面，增加了幼儿教师资格考试的习题和案例，提升学生分析、解决管理中实际问题的能力，将课、岗、证有机融合。

本书配有课件、习题参考答案等教学资源，可登录复旦社云平台（www.fudanyun.cn）免费下载。

复旦社云平台
数字化教学支持说明

为提高教学服务水平，促进课程立体化建设，复旦大学出版社建设了"复旦社云平台"，为师生提供丰富的课程配套资源，可通过"电脑端"和"手机端"查看、获取。

【电脑端】

电脑端资源包括 PPT 课件、电子教案、习题答案、课程大纲、音频、视频等内容。可登录"复旦社云平台"（www.fudanyun.cn）浏览、下载。

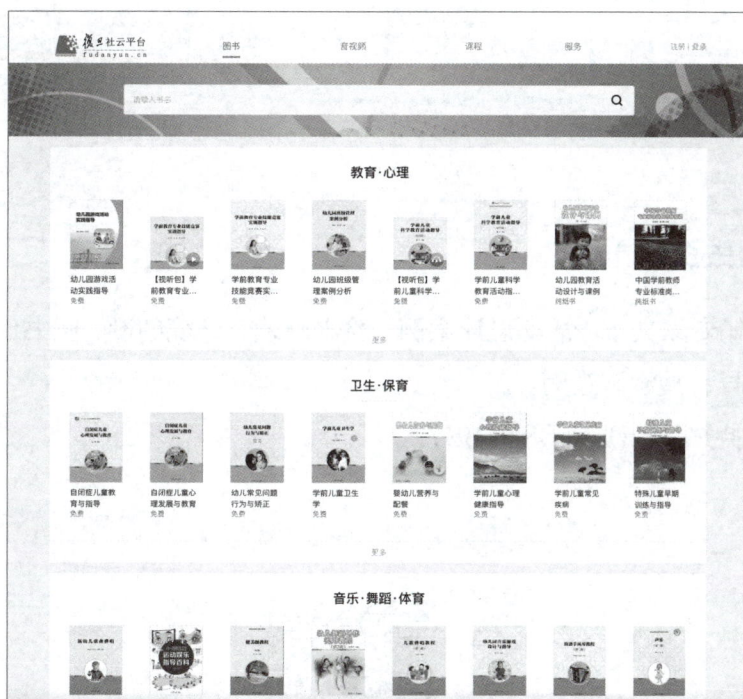

Step 1 登录网站"复旦社云平台"（www.fudanyun.cn），点击右上角"登录／注册"，使用手机号注册。

Step 2 在"搜索"栏输入相关书名，找到该书，点击进入。

Step 3 点击【配套资源】中的"下载"（首次使用需输入教师信息），即可下载。音频、视频内容可通过搜索该书【视听包】在线浏览。

【手机端】

PPT 课件、音视频、阅读材料：用微信扫描书中二维码即可浏览。

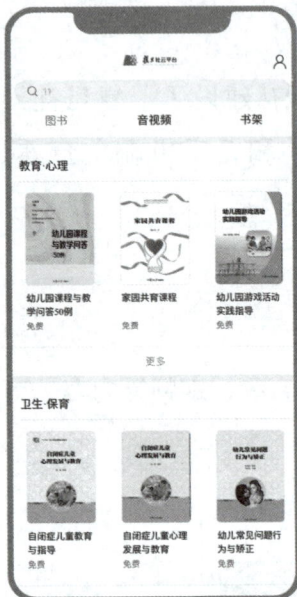

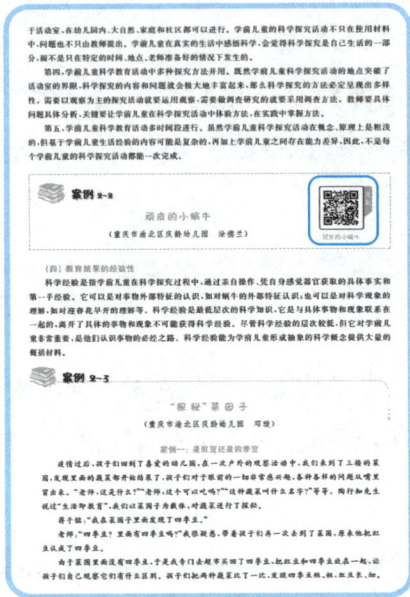

扫码浏览

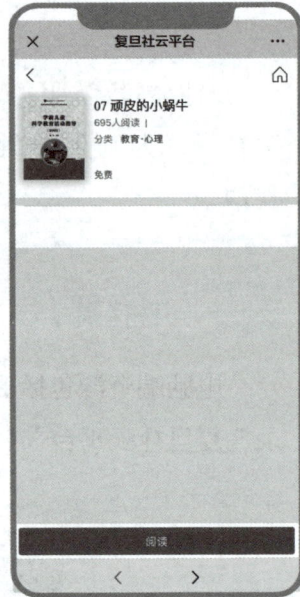

【更多相关资源】

更多资源，如专家文章、活动设计案例、绘本阅读、环境创设、图书信息等，可关注"幼师宝"微信公众号，搜索、查阅。

平台技术支持热线：029-68518879。

"幼师宝"微信公众号

第三版前言

幼儿园组织与管理是普通高等学校学前教育专业的理论课程之一，同时也是幼儿园园长和幼儿教师职前培养的必修课程。作为教育管理的一个分支学科，其主要任务是研究和探讨学前教育领域中的管理现象及其规律，学会用所学专业理论解决实际工作中遇到的管理问题。

本教材（第一版）于2008年8月由复旦大学出版社出版，因其内容实用、系统，富有创新元素，得到了国内学前教育专业师生的普遍好评，应用广泛。2012年10月，国家教育部颁布了《3—6岁儿童学习与发展指南》，对幼儿园的教育教学活动提出了新的要求。为了助力教育改革的顺利实施，我们对教材进行了第二次修订，全书以理论引领为导向，高度凝炼，突出实用性和操作性，全书渗透了《3—6岁儿童学习与发展指南》和《幼儿园教师专业标准》的相关要求，使理论知识与时俱进，符合现代社会对学前教育发展的要求。近几年来，伴随学前教育改革的不断深入，全国幼儿园数量和教师数量在急剧增加，管理中出现的问题也层出不穷，管理方法及理念需要不断更新，为此，推动了本教材的第三次修订。本次修订在保持原教材的优势基础之上，进行了部分微调，具体表现在以下几个方面：

1. 渗透学前教育改革精神。在修订过程中，结合《国家中长期教育改革和发展规划纲要（2010—2020）》和《幼儿园教师专业标准》等重要文件精神，将"立德树人"作为教育管理的根本任务，保量提质，牢牢把握师德为先的培养目标，明确幼儿园教育管理的发展方向。

2. 更新实践应用。教材以岗位能力为本位，以职业实践为主线，力求理论知识与实践的密切结合。本书针对现阶段学前教育发展的阶段特征，更新了部分案例，补充了相关的知识内容，以帮助学生更好地理解知识点，提高应用能力。

3. 增添了思维导图。思维导图是一种思维形象化的方法，通过将各级主题隶属关系直观地呈现在学生面前，可以有效地帮助学生建立知识体系，运用"图像记忆"的方式提高学生的学习效率，培养思维的连续性和发散性。

4. 对接幼儿园管理的工作要求。将科学的管理理念渗透于幼儿园管理的各个方面，增加部分幼儿教师资格考试的习题和案例，提升学生分析、解决管理中实际问题的能力。

本书由全国十余所幼儿师范院校的骨干教师以及幼儿园园长、教师共同编写，将学前教育理论与幼儿园工作实践紧密结合。本书编写过程中参考了国内外学者的相关著述，在此一并致谢，参考资料均注明并附后。

由于编者学识和能力有限，文中疏漏和不足难免，敬请广大读者斧正，以便我们更好地提高质量。

编　者

目　　录

绪　　论

第一节　什么是管理

管理是当今社会非常热门的一个词。教育管理、酒店管理、人力资源管理、管理理念、管理艺术等词语以各种方式出现在街头巷尾,出现在各个企业、学校之中,人们对此并不陌生。那么,究竟什么是管理呢?

一、管理的含义

管理是什么?这个问题涉及管理的含义。然而,到目前为止,管理还没有一个统一的定义。长期以来,许多中外学者从不同的研究角度出发,对管理作出了不同的解释,特别是 20 世纪以来,各种不同的管理学派,由于理论观点的不同,对管理概念的解释更是众说纷纭。其中较有代表性的有以下几种。

科学管理理论的奠基人泰罗提出,管理就是"确切知道要别人去干什么,并注意他们用最好、最经济的方法去干"①。

古典管理学派的代表人物之一法国管理学家法约尔认为,管理是所有的人类组织(不论是家庭、企业还是政府)都有的一种活动,这种活动由五项要素组成:计划、组织、指挥、协调和控制。管理就是实行计划、组织、指挥、协调和控制。"计划"是指决定组织目标和规定实现组织目标的途径与方法的一切活动。"组织"是指确定管理机构及其责任分工等方面的一切活动。"指挥"是指对下属人员给予指导。"协调"指的是使组织的一切工作密切配合以取得成功而进行的一切活动。"控制"是为了确保实际工作与规定的计划相符合而进行的一切活动②。

行为管理学派的代表人物赫西·布莱查尔特认为:"管理是个人与群体共事,以达到组织的目标。""管理的本质是对人的管理而不是对物的管理。"

当代科学管理学派的代表赫伯特·A.西蒙认为:"管理就是决策。"他认为决策的制定贯穿管理的全过程,包括确定目标和实现目标的手段。

除此之外,我国一些管理学家也对管理进行了多角度的研究,作出了各自的解释。

---

① [美] F.泰罗.科学管理原理[M].韩放译.北京:团结出版社,1999.
② [法] 法约尔.工业管理和一般管理[M].曹永先译.北京:团结出版社,1999.

翟立林教授认为："管理是通过组织计划来行动，把一个机构所拥有的人力、物力、财力充分运用起来，使之发挥最大效果，以达到机构的目标，完成机构的任务。[①]"

程正方教授认为："管理是人类一种有组织、有目的、有领导的活动方式，是组织活动不可缺少的组成部分。[②]"

上述定义可以说是从不同的侧面、不同的角度揭示了管理的含义，或者是揭示管理某一方面的属性。通过比较和观察，我们试对管理作以下表述。

管理是管理者或管理机构，在一定范围内，通过计划、组织、控制、领导等工作，对组织所拥有的资源（包括人、财、物、时间、信息）进行合理配置和有效使用，以实现组织预定目标的过程。这一定义有四层含义：第一，管理是一个过程；第二，管理的核心是达到目标；第三，管理达到目标的手段是运用组织拥有的各种资源；第四，管理的本质是协调。

简而言之，管理就是通过协调不同个人的行为，有效调控各种资源，以实现其组织目标的活动。

谈到"管理"，人们自然就会想到"领导"，从最终结果来看，管理与领导两者的目的都是为了实现组织目的，但两者的区别却也是显著的。

其一，领导是管理的一个职能，一般称为领导职能，但管理的其他职能，则不属于领导。比如，组织中的参与人员所从事的工作是管理工作，但不是领导工作。管理是指管理行为，而领导工作既包括管理行为，也包括业务行为。比如，作为企业的领导者会见重要人物，参与谈判，出席一些公共活动。其二，领导与管理的范畴既有包含的部分，又有互相区别的部分，但一般而言领导主要是对人的领导，主要是处理人与人的关系，特别是上下级关系，这是管理活动中的核心问题；而管理的对象还包括财、物，管理不仅要处理人与人之间的关系，还要处理财与物、物与人、人与财的关系。管理涉及的范围比领导广泛得多。其三，领导活动的重点在于做出决策，确立奋斗目标、规划，以及制定相应的政策，为本地区、本部门、本单位的工作指引前进的方向，等等，领导从整体发展的目标出发，着重于争取赢得良好的外部环境；而管理是为了保证领导确定的目标得以实现，着重于维护和加强组织的正常秩序。因此，领导和管理虽属于两个不同的行为层次，但是它们密切相关、难以分离。

二、管理的职能

职能是个综合概念，是知识、技能、行为与态度的组合。具体来讲是指人、事物、机构所应有的作用。人的职能是指一定职位的人完成其职务的能力；事物的职能一般等同于事物的功能；机构的职能一般包括机构所承担的业务、职权、作用等内容。管理职能指的是管理活动自身所具有的职责和功能作用，即管理工作应包括哪些基本内容，需要做哪些事情。在这里，我们重点阐述管理系统中，管理主体是如何发挥其作用的。

（一）计划职能

计划是管理的首要职能，是管理者为实现组织目标对工作所进行的筹划活动。计划工作是为事物未来的发展规定方向和进程，重点要解决两个基本问题：一是做什么；二是怎么做，先做什么，后做什么。

---

① 翟立林.现代管理学概论［M］.上海：上海社会科学院出版社，1990.
② 程正方.现代管理心理学［M］.北京：北京师范大学出版社，2004.

不论什么样的管理工作,计划都是行动的纲领,确定一个切实可行的目标,制定一个严密、能够充分发挥各个资源潜力的计划是成功的管理行为的第一步。因此,计划是管理的首要职能。

(二)组织职能

组织职能是管理者为实现组织目标而建立与协调组织结构的工作过程。具体指通过建立组织机构,确定各成员的职责,并协调相互关系,将组织内部各个要素联结成一个有机整体,使组织成员协调统一行动去实现组织的共同目标,包括完成计划所需的组织结构、规章制度、人、财、物的配备等。组织既指组织机构,这是发挥管理效能的重要工具,同时,组织活动过程本身就是一种管理活动。例如,确定任务目标、任务分配、建立指挥体系等都是组织在管理行为中的积极表现。

(三)领导职能

所谓领导,就是设定目标,率领和引导组织或个人在一定的时间以及其他条件下,按照一定的计划或方法实现该目标的行为过程。有分工协作就会有领导。领导既可指人也可指一种有效的管理行为。管理行为的基础就是群体协作,离开了群体也就无法对人、财、物等资源进行合理化的配置,自然也体现不出社会的主导者——人的优越性。领导职能是指管理者指挥、激励下级,以有效实现组织目标的行为。也就是说,运用组织权限,发挥领导的权威作用,按计划目标的要求,把所有的管理对象集合起来,形成一个高效的指挥系统,保证人、财、物在时间和空间上的相互衔接。由此可见,无论大到国家,还是小到家庭,都离不开具有领导艺术的管理者实施行之有效的管理活动。所以,领导是管理的核心职能。

(四)控制职能

控制职能是管理者为保证实际工作与目标一致而进行的活动。控制职能是按照既定的目标、计划和标准,对组织活动各方面的实际情况进行检查和考察,发现差距,分析原因,采取措施,予以纠正,使工作能按原计划进行,或根据客观情况的变化,对计划作适当的调整,使其更符合于实际。控制必须具备三个基本条件:一是有明确的执行标准,如数量、定额、指标、规章制度、政策等;二是及时获得发现偏差的信息,如报表、简报、原始记录、口头汇报等;三是纠正偏差的有效措施。缺少任何一个条件,管理活动便会失去控制。

管理的上述职能是相互关联、不可分割的一个整体。通过计划职能,明确组织的目标与方向;通过组织职能,建立实现目标的手段;通过指挥协调职能,把个人的工作与所要达到的集体目标协调一致;通过控制职能,检查计划的实施情况,保证计划的实现。管理的这四个职能的综合运用,归根结底是为了实现组织的目标。

思考与练习

1. 结合实际生活,谈谈你对管理的理解。
2. 请你列举两个生活中管理行为的例子,并分析其不同的职能。

第二节　什么是幼儿园管理

在今天经济日益全球化和知识大爆炸的时代,幼儿园管理作为管理学的一个重要分支,越来越多地受到人们的重视和应用。如何将科学管理的理念与幼儿园这个基础教育的实体紧密联系起来,一直是众多从事学前教育的工作者们不断探讨和研究的问题。

一、幼儿园管理的含义

幼儿园管理,是指幼儿园管理人员和有关教育行政人员遵循一定的教育方针和保教工作的客观规律,采用科学的工作方式和管理手段,将人、财、物等各因素合理组织起来,调动各方面的积极性,优质高效地实现国家所规定的培养目标和幼儿园工作任务所进行的实践活动①。

幼儿园管理的基本原理来源于一线的幼教工作者。通过长期的管理实践活动,人们逐渐摸索出一系列行之有效的管理经验,既可以节约成本又能高效地完成工作任务,这就减少了人们在工作中的盲目性,大大提高了工作效率,使人、财、物等因素都得到了科学的组织与协调,更快、更好地完成教育的预期目标和任务。

二、学习和研究幼儿园管理的意义

(一) 学习和研究幼儿园管理是我国幼教事业发展的客观需要

我国的幼教事业起步较晚,在清末时期才出现了最早的幼教机构,由于国家经济比较落后、人们对幼儿期教育重视的程度不足,从而导致我国幼儿教育的发展十分缓慢。

新中国成立后,伴随着社会主义建设的大发展,幼教事业迎来了它的第一个春天,出现了各种形式的托幼机构,如公办园、街道办园、厂矿办园、学前班等,某些大中城市的入托率甚至达到了80%—90%,幼儿园的数量也在逐年增加。

自20世纪80年代以来,国外越来越多的先进管理理念传入中国,对我国幼儿园管理产生了巨大的影响,开始逐步要求建立健全管理体制并探索多样化管理方式。随着改革开放步伐的加快,幼儿教育也面临着质的飞跃,无论是教育内容、教育形式、教学方法,还是管理方式、管理理念都在进行着史无前例的革新。

今天,早期教育的观念已经深入人心,许多家长为了把握孩子智力开发的敏感期不惜一掷千金;众多幼教机构为了提高教学质量而不断加强园本培训,用国内外先进的管理思想武装本园的幼教力量,这些都说明我国的幼教事业正在朝着高速、长效的方向迈进。教育改革使我国幼儿园管理水平不断提高,使人才培养模式从一元化向多元化转化,教育结构开始向纵深发展。因此,探索多样化的管理方式,提高管理水平,这是我国教育事业发展的客观需要,今后要继续加强对幼儿教育管理问题的学习和研究,以便更好地指导教学实践。

(二) 学习和研究幼儿园管理是办好幼儿园,提高幼儿教育质量的根本保证

现今,父母的文化素质不断提高,对子女的培养也十分重视。越来越多的家长通过继续自我教育使育儿知识日趋丰富,家长所关注的问题不再是上不上幼儿园,而是上什么样的幼儿园,如何创造条件使孩子接受更好的教育,在有限的时间里使孩子的潜能得到最大限度地开发。那么,这就涉及幼儿园是否能紧跟时代潮流,准确把握教育改革的命脉,在激烈的行业竞争中办出自己的特色,从而永远走在教育改革的前沿。办好幼儿园,除了物质条件及师资力量之外,非常关键

---

① 张燕,邢利娅.幼儿园组织与管理[M].北京:北京师范大学出版社,1999.

的一点就是管理水平。管理是一个能动性很强的内部因素,是把物质条件变为教育质量的转换器。好的管理可以造就一个成功的领导者,好的管理可以成就一批优秀教师,好的管理可以使一个幼儿园声名鹊起。因此,科学的管理是办好幼儿园、全面提高教育质量的源泉。

(三)学习和研究幼儿园管理是提高人才素质、培养管理干部的必备条件

一所幼儿园办园水平的高低不仅仅看它的硬件设施是否完备,师资文化素质是否过关,更重要的是看这个团队是否有科学的管理理念作为指导,团队成员是否都具有科学管理的意识、管理方式及工作状况。只有全园动员,都能以科学的管理思想武装自己,自觉、自律地遵守各项规章制度,教育质量才会大大提高。

现今,许多大、中型幼儿园不惜花重金聘请具有科学管理方法的人担任幼儿园顾问,以期提高本园的教学质量。之所以会有幼儿园顾问的出现,就是因为各幼教机构缺乏管理人才,不懂得管理的艺术,无法将管理理论与实践结合在一起,使幼儿园管理总是出现这样或那样的漏洞。所以,普及管理知识是幼儿园面临的重要课题。应该积极吸收国内外先进的管理思想和管理方法,通过培训、自学等方式填补这一知识空白。每一个有责任感的管理者在日新月异的管理革命面前都应有强烈的使命感,认真充实自己的管理思想,提高管理水平。

三、学习幼儿园管理应该注意的问题

(一)要运用科学的方法去研究幼儿园管理这一社会现象[①]

常用的研究方法有以下三种。

1.调查法

调查法是调查研究法的简称,是根据研究目的有计划地运用座谈、访问、测验、调查表等手段来收集相关资料,并通过对资料进行整理和分析,来认识事物现状及发展变化规律的研究方法。在幼儿园管理中,我们可以有目的、有计划地运用上述手段收集与先进管理经验、管理反思等相关的资料,通过对资料进行全面、系统地分析,概括该幼儿园组织与管理的特点,这就是调查法在幼儿园组织与管理中的应用。

2.实验法

实验法是以一定的理论假设为指导,根据研究目的,有计划地操纵某些条件、控制某些条件,观测特定的教育现象随之发生的变化,以探索不同教育现象之间的因果关系,揭示教育规律的研究方法。在幼儿园管理中,实验法多用于检验某种管理方式与教育效果之间是否存在因果关系,在这一点上,幼儿园教师可谓拥有得天独厚的优势。他们拥有最新、最真实的实践材料,只要条件允许可以就地进行各种实验,积累管理经验。

3.个案法

个案法就是以个案为研究对象的研究方法,也称为"个案研究法"。具体来说,就是以具备某种特征或某种特殊价值的个体、个别团体或个别事件为对象的研究方法。因为个案法的例子来自实际,因此对问题的分析和研究具有较强的现实针对性。我们可以直接通过对案例进行分析、比较,在相对较短的时间里得出结论,获得经验。这是研究管理现象的一种特殊方法,也是应用十分广泛的一种方法。需要注意的是,对个案的判断必须做到客观、公正、全面地分析管理的各

---

①　张燕,邢利娅.幼儿园组织与管理[M].北京:北京师范大学出版社,1999.

个要素,否则很可能会一叶障目,获得错误的认知。

(二)本着发展的观点,批判地继承现代社会纷繁复杂的管理体制和管理模式

近几年来,许多新的管理理念、管理模式不断充斥着人们的大脑,每一种管理模式都以强大的理念为依托,让我们眼花缭乱,无从取舍。社会在进步,人们的思想经历着一次又一次的风暴洗礼,不可能抱着固有的管理模式不放,也不能采取"拿来主义",不论适用与否统统兼而有之,使自己成为"四不像"。应该用发展的眼光去看待幼儿园管理,管理的最终目的始终是促进幼儿身心的全面发展,在把握这一大原则的基础上,要使思想具有前瞻性,对各种各样的管理体制和模式进行批判的继承,合理的要大胆尝试,不合理的坚决剔除。

(三)能够灵活运用已学知识,将理论与实践紧密结合

学习幼儿园管理的根本目的,不单纯是掌握理论知识,更重要的是为了指导幼儿园管理的改革和实践。现今我们可以了解的各种管理思想多引自国外,所以这些理论不可避免地带有异域色彩,并不适合直接拿来照抄照搬,而是要在学习之前,就自己本国幼儿教育的现实状况作深刻的思考,看能不能从这些理论中找到合理的解决办法,然后再用实践来检验。在学习之后,应该能从实际工作中感受到"新鲜血液"的融入所带来的巨大变化。

思考与练习

1. 什么是幼儿园管理?
2. 简述学习和研究幼儿园管理的必要性。

第一章　幼儿园组织与管理概述

思维导图

学习要点

◇ 幼儿园管理的任务
◇ 幼儿园管理的特征与内容
◇ 幼儿园管理的原则
◇ 幼儿园管理的方法

导　语

　　我们身处科学技术飞速发展的时代,科学的管理知识、先进的管理理念正在影响、决定着当代幼儿园的生存和发展。幼儿园园长和教师日益提高的管理水平已成为学前教育蓬勃发展的关键。学习本章内容能帮助你对幼儿园组织与管理的概念形成初步、全面的理解,了解幼儿园管理的任务、特征、内容,掌握幼儿园管理的原则和方法。

第一节　幼儿园管理的任务

一、幼儿园的任务

　　《幼儿园工作规程》(以下简称《规程》)对幼儿园的性质、任务作了明确的规定:"幼儿园是对3周岁以上学龄前幼儿实施保育和教育的机构,是基础教育的有机组成部分,是学校教育制度的基础阶段。""幼儿园的任务是:实行保育与教育相结合的原则,对幼儿实施体、智、德、美诸方面全面发展的教育,促进其身心和谐发展。幼儿园同时为家长参加工作、学习提供便利条件。"

　　从《规程》对幼儿园性质、任务的明确规定中,我们可以看到幼儿园担负着保教幼儿和为家长服务的双重任务,努力提高保教质量,教育好幼儿,使幼儿身心全面和谐发展,是幼儿园的根本任务。幼儿在幼儿园愉快地生活、和谐地发展,幼儿园成为孩子们的乐园,是让家长放心、安心工作的前提,也是幼儿园工作的根本目的所在。幼儿园正是通过保教好幼儿来实现为家长服务的目的,为孩子服务等于间接地为家长服务。

务必使全园教职工明确幼儿园的双重任务,认识和处理好这双重任务的关系。在保教好幼儿的同时,尽可能地为家长提供方便。

2001 年 7 月 2 日,教育部颁发了《幼儿园教育指导纲要(试行)》(以下简称《纲要》),《纲要》在《规程》的基础上,进一步将幼儿园教育任务的终极目的凸显出来,以体现出富有时代精神的终身教育理念和以儿童可持续发展为本的教育追求。

2012 年教育部发布了《3—6 岁儿童学习与发展指南》(以下简称《指南》),进一步把提高质量作为教育改革发展的核心任务,提高教师专业素质,重视理解幼儿的知识与能力,教育幼儿的知识与能力,促进每个幼儿富有个性的发展,引导全社会树立正确的儿童观、教育观和质量观。

广大幼教工作者应该认真学习领会《纲要》和《指南》的精神,并在实践中加以贯彻落实,以整体教育观为指导完成保教好幼儿的任务,以家园合作共育的理念完成好为家长服务的任务。

二、幼儿园管理的任务

幼儿园管理是对幼儿园的各项工作进行管理。如果从性质上来划分,又可以分为幼儿园行政工作的管理与幼儿园教育工作的管理两大类。幼儿园行政管理具体是指管理者在幼儿园组织机构中,对幼儿园的财物、制度、人事和组织运行等一般行政工作进行管理的活动。幼儿园教育管理是指管理者对幼儿园保教工作进行的各种管理活动。幼儿园教育管理是以幼儿园行政管理为基础的,同时也是整个幼儿园管理的核心。作为幼儿园的管理者,应该在幼儿园管理中以目标为导向,坚持行政管理与教育管理的协同开展。

幼儿园管理的任务是通过计划、组织、领导、控制等管理职能,合理地组织和利用幼儿园内的各种教育资源,优质高效地达到组织的目标——促进儿童全面发展,为家长服务。

要完成好幼儿园的管理任务,必须做好以下三个方面的工作。

(一) 建立幼儿园管理系统

幼儿园管理系统主要包括幼儿园组织系统和条例系统两个方面。

1. 建立完备的组织系统

幼儿园管理系统的建立应该从建立完备的组织系统着手,建立完备的组织系统要注意以下四个方面。

(1) 形成有效的正式组织机构

正式组织机构的建立是管理的重要基础,因为它是管理的基本框架。园长必须依靠组织来进行管理,而不是依靠个人的力量进行管理。因此一定要形成有效的正式组织机构,包括:党组织、行政组织、工会组织、团组织、教研组、年级组和班组等。

(2) 保证组织的正常运转

幼儿园组织系统的真正建立,不仅在于组织机构的存在,更重要的是组织的系统运行。所以,园长要理顺各机构的关系,充分发挥各机构的组织权限,促使各机构独立地开展工作,从而带动整个幼儿园的管理工作。

(3) 强化组织的协作效应

在组织系统中,各机构的独立工作都是在同一目标的引导下进行的,因此,各机构之间的工作就需要通过协调而产生整体效应。作为园长,必须特别注意幼儿园各机构之间的协作关系,理顺矛盾,从而产生整体的合力。

（4）加强对非正式组织的引导

在幼儿园中，可以看到员工群体中除了存在按编制而建立的正式组织之外，还会存在着其他形式的非正式组织。非正式组织一般是在员工群体中自发产生的，他们观点一致、兴趣相投，有所谓的"精神领袖"，有一定的内聚力。园长应该了解非正式组织的特点，对非正式组织进行深入细致的引导，使之逐步纳入到整个管理系统中来。

2.建立完备的条例系统

建立完备的条例系统主要包括刚性制度的管理和柔性制度的管理。

规章制度是维系幼儿园管理系统日常工作正常运行的保障性制度，这类制度的管理通常带有直接的强制性。园长既要重视规章制度的刚性管理，同时也不要忽视规章制度的柔性管理，即注意给予员工参与规章制度制定过程的权利与机会；注重对员工进行规则的内化教育，使员工自觉地从外在监督约束逐步走向内在的自我约束；加强组织文化和价值观念的引导，例如，使员工建立起热爱教育事业、热爱幼儿、热爱集体、团结友爱、吃苦奉献、认真工作、为人师表等价值观念，会对他们的行为产生深刻而长远的影响，有效地激活他们的内在工作积极性，从而大大提高管理的效果。

（二）加强幼儿园人力资源的管理

现代管理的实质是对人的管理，对人的管理已成为现代幼儿园管理的根本任务。人力资源的管理应坚持"以人的发展为本"的管理理念，追求组织与员工发展的一致性。在人力资源的管理过程中，应该做好人的选用、人的培养和人的激励等方面的工作。

1.人的选用是基础

在现代幼儿园管理过程中，园长必须从繁琐的事务中解放出来，把管理的立足点转向人力资源的运作，这是园长的基本任务。合理用人首先要合理选人，要选择好的员工，应重视职业道德、人格因素、个性特点、学习能力以及内在的发展潜力等方面的考察。采用定性的方法与定量的方法、口试的方法与笔试的方法相结合的考察方法，对员工进行科学的全面考察。同时，考察工作还应做到公开、公正、公平。合理用人其次要做好优化组合工作，人力组合的优化，实际上是一种通过人际关系的调整与沟通而产生的用人效果。园长在人力组合的过程中，既要考虑工作的需要，又要考虑组合对象之间能力的合理组合，还要考虑他们合作关系的默契性和一致性，这样才能产生良好的工作关系，起到"整体大于部分之和"的作用。合理用人还要采取巧妙的用人策略，在幼儿园管理中，园长要坚持知人善任、任人唯贤、人尽其才等原则，也要注意用人的互补性、用人的认可性和用人的透明性等策略的运用。

2.人的培养是核心

人力资源的管理实质是对人力资源的开发与利用，现代管理凸显了人的培养对组织发展的重要意义。在幼儿园管理中，员工的培养不是可有可无的或临时性的任务，而是一个关系到员工的发展与组织的存在以及发展的核心工作。作为园长应该自觉地将员工的培养作为幼儿园管理的核心任务，并建立相应的培养体系和培养机制。

幼儿园对员工的培养途径有两个方面：一是外部培训，其中包括学历培训、入职培训、专题培训、观摩培训和研讨培训等由外部机构组织的培训；二是内部培训，其中包括在职培训、工作主题培训、案例分析培训、教育科研培训等由幼儿园自己根据工作需要与员工发展的需要而组织的培训。园长应该把员工的培训及其业务档案加以记录、存档、考核与奖惩，并建立培训工作的激励机制，以促进员工不断学习的自觉性。

幼儿园对员工的培养还有以下三种有效的方法。

（1）复合型培养方法

复合型培养方法是一种对员工进行人格与能力结合培养的方法,既重视对员工的人格素养、团队精神、品德行为的培养,又不忽视对员工的教学技巧、业务能力的培养。

（2）全员式培养方法

全员式培养方法是一种着力于使组织系统中的每一个员工都能得到培养的方法。这种方法要求管理者针对每个员工的实际情况,量身定做相应的培养计划,使每个员工都能在原有的水平上获得新的发展,成为自己所在岗位的行家里手。这是一种集公平性、针对性和发展性为一体的培养方法,对幼儿园来说非常适用。在运用全员式培养方法时园长要注意多采用按照不同工作类型进行培训的分类培训和按照教师不同发展水平进行培训的分层培训,同时在促进全体员工同步发展的基础上,为优秀人才提供脱颖而出的机会和条件。

（3）规划式培养方法

规划式培养方法是指根据每个员工自身的实际情况,在自我设计与组织策划相结合的基础上,用规划的形式对员工进行培养的方法。

规划式培养方法要求每个员工拿出自己的职业生涯设计规划,由幼儿园根据工作需要加以调整,通过双方协商形成正式的培养规划方案。每个员工都有一份适合自己并属于自己的培养方案,在这个方案中每个员工都能找到自己的发展目标和工作定位,也能找到自己的发展进度和发展标准。规划式培养方法的有效实施能避免培养工作的随意性和无系统性,促使培养工作有计划、有落实、可持续性地进行。

3. 人的激励是关键

激励是管理工作的重要方面。简单地说,激励就是调动员工积极性的过程。激励的核心问题是动机是否被激发,所以激励又可称为动机激发。通常人们的动机被激发得越强烈,激励的程度就越高,工作就越努力。要激励员工努力工作,园长就必须首先了解他们心里想些什么,需要什么,他们的工作动机是什么。在了解了员工的需要、动机和利益要求后,再有针对性地采取激励措施,这样才能达到预期的激励效果。

在幼儿园的管理机制中,可以采用以下六种激励方法。

（1）报酬激励法

报酬是指作为个人劳动回报而得到的各种类型的酬劳。报酬激励就是组织通过一定的报酬刺激,来激发组织成员努力完成一定的工作任务,以达到组织目标。报酬激励可分为两大类:一类是经济型报酬,包括工资、奖金、津贴等直接经济报酬和各种福利、保险、股权等间接经济报酬;另一类是非经济型报酬,包括认可、赞赏、进修培训等。这两类报酬同等重要,而且不能直接相互替代。

（2）目标激励法

目标激励法是由组织设置明确恰当而具有挑战性的目标,以激发员工的动机,达到调动员工工作积极性目的的一种方法。目标激励的实质在于以目标的设置来激发组织成员的自我管理意识和指导行为,因此应注意目标设置的合理性、可行性以及与个人切身利益的相关性。

（3）奖惩激励法

奖励和惩罚都是一种强化手段。奖励是对人的行为的肯定,属于直接激励;惩罚是对人的行为的否定,属于间接激励。使用奖惩激励法时,应奖惩分明、实事求是、公平公正。

（4）考评激励法

考评激励法是指幼儿园对员工的工作及各方面的表现进行考核与评定。通过考核与评定，及时指出员工的成绩、不足及下阶段努力的方向，从而激发员工的积极性、主动性和创造性。考评激励必须注意制定科学的考评标准，设置正确的考评方法。

（5）竞赛与评比激励法

竞赛与评比对调动人的积极性有重大意义。竞赛与评比的主要作用：一是对动机有激发作用，使动机处于活跃状态；二是能激发员工的心理内聚力，提高工作效率；三是能增强人的智力效应，促使人的感知敏锐准确、注意力集中、思维操作能力提高；四是能调动人的非智力因素。并且，团体间的竞赛，能缓和团体内部矛盾，增强集体荣誉感。

（6）组织文化激励法

这种激励方法是利用组织文化的特有力量，激励员工向幼儿园期望的目标行动。组织文化的激励主要包括三个方面：一是价值观激励，即良好的价值观能增强组织的凝聚力，培养奋发向上的精神；二是榜样激励，即榜样的力量是无穷的，典范人物所树立的形象和模范作用对其他员工会具有很强的激励作用；三是组织形象激励，即幼儿园利用组织形象增强员工的成就感、自豪感和对组织的忠诚。

（三）完善幼儿园教育环境的管理

"环境是幼儿的另一个老师！"为幼儿创设良好的教育环境，促进幼儿身心的健康发展，是幼儿园管理的重中之重。在幼儿园，教育环境需要创设，更需要管理。根据时代的要求不断完善幼儿园教育环境的管理，是幼儿园管理者需要特别承担的管理任务。

幼儿园的教育环境，可以分为物质环境与精神环境两部分。

1. 物质环境的管理

幼儿园的物质环境可以分为广义的物质环境和狭义的物质环境两部分。广义的物质环境主要是指幼儿园内部的、比较大型的、确保儿童生活和教育的基本设备、设施或空间场所等物质条件，如建筑设施、房屋设备、活动场地、器材设备等所构成的教育环境条件。对于这类物质环境的管理，主要应做好保证经费投入、做好合理布局、健全管理制度、开发教育功能等几方面的工作。狭义的物质环境是指幼儿园内直接运用于幼儿教育及其活动过程中的教具、学具、玩具、图书、声像资料和可供幼儿操作的材料等一些小型的教育工具和教育设备所构成的教育环境条件。狭义的物质环境的优化和管理对提高幼儿园的教育质量起着极其重要的作用，对此园长应有充分认识。对于这类物质环境的管理，首先要利用各种资源，不断丰富和完善狭义的物质环境；其次要更新教育理念，不断创新狭义的物质环境的管理；最后还要加强教育研究，不断发掘狭义的物质环境内在的教育价值。

2. 精神环境的管理

精神环境的管理是幼儿园管理者的又一个必须高度重视的管理任务。幼儿园精神环境的管理，主要是指管理者对幼儿园的精神氛围、人际关系等心理环境和教育环境的构建及其协调的活动过程。幼儿园精神环境管理，不仅是对教师而言的，也是对幼儿而言的。由于精神环境不像物质环境那么具体形象，所以对这类环境的管理难度相对要大，管理过程也比较复杂。幼儿园精神环境的管理主要表现在构建与协调幼儿园良好的人际关系；创设与协调幼儿园平等、宽松的心理氛围；建立和完善畅通的信息沟通渠道；建设和更新优秀的组织文化。

综上所述，幼儿园的管理任务是十分繁重的，幼儿园园长只有确立了管理的任务意识，不断吸收先进的管理理念,并按照管理任务的基本要求努力做好各项管理工作,才能使管理工作走向制度化、科学化和卓越化。

思考与练习

1. 要完成好幼儿园的管理任务,必须做好哪几方面的工作?
2. 幼儿园对员工的培养有哪些有效的方法?
3. 在幼儿园的管理机制中,可以采用哪些激励方法?

第二节　幼儿园管理的特征与内容

一、幼儿园管理的特征

幼儿园管理是管理学的分支,它既是管理的组成部分,又具有自己独有的特征。在管理幼儿园时,不仅要遵循管理的一般规律,还要了解幼儿园管理的特点。幼儿园的教育对象是幼儿,管理的最终目的就是让幼儿身心得到健康、和谐的发展,因此幼儿具有的年龄特征就决定了幼儿园管理的特征。幼儿园管理的特征有以下三个方面。

1. 以幼儿发展为本

1992 年 4 月联合国《儿童权利公约》在我国正式生效,《儿童权利公约》所传达的是一种全新的儿童观,这种儿童观与传统儿童观的根本区别在于,它不是只重视儿童对于社会的价值,看到儿童因弱小而需要保护的事实,而是把儿童看作有能力的、积极主动的权利主体——儿童拥有权利并可行使自己的权利。如果要用一句话来概括《儿童权利公约》的真谛,那就是"一切为了孩子,为了一切的孩子,为了孩子的一切"。我们要把这种全新的儿童观转变为广大教师、家长以及所有与儿童相关领域的人们的自觉意识,体现在幼儿园管理中,就是将促进幼儿的健康和谐发展作为幼儿园各项管理工作的出发点和归宿,即凸显以幼儿发展为本的特征。

幼儿园的行政管理工作应建立在尊重幼儿、遵循幼儿身心发展规律的基础上,无论是制度建设、工作安排都需更多地考虑幼儿的年龄特征和发展需要。

幼儿园的教育管理工作应尊重幼儿的发育成长规律和认知规律,科学地设计幼儿一日生活的流程,促进幼儿身体、认知、情感、人格等综合素质的提高。

幼儿园的环境管理工作应为幼儿创设丰富的物质环境和良好的精神环境,关注和尊重幼儿的个别差异,以促进幼儿的个性化与多元化发展。

2. 保教并重、教养结合

保教并重、教养结合特征既是幼儿园管理工作的特征,也是幼儿园管理工作的原则。它是幼儿园工作规律的反映,是幼儿生理和心理发展的需要。这一特征是由幼儿园管理的学科性所决定的。这一特征主要针对幼儿园的保教工作而言。

幼儿园管理必须将保教工作作为幼儿园全部工作的中心,保教人员只是工作中有所侧重,并不意味着保育和教育工作的割裂。保教工作应该是相互结合、相互渗透、相互融合,一定要避免出现"只保不教"或"重教轻保"的偏差。

3.幼儿的安全至上

幼儿期是人一生中发展最迅速、最基础的时期,让幼儿有一个幸福、快乐、健康、安全的人生是所有家长和老师们的美好愿望。幼儿期的健康发展是孩子今后发展的根本基础,但由于幼儿年龄小,生活经验贫乏,自我保护能力有限,缺乏防范的基本意识,自我保护意识弱,因此幼儿期是人一生中最容易出现事故和危险的时期。《纲要》明确指出:"幼儿园必须把保护幼儿的生命和促进幼儿的健康放在工作的首位。"幼儿园管理一定要高度重视幼儿的安全:首先要创设安全的生活环境,努力减少和消除环境中不安全因素的隐患;其次要加强教师的安全意识,增强教师的高度责任感,使之既注意保护幼儿的安全,又注重对幼儿进行安全教育;再者做好家长工作,形成家园合力,共同提高幼儿的安全意识和自我保护能力;最后,关注幼儿的心理卫生与健康,为幼儿创设一个充满支持、信任、关怀、温暖、和谐的精神环境,使幼儿形成开朗的性格、健康的心理和健全的人格。

幼儿园管理有自身的特征,幼儿园管理者必须认真了解这些特征,并在工作中加以准确把握,这样才能为幼儿园的整体工作打好基础。

二、幼儿园管理的内容

从系统论出发,我们可以从管理的复杂成分中筛选出人、财、物、事、信息、时间六大要素。任何系统的管理都包含这六大基本要素,管理的效率和质量,主要取决于对这六大要素的处理,幼儿园亦不例外。

人是管理系统的第一要素,在管理活动中人既是主体又是客体,因为人既参加生产又参加管理,是任何社会系统中发挥作用的决定力量。在幼儿园这一管理系统中,管理对象中的人包括全体员工、全体幼儿和幼儿家长。在这样一个特殊系统中,员工性别普遍较为单一,幼儿年龄小,幼儿家长来自各行各业,怎样调动全体员工的积极性并争取家长的理解、配合,使之形成合力,通过员工们的劳动最终达成实现幼儿的全面发展的目标,是幼儿园管理中非常重要的问题。

幼儿园的财力、物力资源是幼儿园有效地进行教育活动和管理活动的物质基础。对于生产部门来说,能否做到低投入、高产出、高回报、快速的经济增长是衡量其经济管理效能高低的主要指标。幼儿园不是生产部门,不直接生产物质财富。因此,对于幼儿园而言,应在有利于幼儿园保教工作的前提下,有效地筹措资金,合理地组织利用财物,做到物尽其用,开源节流,坚持勤俭办园,少花钱多办事,办好事,甚至不花钱也办事。

任何一个组织机构,管理的重要内容之一就是要处理好内外、上下、左右各种具体的事务工作。这种事务工作的处理必须围绕既定目标,注意各项工作的全面安排和协调,做到主次分明、有条不紊,幼儿园工作亦应如此。

幼儿园管理要素除了人、财、物、事之外,还有时间和信息,时间是一种无形的资源,也是最稀有的资源。企业管理领域提出时间就是金钱,时间就是效益,向时间要产量。幼儿园管理也应该在有限的时间内,最大限度地做好工作。信息在现代管理中的地位越来越重要。在资讯的时代,它可以创造价值、参与调控、左右决策,西方企业家甚至把它同资本、劳动力并列为生产的三要素。事实上,管理的整个过程都离不开信息的传递。大量新信息有助于幼儿园领导准确地搞好决策。广泛搜集信息,及时反馈信息可改善管理工作,提高管理效能。大量的新信息可帮助教职工改进教学方法和工作方法,提高教养质量。

幼儿园管理各要素是相互联系、相互制约的整体,不可忽视任何一方面,否则将影响幼儿园工作的正常运转,使育人之事落空,而对诸要素的管理必须以育人为中心。科学管理幼儿园就是要全面、合理、高效地组织和协调幼儿园管理的各个要素,实现幼儿园管理的最终目的——育人。

幼儿园管理的要素具体到幼儿园的管理内容上包括:幼儿园保教工作的管理;幼儿园卫生保健工作的管理;幼儿园总务工作的管理;幼儿园安全工作的管理;幼儿园环境的管理;幼儿园公共关系的管理;幼儿园保教队伍的建设;幼儿园管理队伍的建设;幼儿园组织文化的建设等。

思考与练习

1. 幼儿园管理有哪些主要特征?
2. 具体到幼儿园的管理内容上,幼儿园管理有哪些要素?

第三节　幼儿园管理的原则

原则是人们对客观规律的主观认识的反映,是观察问题、处理问题的准绳。管理原则是对管理实践的总结和概括,反映了管理活动的客观规律,是管理过程必须遵循的基本准则。管理原则是指导管理工作的行为准则,不同领域的管理,其管理原则也有相应的特点。

幼儿园管理原则是对幼儿园管理实践的总结和概括,它反映了幼儿园管理活动的客观规律。在幼儿园管理工作中,管理原则起着指导幼儿园管理行为的作用。在正确的管理原则指导下,幼儿园管理工作能减少盲目性。

幼儿园管理工作除了要自觉运用管理原理,提高管理效能外,还要注意以下管理原则的应用。

一、坚持正确办园方向的原则

管理是一种有目的的活动,它的实质是要求人们必须始终围绕目标来提高系统的整体功效,实现幼儿园的保教工作任务,教育好幼儿,服务好家长是幼儿园管理工作的总方向。具体要达到以下两方面要求。

1. 坚持正确的办园指导思想

办园应以教育效益、社会效益为根本,不以追求经济效益为目的,幼儿园的管理工作要有利于幼儿的健康发展和教育目标的实现,要服务好家长并满足不同的教育需要。

2. 处理好双重任务的关系

目前幼教机构在完成双重任务方面存在着两种倾向:一是强调幼儿园是正规的教育机构,过于关注自身的教育功能;二是把幼儿园看成单纯的福利机构,偏重于服务家长的任务,尤其是现在幼儿园竞争越来越激烈,为了争生源,一些幼儿园教育工作被家长牵着走,影响了幼儿的全面发展。正确的做法应该是以为幼儿服务作为主导,兼顾为家长服务。

二、保教为主、整体安排的原则

幼儿园的整体工作管理要突出保教工作的中心地位。

幼儿园这一组织系统,是由相互作用和相互依赖的各个部分组成的有特定功能的有机整体。在这个整体中,保教工作是中心工作,其他各部门的工作都是为保证保教工作顺利完成而设置的,所以幼儿园管理要抓住中心工作,带动整体。突出保教工作并不是指保教工作是唯一,因为幼儿园管理是一个系统工程,离开了其他部门的工作,保教工作便举步维艰。因此,要取得幼儿园管理工作的效益就要坚持保教为主、整体安排的原则,围绕保教任务合理地安排其他工作。

这就要求园长要在千头万绪的工作中分清主次和轻重缓急,采用"弹钢琴"式的工作方式,突出保教工作的主旋律,又照顾到方方面面,奏好和弦,弹出一首完美的幼儿园管理乐章。

三、民主管理的原则

民主管理是现代管理的重要原则,是"以人为本"管理思想的具体体现。民主管理的目的就在于通过被管理者的参与管理充分调动他们的积极性,从而最大限度地提高管理效果。现代管理的核心和动力是人以及人的积极性。管理活动应以调动人的积极性,做好人的工作为根本,这就是民主管理原则。

在幼儿园管理中,管理的对象、管理的主体都是人——教职工。要做好幼儿园的管理工作,提高幼儿园的教育和服务质量,有效地实现幼儿园工作目标,就必须抓住做好人的工作这个根本,使全体教职工明确幼儿园的整体工作目标、自己的职责、工作的意义、相互的关系等,能主动、积极、创造性地完成自己的任务。因此在管理工作中,要把人的因素放在第一位,注意提高每个人的素质、规范每个人的行为,调动每个人的积极性、发挥每个人的创造精神,这是管理工作的根本问题。

另一方面,要实施好民主管理原则,必须要有切实可行的制度加以保障。幼儿园园长要不断完善本园的各项具体的民主管理制度,如职代会制度、教代会制度等,使民主管理落到实处。园长还可以依靠党组织、工会、共青团和园务委员会对幼儿园工作进行民主管理。

同时,要注意民主与集中相结合,在充分发扬民主的同时,还要用好决策权,注意把握方向和原则。能从大局出发、从长远发展目标出发,又要依靠群众,又要能领导群众,真正做出符合集体利益的决策。

四、重视办园效益的原则

管理的根本目的在于提高效益,即以最少的投入,创造出更多更好的经济效益和社会效益,为社会做出贡献。幼儿园管理者必须重视办园效益,想方设法通过合理的组织,充分地、有效地运用有限的人、财、物、时间、信息等资源,提高管理的效益,高质量、高效率地完成幼儿园的保教任务。

在幼儿园贯彻此项原则,主要从两方面入手。

1. 建立合理机制,使幼儿园工作制度化、规范化、程序化,提高管理的质量与效率

① 合理地设置并完善组织机构,层次清楚,职责分明,提高组织的功效。

② 加强幼儿园工作的计划性,避免盲目随意。

③ 建立健全岗位责任制,形成稳定、正常的工作秩序。

④ 合理安排教育活动,重视幼儿的常规训练,充分发挥每一单位时间的效用,提高时间利用率。

2. 坚持勤俭办园,开源节流,优化经济效益

幼儿园领导要加强经营意识,最大限度地发挥教育投资的最优经济效益。要充分挖掘幼儿园的人、财、物和时间资源。合理安排人力资源,避免人浮于事;做到物尽其用,并加强设备设施的保管维修,延长使用寿命,杜绝浪费。

五、社会协调性原则

教育系统是整个社会系统的一个组成部分,与社会密切联系,从系统的观点看,成功的幼儿园管理离不开良好的内部环境和外部社会环境。

幼儿园要充分认识并处理好幼儿园内部与外部各种关系。对内应处理好各部门、各类人员之间及各项工作之间的关系,使各项工作有秩序地开展,保证教育活动得以顺利进行。同时,还要注意搞好对外协调工作,要增强社会联系,了解社会需要,处理好与学前教育机构、与其他社会机构组织、与所在社区及方方面面的各种关系。

运用社会协调性原则需要注意以下四个方面的问题。

1. 关注外部环境,重视信息收集

要了解党和政府部门、教育行政部门所下达的法规、政策、督导标准和工作要求;要了解社会对幼儿园的评价,家长对幼儿园工作的要求与建议;要了解国内外一些新的幼儿教育理论与实践动向,各种幼教改革的信息,园与园之间的横向信息等。这对了解社会环境的变化,有意识地自我调节、与环境保持平衡有着极其重要的作用。

2. 坚持开门办园,宣传组织形象

现代教育是开放性教育,除了要开发和利用好园内资源,还要充分开发和利用好园外资源,不能关起门来办教育。

幼儿园应该增强与社区、家庭的互动,使社区人员和家长了解、理解幼儿园的教育和管理工作,获得他们的支持。

幼儿园应该增强与其他幼教机构的同行之间的交流、研讨,相互学习,取长补短。

幼儿园应该主动与新闻媒体进行沟通,将自己的工作成绩与先进经验通过媒体传播出去,提高幼儿园的知名度和美誉度。

3. 协调各方关系,增进互惠合作

幼儿园对上级行政部门要主动介绍情况、反映问题,提供信息并争取其支持、指导;要通过家长工作密切家园联系,更好地发挥家长和家庭教育的作用,并使之与幼儿园教育配合一致;还应积极参加社区活动和主动为社区服务,为幼儿园发展争取较好的社会环境。

4. 做好危机管理,处理突发事件

幼儿园所处的环境可分为已知和未知两部分,而未知部分又必然会带来幼儿园管理中的某种不确定性。当这种不确定性在短时间内变为现实时,就会发生种种管理人员未曾预料到的事件,即所谓"突发事件"。由于这类事件具有突然性、变化快、影响大、处理难度大、余波长等特点,因此,幼儿园的管理者时刻都要有危机管理意识。协调好社会关系在危机管理中起着非常重要的作用。其作用体现在:事先预报,避免发生;提前准备,减少损失;紧急关头,稳定人心;做好善后,挽回损失。

以上幼儿园管理五条基本原则相互之间是紧密联系的,共同作用于幼儿园的管理过程。管理者要在幼儿园实际管理工作中,将这几方面原则加以综合运用,才能取得良好的管理效果。

思考与练习

1. 幼儿园管理工作要遵循哪些主要原则?
2. 运用社会协调性原则需要注意哪几个方面的问题?

第四节　幼儿园管理的方法

幼儿园管理方法是指为了顺利开展幼儿园管理活动、实现幼儿园管理目标所采用的手段和措施,其特点是客观性、普遍性、稳定性。

一、行政方法

行政方法是指依靠幼儿园行政机构和领导者的权力,运用指示、决定、计划和指令性的规章制度等行政命令,通过自上而下的行政层次加以贯彻执行的管理方法。一般说来,行政方法具有明显的权威性和强制性。权威性和强制性是指管理者依靠行政权威发号施令,下级组织及其成员必须服从,上级有权追究下级的行政责任。比如,上级领导的指示,园长的决定,全员教职员工都必须要执行,它所强调的是上级领导下级,下级服从上级这一条组织原则,因而是保证幼儿园工作集中统一领导的重要手段之一,也是调节园内各行政组织和工作人员的活动和行为的有效手段之一。

行政方法可以使被管理系统集中统一,通过发布命令、贯彻实施、检查督促、调节处理等程序,把人们的意志和行动统一起来、组织起来,便于管理职能的发挥,便于处理特殊问题,以应付意外事件。

行政方法的形式包括行政命令、指示,规章制度,指令性计划,行政奖励与惩罚,行政干预与仲裁等。

采用行政方法要以党和国家的政策法规为依据,尊重教育科学和管理科学所阐明的客观规律,要健全幼儿园内部的组织系统,提高管理者的权威和素质,同时要建立在平等对待和民主集中的基础上。如果把采用行政方法管理幼儿园理解为随心所欲、强迫命令、家长作风和独断专行,那就不仅不会取得应有的效果,还会给工作带来难以弥补的损失。

行政方法要取得好的效果还需要提高管理规范化水平。规范化是影响行政方法实施效果的重要因素。管理规范化的核心是依法管理,建立统一、正规的管理秩序。其主要标志是有明确的责权划分、完善的标准制度、正规的管理秩序、科学的管理方法和配套的基础设施。

特别要指出的是,在幼儿园管理工作中不能单纯使用行政方法,要和其他管理方法结合起来使用。

二、经济方法

经济方法是指幼儿园管理者按照物质利益原则,通过经济的方法,即通过工资、奖金、津贴、罚款等形式来调动幼儿园工作人员工作的积极性、主动性和责任感的管理方法。我们现在所处的社会是一个经济社会,在经济社会的背景下,要充分考虑国家、幼儿园和教职员工个人这三方面利益的协调。幼儿园内部管理体制的原则之一就是实行按劳分配,调动教职工的积极性和提高教师的专业素质。幼儿园要多渠道地筹措资金,建立并完善幼儿园教职工的工资、津贴、奖金发放制度和其他福利制度,用以调节人们的物质利益,体现按劳取酬和多劳多得的原则。经济方法的运用要体现五个原则:按幼儿园工作特点办事的原则;按劳分配的原则;讲究效益的原则;奖惩结合的原则;全面兼顾的原则。

经济方法若运用不当或过分强调物质利益的刺激作用就会降低管理效果:首先它容易使人们注重个人的、局部的、眼前的利益,而忽视整体利益和长远利益,滋长个人主义;其次它不利于解决管理中的具体问题和思想问题。

由于我国现阶段幼儿园隶属关系较为复杂,幼儿园类型和办学形式多种多样,所以在采用这一方法时,既要考虑幼儿园的具体情况,因园制宜,又要把握教职工劳动的不同性质和特点,区别对待。

三、心理行为方法

心理行为方法是指管理者通过对人的心理诱导和行为激励等实现管理目标的方法。心理行为方法的根据是现代管理的人本原理。心理行为方法有以下三种主要形式。

1. 思想教育方法

思想教育方法是最常用的方法。思想教育方法是指幼儿园管理者凭借真理和科学的力量,运用精神观念的宣传方式,对幼儿园成员的思想、情感、行动产生影响的管理方法。做好思想教育工作,要注意:要坚持正面教育;要坚持以理服人;要尊重教师的人格;要健全"疏导"系统。

2. 社会科学方法

社会科学方法是指将社会学的研究成果和方法运用于管理实践,以激发人的积极性,提高管理功效,实现管理目标的方法。

3. 心理学方法

心理学方法是指运用心理学的研究成果和方法,分析集体与个人的心理特点及其规律,并用以进行合理化管理的方法。

四、法律方法

法律方法是指幼儿园管理者依照国家有关教育的法律、法令、规则、条例以及幼儿园制定的规章制度来管理幼儿园的方法,具有权威性、规范性和强制性的特点。

法律方法对幼儿园管理的作用是双重的,如果各项法律和规范的确定和实施符合幼儿园管理活动的客观规律,就可以起促进作用,否则,就会起阻碍作用。法律方法由于缺少灵活性,容易使幼儿园管理陷入僵化的局面;而且由于其具有强制性,有时会不利于幼儿园内部基层部门发挥主动性和创造性。这些都是法律方法的局限性。

要发挥法律方法的促进作用,幼儿园管理者首先要加强法制理论学习,树立依法治园的观念,增强法律意识和提高法律素养。其次,教育法规和制度的内容要与整个幼儿园组织内部的道德水平相适应,偏低起不了作用,偏高将会造成司法的困难。制定幼儿园管理的各种法规时,要注意不可超越和脱离幼儿园实际的各种条件,必须防止主观任意性。

上述幼儿园管理的四种方法,虽然各有自己的特点和要求,但它们不是彼此对立、互相排斥的。就行政方法来说,它要有效地发挥作用并克服其可能带来的一些弊症,就需要经济方法和法律方法的配合。幼儿园管理过程是一个极其复杂的管理过程,要靠幼儿园管理的行政方法、经济方法、心理行为方法与法律方法相结合的原则来完成。幼儿园管理的诸方法相结合,有利于把幼儿园员工的积极性、主动性与集中统一的领导结合起来,使各项教育工作既有统一的目标,又能灵活地进行;既能坚持正确的方向,又能充分发挥活力,更好地运用客观规律,促进幼儿园管理现代化的实现。

？思考与练习

1. 幼儿园管理的经济方法的运用要体现哪些原则?

2. 什么是幼儿园管理的心理行为方法?心理行为方法有哪些主要形式?

3. 幼儿园管理的法律方法有哪些局限性?

第二章　幼儿园管理体制

思维导图

学习要点

◇ 当前幼儿园管理体制改革热点
◇ 不同幼儿园的组织机构及特点
◇ 幼儿园规章制度体系的基本构成内容
◇ 不同的办园模式

导　语

由于幼儿园管理体制也同我国其他领域一样正处于改革转型期,因此本章节所提及的管理体制也是在一定历史条件下的现象,同时主要从内部管理体制改革进行阐述。学习本章能帮助学生掌握幼儿园管理体制的特点及内涵,了解不同管理体制下幼儿园的领导体制及办园模式,具备一定的专业知识;同时对其今后选择不同类型的幼儿园就业提供信息参考。

幼儿园的组织机构是连接幼儿园管理主体与客体的重要纽带,是发挥管理职能、实现幼儿园管理目标的工具。要实现幼儿园的科学管理就必须要按照一定的结构形式和职权分工,将有关人员或部门合理组织起来,形成系统、整体的幼儿园组织机构。因此,建立与完善一个科学高效并适宜的幼儿园管理体制和幼儿园组织机构是实现幼儿园教育目标的基础与保证。

第一节　幼儿园的组织机构建设

组织是实现管理目标和管理职能最重要的手段和工具之一,它是把自然状态的人变成社会人。幼儿园是一种教育组织,幼儿园组织机构建设就是指幼儿园内部根据管理需要而设置具体管理部门或单位。幼儿园组织机构建设应注意形成相互联系的整体系统,以发挥各职能部门的最大效能,提高管理效率。

一、幼儿园组织机构设置的含义、层次和类型

（一）幼儿园组织机构设置的含义

幼儿园组织机构设置是指为实现幼儿园的任务目标,在幼儿园内部将其所拥有的人力物力等组织起来,按一定形式与层次确定领导关系和职权分工,组成有机结合的机构体系和功能系统的全过程。

（二）幼儿园组织机构设置的层次

一般情况下,幼儿园管理有三个层次。

1. 指挥决策层

这是幼儿园管理的高层。园长为幼儿园行政负责人,是幼儿园最高的行政领导。

2. 执行管理层

这是幼儿园管理的中层。各个职能部门的负责人如保教主任、后勤主任等是中层管理者。他们在园长的指挥领导下负责对本部门工作的开展。

3. 具体工作层

这是幼儿园管理的基层。主要指班级层面,这是开展教养工作的第一线,各个班级（组）的班长和具体人员负责各类具体工作。

以上三层次管理通过逐级授权,每一个管理层次都必须依据上级的指挥和意图行事,通过组织和协调下一层次的人力物力来完成工作目标。这种层次清晰、关系分明的管理,能有效地做到分工协调、责权相应,通过各具功能的适宜的组织体系或模式使整个幼儿园管理网络通畅并发挥相应的管理效率。

（三）幼儿园组织机构设置的类型

幼儿园组织机构通常包括行政组织与非行政组织两类。行政组织是指以园长为核心的行政机构,在幼儿园中具体包括保健、教养、总务三大板块,承担幼儿园的具体管理职能。最基层的行政组织是班级。非行政组织指党团组织和其他群众组织,起着保证、配合、监督和制约的作用,是有效的管理活动不可缺少的组成部分。两者在管理活动中起着各自不同的作用。其中,党组织发挥着组织核心作用、战斗保垒作用。另外,在幼儿园还有一种特殊的跨越班级（年级）的学术组织"教研组"或"科研组"。

二、幼儿园组织机构的模式

由于每个幼儿园的规模大小、服务项目、人员素质状况等实际情况都不一样,所以幼儿园组织机构的管理层次与职能部门划分、人员的安排配备等必须从实际出发,构建一个有机整体和系统,不能强求一个模式。下面提供了五种不同的组织机构模式,每种组织机构模式都各有其特点。

模式1：某县机关幼儿园的组织机构模式

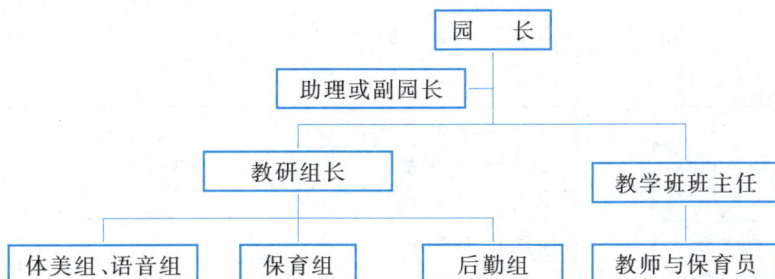

模式 2：某县实验幼儿园的组织机构模式

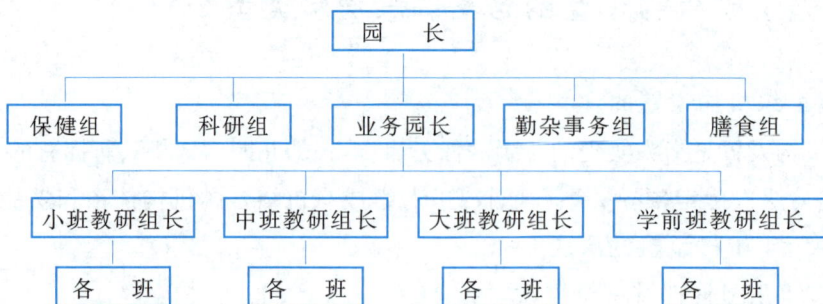

```
                              园  长
    ┌──────────┬──────────┬──────────┬──────────┐
  保健组      科研组     业务园长   勤杂事务组    膳食组
                          │
        ┌──────────┬──────────┬──────────┐
   小班教研组长  中班教研组长  大班教研组长  学前班教研组长
        │          │          │          │
      各  班      各  班      各  班      各  班
```

模式 3：某教办幼儿园的组织机构模式

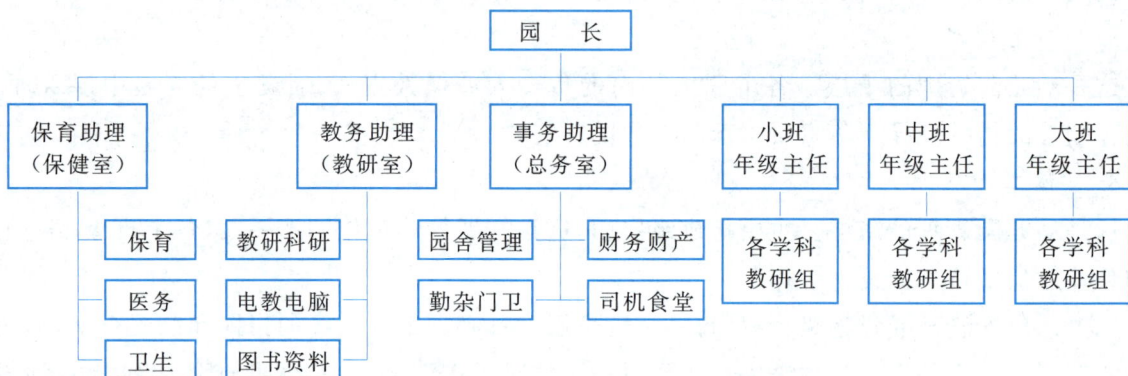

```
                              园  长
    ┌──────────┬──────────┬──────────┬──────────┬──────────┐
 保育助理    教务助理    事务助理    小班        中班        大班
 (保健室)   (教研室)   (总务室)   年级主任    年级主任    年级主任
    │          │          │          │          │          │
  保育      教研科研   园舍管理   财务财产   各学科     各学科     各学科
                                        教研组     教研组     教研组
  医务      电教电脑   勤杂门卫   司机食堂
  卫生      图书资料
```

模式 4：某教育机构下属连锁幼儿园的组织机构模式

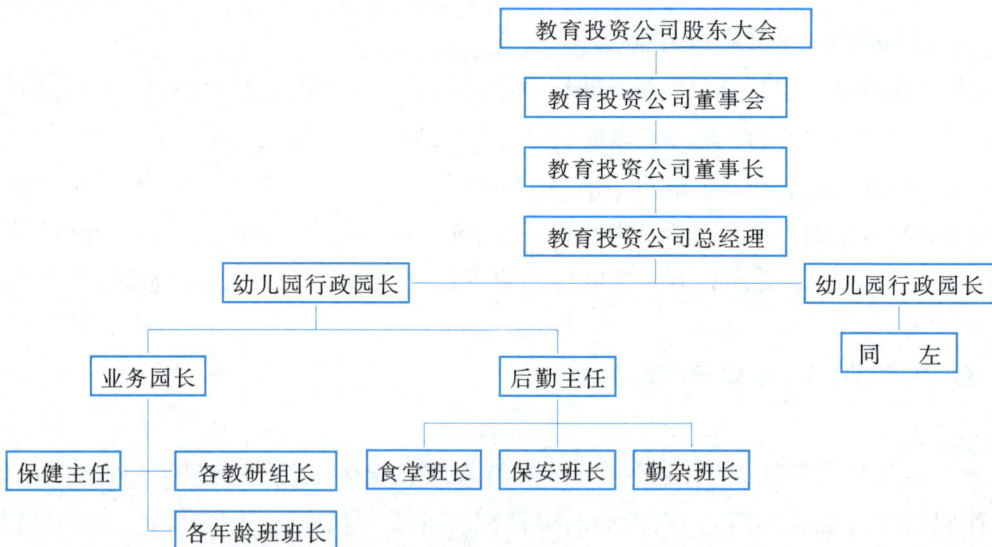

```
                    教育投资公司股东大会

                    教育投资公司董事会

                    教育投资公司董事长

                    教育投资公司总经理
        ┌───────────────────┴───────────────────┐
    幼儿园行政园长                           幼儿园行政园长
        │                                       │
  ┌─────┴─────┐                               同  左
业务园长    后勤主任
  │            │
┌─┴──────┐  ┌──┴────┬────────┐
保健主任  各教研组长  食堂班长  保安班长  勤杂班长
  │
各年龄班班长
```

模式 5：某 3 个班的小规模私立幼儿园的组织机构模式

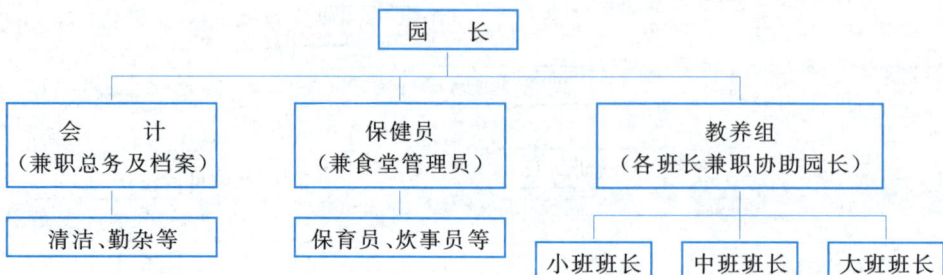

```
                        园  长
    ┌──────────────┬──────────────┬──────────────┐
   会  计          保健员         教养组
 (兼职总务及档案)  (兼食堂管理员)  (各班长兼职协助园长)
    │               │               │
 清洁、勤杂等     保育员、炊事员等   ┌────┬────┬────┐
                              小班班长  中班班长  大班班长
```

三、幼儿园组织机构设置的原则

（一）政策导向原则

依法治园是幼儿园管理的重要指导思想。幼儿园要在社会中生存、发展，必须受到法律的约束。同样，幼儿园组织机构的设置也应当遵循国家的政策法规的相关规定。因此，按照《幼儿园工作规程》等相关法规的要求设立基本的组织机构是必须要遵循的原则。

（二）任务目标原则

首先应确定幼儿园的工作目标，然后分解具体目标和分析幼儿园要做的所有事情，具体有哪些内容，由此才能决定组织机构的设置、职务和人员安排。比如，现在有些双语、体育特色幼儿园就专门设置英语部或体育部以配合教学研究与管理；有的大型民办幼儿园为了招生宣传还单独设立招生宣传部，同时负责家长工作。

（三）系统指挥效率优先原则

首先，幼儿园在设置机构时必须更新观念，转变思维方式。管理就是要追求 $1+1>2$ 的管理效率。幼儿园组织机构应当是一个讲究效率、有利于指挥和运转的系统，是为完成幼儿园任务服务的。建立良好的指挥系统，做到指挥思路清晰、沟通渠道畅通，既有分工又有协调统一，这样才能达成组织预定的目标。

其次，随着工作任务的变化，幼儿园的组织机构也可以有适当的变化。因为每个幼儿园的规模和不同时期的具体工作内容是有差异的，因此依据本园的实际情况灵活设置适宜、精简、层次跨度恰当的组织机构是十分必要的。规模大的幼儿园管理对象相对较多且人员构成复杂，可以适当增加管理机构或层次，相反则适当减少其部门或层次。但是，也要避免一些幼儿园为了降低所谓的用人成本，不遵循国家基本的政策法规任意减少人员和部门设置的情况出现。

> **案例**
>
> ### "教而优则仕"
>
> 某教育局直属幼儿园，因为人才济济，近年来有不少青年教师走上管理岗位。但是，由于几位园级领导离退休年龄还有 4—5 年，最后形成了这样一个局面：幼儿园 300 名幼儿，教师 30 名，脱产园级领导 6 名（书记 1 人，园长 1 人，副园长 1 人，后勤主任 1 人，科研主任 1 人，保育主任 1 人）。
>
> **【评析】**
>
> 该园的管理机构从理论上说是合理的，但在人员配置上行政人员的比例过高，相对其规模和班额，分工过细，实际效率并不高，很容易造成人浮于事的情况。

（四）职责权相对分工协作原则

在幼儿园管理中，分工就意味着明确各自要负的责任和应尽的义务。因此，每设置一个机构就要赋予它一定的职能，并配置相应人员。为了落实责任，应赋予各部门各岗位相应的权力和利益。现代管理理论强调有多高的职务就要负多大的责任，也应有多大的权力，才能保证各类人员顺利完成任务。所以，不少幼儿园以岗位责任制提高各机构或部门的管理效能。幼儿园管理的三大支柱——教养工作、保健工作、后勤工作部门各有其职能,其职责权是不能替代的。同样,在班级管理中,教师和保育员也各有其责,每个岗位都有它的操作流程,各司其职才能有效完成工作。

案例

"我说你行你就行"

某企业办园在改制后由其主管集团下的物业公司管理。园长的职位相当于物业公司下的部门经理。物业公司老总在一次其召开的部门经理会上要求幼儿园园长一定要为公司创造效益,并责问:为什么一个班级要配两教一保?为什么要分保育员和教师?直接要求园长回去后每个班级都减少一个人员,同时强调若有老师不满意,就叫她下岗,随时都有保育员可以顶岗工作。

【评析】

在这件事情里,园长相应的职责权没有得到必要的保证。企业老总忽视了幼儿园教育中各个部门人员工作内容的特殊性与差异性,没有按照国家规定的最基本的人员配置要求和质量标准设置该园的教职工,而是单纯追求经济效益,越权武断地安排人员。

四、幼儿园组织机构设置易出现的问题

幼儿园组织机构设置是一个讲究科学管理的过程,一味大而全或单纯地追求经济效益都会严重损害幼教事业的发展。因此,在幼儿园组织机构设置过程中一定要避免以下问题。

问题一:偏离政策。当前由于大量民办、私立幼儿园的出现,而党的基层组织没有在此类幼儿园真正建立起来,忽略了党的领导,这就容易导致某些幼儿园在教育目标上偏离国家的人才培养目标;二是有的幼儿园利欲熏心,一味追求经济效益,在必要的机构设置和人员配备上"偷工减料"。

问题二:责权不清。有的幼儿园虽然建立了看似完整的组织机构系统,但内部没有相应的岗位责任制等作保证,部门或人员的职责权模糊,沟通渠道堵塞,极可能造成低下的工作效率。

问题三:人浮于事。有的公立幼儿园机构设置过于庞大臃肿,人浮于事,没有因"事"设职、因"职"设岗,相反是因人设岗、因"情"设岗。长此以往,会打击广大教职工的工作积极性。

这一系列的问题虽然都是改革当中不可避免的问题,但若不引起重视,就将对我国的教育事业造成巨大的危害和损失。

参考资料

当今规模比较大的教育机构,往往是由董事会或专门的教育管理公司实施完成幼儿园的组织机构设置。下面节选的一个小资料显示的是某教育管理公司的编制管理程序。

◆ 幼儿园编制管理

为方便幼儿园推行业务及基于人事预算控制,对各部门可设职称及可用员额予以规定,订立各单位"员额编制表"并视情况每年定期检查修订。

幼儿园机构设置、编制定员增减流程:

1. 园长提出方案 → 2. 管理公司总经理审定

4. 幼儿园实施 ← 3. 公司人事部门协助完善
（编制预算处,经董事会批准）

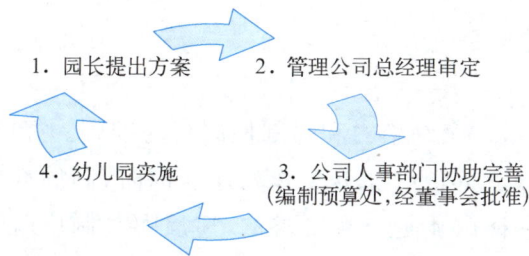

◆ 人事任免权限

1. 幼儿园园长、副园长由管理公司（董事会）聘任。

2. 财务主管由管理公司（董事会）聘任。

3. 其他教职员工由幼儿园园长报请管理公司任免。

◆ 人力资源规划

1. 管理公司人事行政部负责规划、完善直营系统内各家幼儿园的人力资源建设工作。

2. 人事行政部根据公司整体的发展规划结合各园特点制定每年度人力资源计划,即通过幼儿园未来的人力资源的需求和供给状况的分析及估计对职务编制、人员配置、教育培训、人力资源管理政策、招聘和选择等内容进行的人力资源部门的职能性计划。

3. 管理公司成立人事评审委员会对幼儿园的重要人事安排进行集体决策并负有监督管理的职责。

4. 人事评审委员会由管理公司总经理、常务副总经理领导,成员由公司各部门一级主管、幼儿园管理者代表及人事部门相关人员共同组成。

思考与练习

1. 调查访问一所幼儿园,根据幼儿园组织机构设置的含义分析其设置的合理性及有效性。

2. 请分析本章提供的几个幼儿园组织机构的模式,指出不同模式下的指挥决策层、管理层、具体工作层及其可能承担的职责。

第二节　幼儿园的规章制度

俗话说,国有国法、家有家规。如果一个幼儿园缺乏严格的规章制度,管理就会缺少规范化和科学化。如果一个园长处理任何事情都是临时拍板或凭个人好恶,没有可依据的规章制度,那么园长的工作就缺乏科学性。如果园内各部门和人员都各自为政,各行其是,则整个幼儿园的工作就容易陷入混乱和无序。

一、幼儿园规章制度的含义及作用

（一）规章制度的含义

制度是组织的基本活动准则,是任何一个组织正常运转的保证。规章制度作为幼儿园的"法",是为实现幼儿园目标,对幼儿园各项工作和对各类人员的要求加以系统化,条理化,规定出必须遵守的行为准则和工作规程。

(二) 幼儿园规章制度的作用

1. 制约与保障作用

幼儿园的规章制度是具有一定约束力和强制性的行为准则。好的制度能有利于将教职工积极性纳入科学管理体系内,保证正常的教养工作秩序。同时,制约教职工的某些行为,让全园职工明确什么时候该做什么,怎样做才是符合要求的,违反哪些制度就要受到怎样的批评和处罚。例如在有的幼儿园专门制定了"接待家长的规范用语制度""采购教玩具安全检查程序"等。这类预警性的制度对教育工作往往起到制约和保障的作用。

2. 导向与规范作用

幼儿园的规章制度具有行为导向作用,能增强教职工的责任意识,引领各类人员各司其职,各负其责,对形成良好园风和工作作风有重要作用。

案例

安全制度中的情与法

小于是某园一位工作很有激情的老师,平时很受幼儿喜爱,家长也很满意她的工作。在一次组织幼儿体育活动平衡练习中,前面的孩子安全地穿过老师设置的障碍走过平衡木,突然一名年龄较小的幼儿不小心滑倒摔下平衡木造成手臂骨折。具体分析该事故:小于老师在组织幼儿活动过程中未能按该幼儿园户外活动组织的相关制度和要求站位并保护好幼儿。同时,忽略了根据幼儿的身心特点调节活动器材,器材的高度过高是造成事故的主要原因。因此,她对事故负有一定的责任。根据该园的安全制度:"凡有事故者,均实行一票否决,同时按事故的程度负担所有费用的40%,扣除当年部分奖金,不评选先进,不评优。"在具体处理此事时,很多教师认为幼儿园处理过重,认为是孩子太小,本来就容易出现意外。这样的话老师就不敢让幼儿到户外活动了。但是,也有教师认为问题的关键是小于没有按照制度做相应的活动设计与调整,她做出的有些行为是幼儿园户外活动要求中明文规定禁止的行为,因此应当为自己的过错承担责任。

【评析】

其一,管理制度目的的实现需要制度本身的科学性、适用性和可操作性。管理者制定每一项管理制度都要有明确的目的性,幼儿园管理工作尤其是幼儿安全管理工作直接影响幼儿园的效益和声誉。因此,幼儿园的安全制度制定得既严格又不近人情,但其主要目的是防患于未然,引起大家的高度重视,避免安全事故的发生。若小于老师在工作中严格按照幼儿园的制度和操作规范办事,就会最大限度地降低事故发生的几率。其二,应充分发挥制度的导向与规范作用,使制度发挥应有的功效,从而规范教师的行为,监督教师的行动,杜绝安全事故的发生。其三,任何制度的制定和实施都要在实践中不断完善。该案例中幼儿园以前制定的安全制度,只考虑预防安全事故发生,却没有考虑教师的实际情况和承受能力,因而教师难以接受。若确因工作方法欠妥、操作不当、擅离岗位或体罚等造成的事故,教师应负主要责任,承担40%的经济责任;若因无法避免造成的事故,承担25%的相关责任。因此,在实际操作中,不断总结经验教训,不断讨论,及时进行跟踪调查,收集反馈信息,对制度本身及时进行修改和补充,使之尽快完善,才能得到大家的认可,执行制度与情感管理才有力度。

二、幼儿园规章制度的内容

从不同的管理层面,幼儿园规章制度分为两类。

一是由国家立法机关和各级政府及其教育行政部门统一制定的法规和规章制度,如《中华人民共和国教育法》《教师法》《民办教育促进法》《幼儿园工作规程》《幼儿园教育指导纲要(试行)》《幼儿园教师专业标准》《3—6 岁儿童学习与发展指南》等。

二是幼儿园内部依据国家及教育行政机关的相关法律法规,结合本园实际或主办部门的相关要求自行制定的规章制度。科学完善的内部管理规章制度体系是幼儿园工作正常、稳定、有序进行的保证。例如幼儿园内部制定的《员工手册》所涉及的各类人员的工作职责、幼儿一日生活作息制度、保育员绩效考核制度、教师备课制度、教育科研奖励制度等内容。

一般情况下,幼儿园内部规章制度主要包括以下四个方面。

(一)全园性制度

全园性制度可以指导集体活动,统一全园各类人员行为。例如:考勤制度、值班制度、交接班制度、家长联系制度等。

(二)部门性制度

部门性制度可以明确各部门工作任务和职责。主要从幼儿园管理的行政、卫生保健、保教、总务等部门分别制定实施。例如:保教部门的教研活动制度、备课制度;卫生保健部门的"三浴"锻炼制度、卫生防病制度;总务部门的财产管理制度、物资采购制度;行政办公室制定的各种会议制度等。

(三)各类人员岗位责任制

岗位责任制是各项规章制度的核心,是其他制度执行的保障。岗位制度是通过明确的规定,使每个岗位上的人员的职责明晰化,并将它落实到具体负责人的一种制度。例如:业务园长职责;教师职责;教研组长职责等。

(四)幼儿园考核奖励制度

考核奖励制度能保障其他制度的贯彻执行,同时可调动全园人员工作的积极性。例如:幼儿园科研成果奖励制度;各类工作质量奖等。

案例

幼儿园后勤组长职责

一、负责幼儿园后勤的整体工作安排,主抓食堂、财务、清洁、门卫工作。

二、遵守国家规定的财务、会计员职责,协助做好经费预决算,全园职工工资、奖金和其他补贴发放和采购工作。

三、严格管理膳食账目,定期公布,并召开膳食委员会会议(膳食委员会成员、园长、后勤组长、医生、厨师)。

四、做好园舍的管理、维修、绿化、清洁管理工作,定期巡视幼儿园,检查事故隐患,发现问题及时处理并向园长汇报。

五、做好各班的卫生评比工作、卫生保健消毒监督工作。

六、主动做好每学期开园准备工作和寒暑假结束工作。

七、完成领导规定的其他兼职工作。

三、制定规章制度的原则

1. 切合实际,具有可行性

幼儿园规章制度的制定一定要符合本园的实际,如教师能力素质、幼儿园人力物力等。过高的标准或要求会使教职工感觉无法达到,从而降低教职工的工作热情,不能发挥制度应有的作用。有的制度单从制定的内容看是不错的,但在实践过程中,往往事与愿违,由于没有切合实际,在实际处理问题时常常与制度发生冲突,有时显得不够科学和适用。这说明,任何制度的制定,仅有良好的愿望是不够的,制度本身的科学性、适用性和可操作性对于制度目的的实现至关重要。

2. 明确具体,便于执行

制度的内容应具体明确,使执行者易于理解和掌握。特别是在表述上要做到用词准确、严谨,避免在执行过程中出现问题。表述过于复杂或含混的规章制度往往会影响制度的执行。例如,有的制度中间出现了太多的"可以""建议"等词,使制度缺乏必要的刚性的一面,在执行过程中就容易被钻空子,也无法使执行者了解制度内容的具体要求是在一个什么程度。

案例

故事《小和尚撞钟》

有一个小和尚担任撞钟一职,半年下来,觉得无聊之极,"做一天和尚撞一天钟"而已。有一天,住持宣布调他到后院劈柴挑水,原因是他不能胜任撞钟一职。小和尚很不服气地问:"我撞的钟难道不准时、不响亮?"老住持耐心地告诉他:"你撞的钟虽然很准时,也很响亮,但钟声空泛、疲软,没有感召力。钟声是要唤醒沉迷的众生,因此撞出的钟声不仅要洪亮,而且要圆润、浑厚、深沉、悠远。"

【评析】

本故事中的住持犯了一个常识性管理错误,小和尚"做一天和尚撞一天钟"是由于主持没有提前公布规章制度和确定工作标准。如果小和尚进入寺院的当天就明白撞钟的规则标准,他也许不会因怠工而被撤职。规章制度或工作标准是教职工的行为指南和考核依据。缺乏规章制度或工作标准,往往导致教职工的努力方向与幼儿园的整体发展方向不统一,造成大量的人力和物力资源浪费。因为缺乏参照物,时间久了教师容易形成自满情绪,导致工作懈怠。在制定制度时应明确具体,同时在执行过程中还要有检查,否则教师无从判断自己是否正确。

3. 集中性与群众性相结合

规章制度的制定不是一两个领导说了算,既要有集中,同时也应当发挥广大教职工的积极性。当幼儿园的教职工参与到制度的制定过程中时,他们就能真正理解制度制定的目的和意义,并能对制度的制定和科学完善提出自己宝贵的意见。同时,也保证了制度执行过程中的自觉性、可接受性和教育性。

案例

充满活力的教师办公室

某幼儿园园长在例行巡班时发现教师的办公室竟然"一片狼藉",老师们做班级环境创设后的工具、纸张、废材到处扔。一些老师换好工作服后把自己的衣服鞋子随意地堆在办公桌下。该园长没有马上发火,而是找来助理和老师们一起来讨论今天看到的这些现象。大家从自身的修养谈到园本教研,再说到幼儿园文化建设和办公室文化建设,有人主动提出应建立本园的办公室文化建设制度。园长立即响应并从她的办公室做起。大家七嘴八舌地讨论起制度的内容。一周以后,由老师们自己讨论制定的一项新制度诞生了。幼儿园的教师办公室变得有序而又充满了活力。

四、幼儿园规章制度的执行与完善

在幼儿园我们常常在一些显眼的地方悬挂或张贴幼儿园的各类规则制度。但是,有的幼儿园只是抄录了别人的一些制度条目作摆设而已。规章制度不是挂出来就行了,要使制度具有实际的意义,不是一蹴而就的事情,需要关注制度执行的过程和在过程中不断地完善。

首先,应通过讲解宣传、试行等方式让每一个人都知晓,从而遵照执行。

其次,要注意制度执行的严格与严肃性。制度面前一视同仁,不能讲人情、搞通融。否则,制度容易流于形式。在制度执行过程中管理者坚持原则、严格要求,这对建立全园良好的工作秩序,保证各项工作的顺利进行是非常必要的。

第三,制度的修订与完善。这与制度执行的严肃性并不矛盾。当制度执行过程中或执行了一定阶段后,管理者有必要深入基层了解情况,及时科学地完善制度以适应幼儿园新的发展要求。

案例

全勤奖要坚持吗?

某园领导班子研究决定:加强经济杠杆作用,在全园推行全勤奖。制度具体内容是:每月统计出勤一次。全勤奖励100元,如果上课、教研活动、政治学习等有一次缺席或两次迟到者该月就没有奖金。该制度实行后,教师迟到或缺席的情况很少了。但是不久,几件小事在老师们中间议论开了。原来有位骨干教师,平常工作非常敬业,常常带病上班,很受家长和幼儿的喜爱。一次因急病起不了床只好请假两天,病未痊愈就又急着上班了。这样,就被扣了全勤奖。而另外一位教师却是"出工不出力",教学效果差奖金却照拿。还有一位教师在某月第一周就不小心因迟到两次被记为缺勤,一个月奖金全没了,于是她以后几周的工作非常懒散。"全勤奖"制定得是否合理? 应该坚持执行吗?

思考与练习

在某新开办的幼儿园,年轻教师和没有工作经验的教师居多,不少教师常常不能及时交备课本,据此该幼儿园制定了以下备课制度。请依据幼儿园规章制度制定的原则和制度执行的要点,分析评价该制度的合理性和实施过程中应注意的问题。

备 课 制 度

一、每位教师要提前一周备好课,每周五交教研室批阅下一周教案。

二、教案写作要根据幼儿园目标要求和本班实际,不得随意备课。

三、备音乐课时要求教师会熟练弹奏乐曲,备故事课时要熟练背诵故事,教学时不得看琴、看谱演奏或看书讲故事。

四、按教学要求制作教玩具,要保证制作的教具颜色鲜艳、有创意,运用起来方便、耐用,体现多功能性。

五、教案写作要求字迹工整,书面整洁,无错别字,过程清晰,富有幼儿特点、游戏性和可操作性。

六、积极参加备课研讨活动,大胆进行新的教法,敢于实践,努力探索适合本区的幼教特色规律,提高自己的业务素质。

七、互相学习,取长补短,精益求精,共同提高。

第三节　多元化的办园模式

随着我国社会主义市场经济的逐步建立,不少国有或集体所有制的幼儿园逐渐改变体制,从原来的主管单位剥离出来,走上了自我发展、自我完善、自负盈亏、独立经营的社会化发展道路。在这种背景下幼儿园必须转变观念,克服原来的"等、靠、要"的思想,变福利型为经营型。但是,这种"经营"决不是纯粹的"生产经营",而是一种教育经营或经营教育。同时,办园必须遵循这样三个规律:政策法规规律、教育规律、经济规律。

幼儿园必须从社会需求中,充分利用人力、物力、财力资源,最大限度地发挥其效益,找到自己的发展道路。要突出幼儿教育服务于社会的功能,要从幼儿教育发展目的与途径相统一的角度去认识问题,即发展教育,是为了社会,同时也必须依靠社会,因为社会是教育投资者和受益者的统一。

根据《国务院关于当前发展学前教育的若干意见》(国发〔2010〕41号)文,"改革开放特别是新世纪以来,我国学前教育取得长足发展,普及程度逐步提高。但总体上看,学前教育仍是各级各类教育中的薄弱环节,主要表现为教育资源短缺、投入不足,师资队伍不健全,体制机制不完善,城乡区域发展不平衡,一些地方'入园难'问题突出。……发展学前教育,必须坚持公益性和普惠性,努力构建覆盖城乡、布局合理的学前教育公共服务体系,保障适龄儿童接受基本的、有质量的学前教育;必须坚持政府主导,社会参与,公办民办并举,落实各级政府责任,充分调动各方面积极性;必须坚持改革创新,着力破除制约学前教育科学发展的体制机制障碍;必须坚持因地制宜,从实际出发,为幼儿和家长提供方便就近、灵活多样、多种层次的学前教育服务;必须坚持科学育儿,遵循幼儿身心发展规律,促进幼儿健康快乐成长。……"文中第十条关于"统筹规划,实施学前教育三年行动计划"的意见与指导对我国学前教育的改革发展影响巨大。在对各级各类多样化公办、民办幼儿园科学管理分类指导的背景下,政府建、品牌领、规范管成了各地办园模式变革的一个趋势。

案例

××市幼儿园基本情况统计表

2004 年统计的数据显示,全市有各级各类幼儿园(班、点)2 723 所。其中,教办园 55 所,事业单位办园 543 所,机关、部队办园 39 所,乡(镇)中心园 299 所,村办园(班、点)390 所,企业办园 75 所,民办园(班、点)1 322 所。

【评析】

从以上数据可以看出,进入 21 世纪以后,占主体地位的已不是传统意义的公立幼儿园,国内学前教育领域已呈现多种形式的办园模式。目前,我国办园模式呈现多元化的格局。主要模式见下表。

表 2-1 多元化办园模式表

办园模式	办园主体或上级主管	办园特点	主要服务对象	备注
教办幼儿园	各地方政府教育局	公立性质,政府投资主办	面向社会各个层面	1. 这类幼儿园无论从质量还是数量上来看都曾经是我国幼儿园的主体 2. 目前一些知名教办幼儿园也以多种形式开办民办性质的分园 3. 教师几乎都为事业单位编制
机关幼儿园	各级政府和部队机关事务管理部门	公立性质,政府投资主办	主要为机关工作人员的子女服务	同上
村镇中心幼儿园	村民委员会或乡镇一级政府	公立或集体所有制性质,集体资金和政府资金投入	为当地村民服务	目前我国大力推行标准化村镇中心幼儿园的建设。这将是农村学前教育规模较完整的一种模式,教师实行全员招聘
企业幼儿园(含改制)	承办企业	资产属于国有,但经营自主,自负盈亏。多由承办者承包	主要面向企业职工子女,也对外服务	兼有公立与民营的特点,教师既有原企业身份的人,也有对外招聘人员
专业教育集团(机构)下属幼儿园	专业教育集团或机构	典型的私立民办。由多人或公司合伙控股经营投资主办	面向社会各阶层	借鉴企业管理经验,多呈规模化经营或连锁发展,教师为招聘人员

(续表)

办园模式	办园主体或上级主管	办园特点	主要服务对象	备　注
个体或私立幼儿园	承办人	一般承办人就是投资者,资金渠道比较单一	面向社会各阶层	规模差异较大,规模相对较小的这类幼儿园比例较大,教师为招聘人员
合资或外资幼儿园	出资人	由外资投资或输入教育和管理理念	面向社会各阶层	也有的是直接交于专门的教育管理公司进行管理,教师为招聘人员
事业单位办园(如高校附属幼儿园)	各类行政事业单位分管部门	公立性质,事业单位自筹资金投资主办	以解决单位内部子女入园为主	教师多为事业单位身份
街道幼儿园	政府下属的街道办事处	由街道办事处自筹资金,也可以由承办人自筹资金	为辖区居民服务	可以私人领办,教师为招聘人员
政府购买服务幼儿园	区县教育主管部门/街道办事处/国有教育投资公司	园所政府建,人员全额或者差额拨款,通过招投标第三方教育公司(机构)承办	为辖区居民提供公立园教育服务	性质为公办园、普惠性或者公益性
其他	例如:部分小学的附属幼儿园。情况类似教委或教育局举办的教办幼儿园			

说明:以上所有模式的幼儿园都必须依法申办并接受当地教育行政主管部门对其依法办园的监督指导和管理。

　　总之,在《民办教育促进法》正式颁布后,各级地方政府都在鼓励个人、集体、企业等多方投资幼教,我国办园模式的多元化格局将在较长的一段时间内存在并不断发展。

思考与练习

　　请参照本章学习内容设计调查表,实地调查了解当地不同办园体制的幼儿园3—5所,同时运用基本的管理理论分析各自办园的优势和局限。

第三章　幼儿园的管理过程

思维导图

学习要点

◇ 幼儿园管理过程
◇ 幼儿园目标管理过程
◇ 幼儿园工作计划制定的程序
◇ 幼儿园计划执行的管理
◇ 幼儿园档案信息管理的内容和原则
◇ 现代信息技术的内涵和特点
◇ 现代信息技术在幼儿园管理中的实际应用

导　语

"麻雀虽小,五脏俱全"这句话形象地说明了幼儿园管理的复杂性。当你踏入幼儿园,看到整洁优美的园舍,丰富多样的教育活动,井然有序的一日生活,你可曾想过:是什么使得这个机构出现这样的面貌? 本章将向你展开幼儿园管理运行的全景。计划—执行—检查—总结,"戴明环"学说以简明的方式向我们揭示了幼儿园运行的基本过程。那么,计划、执行、检查、总结各个环节如何运行? 在运行中要注意哪些问题? 幼儿园运行中留下的信息资料如何处理? 现代信息技术是如何运用于当前幼儿园管理中的? 本章将逐一介绍这些问题。

第一节　幼儿园的管理过程

世界上的一切事物都是按照一定的规律发生和发展的,都存在由可能转化为现实,或由初级向高级、由此及彼的发展过程。这个发展过程错综复杂,但总有某种确定不移的基本秩序,即事物发展的客观规律性。幼儿园管理过程也是如此,有它自身发展运动的规律性。分析管理过程非常重要,因为管理过程中的每一个环节都影响着管理的成效。

一、什么是幼儿园的管理过程

幼儿园管理过程是指幼儿园管理者充分发挥谋略才智,在幼儿园管理原则指导下,组织幼儿园全体成员,协调和控制人、财、事、物、时间、空间、信息诸因素之间的关系,使幼儿园系统达到最优状态,进而为实现幼儿园预定工作目标所进行的一系列活动程序。

二、幼儿园管理过程中"戴明环"的运行

(一)管理过程的"戴明环"学说

管理过程是动态中的管理系统,是一个运动过程。任何一个运动过程,总要划分为几个组成部分,在管理学中称之为环节。那么,管理过程可分为多少个环节呢? 不同学派有不同的观点。

一般采用"戴明环"学说较多。该学说是由美国管理学家、统计学家戴明提出,他认为管理过程是由计划—执行—检查—总结四个环节构成的(见图 3-1)。

① 计划(Plan):管理活动的起始环节。计划阶段的管理活动包括制定方针目标,规定任务、活动项目和设计方法步骤。

② 执行(Do):按计划的要求去实施,将计划付诸行动。

③ 检查(Check):检查工作是否按计划执行,执行的效果如何,是否达到目标,有无偏差,找出具体原因。

④ 总结(Act):总结和调整改进,将效果好的做法、措施标准化、规范化,为下一阶段管理工作打基础。

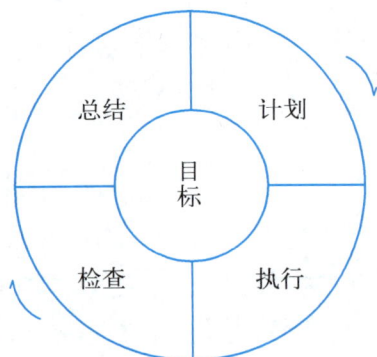

图 3-1 "戴明环"

"戴明环"将这一个阶段看作是管理过程的基本的职能活动,这一个阶段被有顺序地安排在圆环中,形成一个完整的封闭的管理过程。日本管理学者石川馨在其《质量管理入门》一书中曾说:"什么叫管理,戴明环不停地转动就是管理。"

(二)幼儿园管理过程中"戴明环"的运行

将"戴明环"学说运用于幼儿园管理活动中,有助于幼儿园管理过程科学有序地运行,提高管理成效。计划、执行、检查、总结四个环节构成了幼儿园管理的完整过程。这四个环节是相互联系,并贯穿于各项管理活动始终的。"戴明环"在实际的运行中要体现出以下规律,从而保证幼儿园管理过程的优化。

1. 整体性

管理过程的任何环节都要从整体出发,为目标而计划、为目标而实施、为目标而检查、为目标而总结。这样,目标制约过程,过程服从目标,形成一个完整的有效的动态管理系统(见图 3-2)。各环节之间相互关联、相互制约、相互促进。其中,计划是统率整个管理过程的重要环节,执行是计划落实的中心环节,检查是对计划的检验,对计划执行的督促、保证的环节。总结是管理过程的终结环节,是对计划、执行、检查的总评价,也是制定下一管理周期计划的依据。幼儿园各项工作任务都是由这四个环节所构成,缺少任何一个环节就不是一个完整周期。

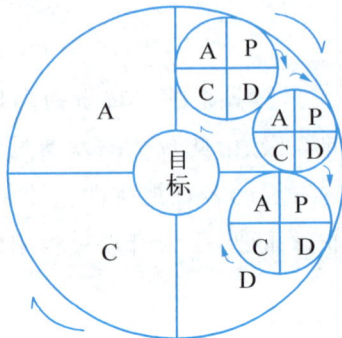

图 3-2 整体性

2.递进性

管理活动总是按计划—执行—检查—总结这样的顺序推进,完成一个周期,而后继续开始下一个周期的活动,如此周而复始,但这种运转不是简单重复,而是呈螺旋上升的(见图3-3)。每循环一圈,管理活动就提高一步。幼儿园管理者应着力使各个基本环节的每一次循环都能提高一个管理层次,从而不断地提高管理工作和管理水平。

3.反馈性

幼儿园管理过程中各个环节既有递进关系又有交叉关系,它们之间是相互联系渗透,相互推动促进的。在实际的管理工作中,各环节存在着反馈回路(见图3-4)。例如,当管理由计划进入到执行阶段时,往往就会对前面阶段的工作进行反馈。幼儿园管理者应注意在管理工作中,不断获得反馈信息,采取相应的控制措施,及时掌握情况,纠正偏差,使管理过程能按照一定的程序,由前一环节推向后一环节,推动管理过程的运转,最终实现幼儿园的目标和要求。

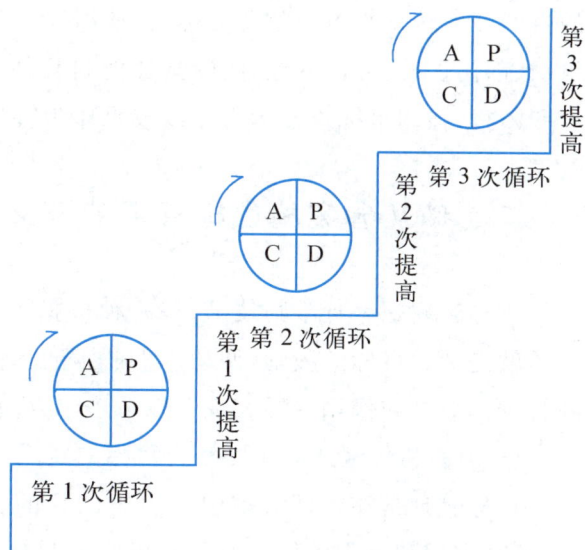

图3-3 递进性

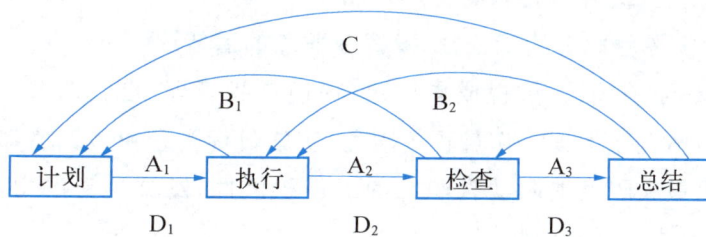

图3-4 反馈性

思考与练习

1.什么是幼儿园管理过程?

2.什么是"戴明环"学说?

3.调查一所幼儿园的一个管理周期,了解某项工作的计划、执行、检查、总结的过程,分析其管理过程的运行情况。

第二节 幼儿园目标管理

一、目标的含义与目标管理

目标是指个体及群体或组织的某一行动所要达到的预期目的,或预期结果的状态和标准。

目标管理是以目标为中心进行管理活动的一种现代管理方法。在管理活动中,通过把组织的目的任务转化为组织的总目标,并使组织中各个部门与个人的目标与组织目标融为一体,形成组织、部门、个人方向一致,明确具体的目标体系。领导者或管理者始终以目标作为管理的出发点和归宿,强调目标指导行为和以成果作为管理活动的重点,强调目标实现的整体意识。

二、幼儿园实施目标管理的意义和作用

目标管理是一种激励技术,是一种根据工作目标来控制每个职工行动的新的管理方法。其目的就是通过目标的激励,调动广大职工的积极性,从而保证实现总目标。目标管理运用于幼儿园管理的意义和作用主要表现在以下三个方面。

(一) 有利于保证幼儿园教育目标的实现

目标管理是在管理活动中将组织的目的、任务转化为组织的总目标,并建立明确的目标体系,各个部门和个人的目标都要与组织的目标融合。根据这一特点,在幼儿园实行目标管理,必须将促进幼儿身心发展这一教育目标转化为组织的总目标,并分解为具体目标。

(二) 有利于幼儿园明确职责,提高管理效能

目标管理通过层层分解,建立目标体系,可以使每个人明确任务,每个岗位职责明晰,方向明确。这样可以实现员工的自我管理,让管理者从繁忙的管理活动中摆脱出来,把主要精力用于整体规划幼儿园的未来发展,提升幼儿园的管理效能。

(三) 有利于充分发挥教职工的积极性,发挥教职工的潜能

目标管理的核心是强调成果,重视成果评定,提倡自我管理、自我调节。以实现目标的成果评价各人贡献的大小,不直接干预工作过程。因此,实施目标管理可以给教职工充分的自主权和自由的发展空间,可以最大限度地调动教职工的工作积极性,发掘自身潜力,改变了传统管理中"管理者决策,被管理者执行"的旧观念。

三、幼儿园的目标及目标的确立

(一) 幼儿园总体目标的结构

幼儿园工作包括两大部分,即教育工作和管理工作,它们有着各自的具体而直接的目标,即教育目标和管理目标。

幼儿园的教育工作(包括保育工作)是指对幼儿进行体、智、德、美全面发展教育的一切保教活动,如游戏活动、教学活动、生活活动、节日娱乐活动与教师的家长工作等。这是指向实现幼儿园教育目标的工作。

幼儿园管理工作是组织育人活动的那些活动,即对园所人、财、物、事的组织、指导、协调、控制等,是围绕教育目标的实现而进行的一切管理活动,具体如安排班级人员、规定教师的工作制度和要求、调整各部门的关系、园所建设、办园条件改善等。这些管理活动应达到的要求和标准就是管理目标,决定着把幼儿园办成什么样子。

教育目标是幼儿园的根本目标,是确立管理目标的依据,管理目标是实现教育目标的保证和前提。

所以,整个幼儿园的工作目标即总体目标应该包括教育目标和管理目标。确立幼儿园的工作目标应有正确的办园指导思想,注意管理目标和教育目标的整合一致(见图 3-5)。

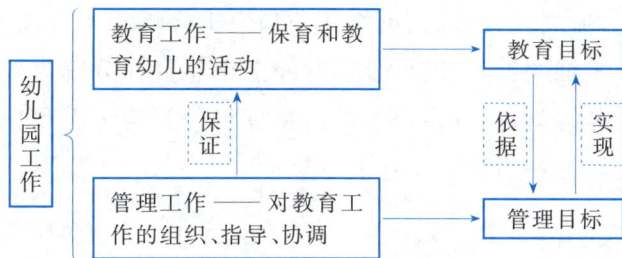

图 3-5 幼儿园工作目标构成

（二）幼儿园目标的确立

1. 教育目标

教育目标是幼儿园人才培养目标，是对教育对象的培养规格和质量要求的规定。幼儿园的教育目标是根据国家规定的幼儿园的总目标，同时结合本园实际情况而制定的。在制定幼儿园教育目标时，应明确以下两点。

第一，国家的教育方针和国家规定的幼儿园总目标是确立本园教育目标的主要依据。

《规程》提出的教育总目标，是各个幼儿园制定本园教育目标的依据。《规程》规定如下。

促进幼儿身体正常发育和机能的协调发展，增强体质，培养良好的生活习惯、卫生习惯和参加体育活动的兴趣。

发展幼儿智力，培养正确运用感官和运用语言交往的基本能力，增进对环境的认识，培养有益的兴趣和求知欲望，培养初步的动手能力。

萌发幼儿爱家乡、爱祖国、爱集体、爱劳动、爱科学的情感，培养诚实、自信、好问、友爱、勇敢、爱护公物、克服困难、讲礼貌、守纪律等良好的品德行为和习惯，以及活泼、开朗的性格。

培养幼儿初步的感受美和表现美的情趣和能力。

在制定具体的幼儿园教育目标时，要遵循国家教育方针的精神，按照《规程》规定的对幼儿实施体、智、德、美全面发展教育的主要指导思想来确立目标。目标的确立应体现"全面发展"，并注重"面向全体"儿童，使每个孩子都得到提高和发展。

第二，幼儿园教育目标的制定要从实际出发，具有可行性。

由于各个幼儿园所处的社会环境、自然地理条件不同，工作人员和教师的素质水平不同，办园物质条件也各不相同，园所的生源条件也有差异。因此，幼儿园在制定本园教育目标时，应在坚持国家总的培养目标的前提下，针对本园实际，确定具体的育人标准。

2. 管理目标

管理目标是幼儿园管理工作应达到的标准，即为达到教育目标，应做哪些管理工作。管理目标关系到把幼儿园办成什么样子和规格，包括教工队伍建设的要求和为组织育人活动而进行的各项工作的质量标准。管理目标要依据教育目标和本园实际加以确立。

四、幼儿园目标管理过程

幼儿园目标管理过程由三部分组成：构成目标体系、组织目标实施、评估目标达成。

（一）构成目标体系

实行幼儿园目标管理，首先要制定幼儿园教职工共同确认的、体现幼儿园发展方向的总体目标，包括教育目标和管理目标；其次是层层分解目标，将目标逐层分解和逐级分配，使目标落实到组织中每一个成员的身上,形成较具体的、可操作的和便于检验的部门目标和成员个体目标。

目标的层层分解有三个维度:一个维度是从时间上把总目标分解为各年度目标;另一个维度是从组织结构上把总目标分解为各部门目标,部门目标再分解为个人目标;还有一个维度是从工作内容的角度把总目标分解为各项具体工作的目标。

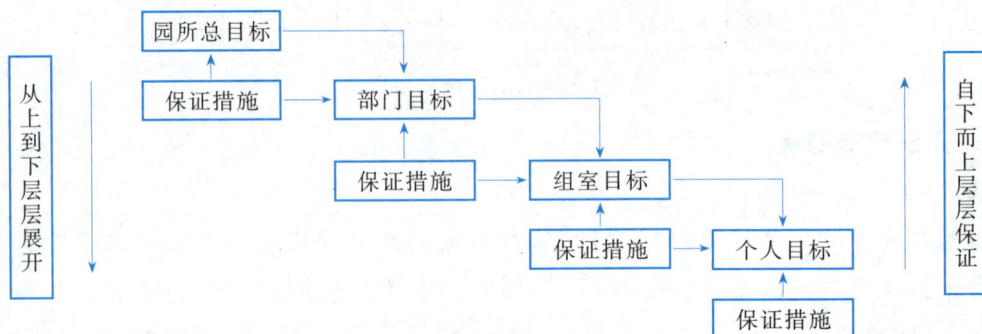

图 3-6　幼儿园构成目标体系

(二) 组织目标实施

目标体系的实施是目标管理的决定性阶段。这一阶段的主要任务是促使幼儿园总体目标的实现。为此,幼儿园管理者要科学地实施目标,主要做好以下三个方面的工作。

1. 建立完善岗位责任制

根据目标体系分配相应的权力和责任,要求个人对照目标实现"自我控制",促使个人完成个人目标,每个人完成了个人目标也就完成了部门目标,进而也就完成了总体目标。

2. 加强指导和帮助

任务目标的实施不是一帆风顺的,总会碰到这样那样的问题,需要管理者的帮助。管理者一方面要经常地给每个教职工以鼓励,另一方面要给教职工当好参谋和顾问。

3. 运用科学程序及一整套的控制办法促进目标的实现

所谓科学的程序,就是要依据目标的重要程度,根据目标的优先次序,编成实现的时间序列,使各部门及教职工按时间序列要求,逐步去实现目标。例如财产管理:首先是修缮,然后是美化;首先是采购,然后是分配。再如青年教师的培养:首先是学习、观摩,然后是加强指导、帮助,最后是创新、发展。

所谓控制就是要根据目标提出控制线。控制线是在目标管理中按所要掌握的质量常规而规定的界线。如在教养工作中要求教师每周组织孩子户外观察不少于 2 次,这 2 次就是一个控制线。

(三) 评估目标达成

在目标实施的过程中或实施后,要把目标执行的结果,对照标准进行检查、验收,确定目标的完成程度,即评估目标达成。

在实施过程中,部门或成员个人要对目标的实施情况进行检查或自我检查,肯定取得的成绩,找出存在的问题,及时调整计划,采取新的有效措施,保证目标的按期实现。目标实施后的评价也称目标实施终结检查,可采用评定总结的形式。

进行目标评估的主要程序和内容一般有:自我评估,把自己的工作成绩与预定目标作对照,检查自己的工作实绩、努力程度、收获和教训;民主评价,也就是相互或集体评价,包括教师、职工之间和家长参与;协商评估,园长和教师或职工共同讨论,共同评估。在评估中既要以"目标达成程度"为中心,又要考虑复杂困难程度和努力程度,把三者结合起来,要善于分析达成或没达成的原因。首先,成员个人自我评定目标完成的实际情况,进行自我总结,找出取得的成绩和存在的问题;其次,部门成立考评小组,本着实事求是、大公无私的精神,对各种目标逐一进行考核评定;再次,将考评结果作为制定下一个目标的依据,并对在目标实施过程中取得成绩的人员给予表彰。

从目标体系的制定到实施再到检查,形成了一个目标管理的循环周期。每一个循环周期的目标体系都是在前一个循环周期管理实践的基础上建立起来的,而且要比上一周期目标管理有更新的内容。如此循环往复,推动幼儿教育工作不断前进。

思考与练习

1. 什么是目标? 什么是目标管理?
2. 幼儿园实施目标管理的意义是什么?

第三节 幼儿园计划管理

一、幼儿园计划工作的含义

在幼儿园管理中,管理者为了取得预期的结果,就会考虑各种行动方案。因此,计划是为了实现预期的目标,而组织系统的一切人、财、物等诸因素有序地进行有效活动的行动方案,说明要做什么、谁去做、怎样做以及什么时候完成任务等。

计划作为幼儿园管理活动的起始环节,是在幼儿园工作实施之前完成的。幼儿园管理工作者为了实现幼儿园目标,组织全校成员拟定具体工作内容和实施步骤。计划可以使行为指向目标,倘若没有计划,则一切行动只能任其随意发展,那么除混乱外将一无所获。

二、幼儿园计划的分类

幼儿园计划按不同标准划分,可有不同类型。

(一) 按时间长短分

长期计划:又称为远景计划,一般指幼儿园3—5年内的重要规划和要完成的主要任务。

中期计划:一般指学年计划或学期计划,是幼儿园计划中最常见的计划。一所幼儿园可能不制定长期计划,但是必须制定学期(或学年)计划。

短期计划:主要指日计划、周计划、月计划等。短期计划可以使长、中期的任务更加具体化,有助于合理分配工作时间,把注意力集中在所要解决的主要问题上。

(二) 按计划的范围分

总体计划:幼儿园的整体计划。

部门计划:幼儿园各系统的计划,如幼儿园党支部计划、幼儿园各年级组计划等。

个人计划:幼儿园每个工作人员制定的计划。

总体计划是部门计划、个人计划制定的依据,而个人计划、部门计划是实现总体计划的保证。

（三）按计划的性质分

常规性计划：幼儿园许多工作，就其类别和实施步骤来说，有些工作已趋于相对稳定状态（如教学工作），我们称这些工作为常规工作。这些工作的计划即常规性计划，如全园计划、班级计划、家长工作计划甚至教师的教案等，都是常规的计划。

专题性计划：在幼儿园中，有可能出现一些突发的，或者临时提出来需要解决的重要问题。这些问题或工作超出了常规工作范围。对于常规性计划中难以预料的，需要重新作出新的安排和应急打算的，这些计划即专题性计划，又可称之为临时性计划。

另外，按计划的具体内容又分为：教养工作计划、卫生工作计划、科研工作计划、总务工作计划（包括财务工作计划和基建工作计划等）、党支部和工会工作计划、家长委员会工作计划等。

三、幼儿园工作计划制定的程序

（一）调查分析，提出目标

幼儿园管理者与被管理者共同对幼儿园的发展作出分析、估计、判断和预测，这是制定计划的基础和必要前提。

（二）确立目标

这是计划的重要环节，是计划工作的真正起点。必须注意的是，并不只是简单地确定一个单一的总目标，而是要制定一个目标体系。

（三）设计方案

为了达到目标可能有不同的方法、途径，因此，方案的设计应是多样的，可供选择的。

（四）可行性分析

对各种方案进行比较，分析所列方案的可行性，特别是对要达到目标所必需的各种资源的分析，其中包括人员、财力、物力、组织、时间、空间等条件的分析。

（五）形成计划

制定计划的过程，也就是一种决策的过程，决策失误，会导致周期内的教育及管理活动受挫，甚至产生长远的不良影响。确定计划时要特别注意所作的抉择是否与幼儿园的组织目标、方向一致，以及资源是否获得了最高的利用。

制定幼儿园计划的一般步骤：调查分析—提出目标—确立目标—设计方案—可行性分析—形成计划。

四、计划执行阶段的管理

计划执行阶段的管理活动主要包括组织、指导、协调、教育和激励四个方面。

（一）组织

组织的基本含义是安排人或事物，使之具有一定的系统性、整体性。计划执行阶段的组织，就是为了有效地实现计划目标，使系统中的人、财、物在一定条件下，做到最好的配合，充分发挥作用。这是计划执行环节的关键。

幼儿园管理环节中的组织，就是指幼儿园管理者根据幼儿园的实际情况和工作计划，对幼儿园的人、财、物诸因素进行合理安排，使其具有良好的系统性，从而协调一致地为实现幼儿园预定目标而努力的一种管理活动。

幼儿园管理的组织内容主要包括任务组织、人员组织、资源组织、时空组织和方式、形式、手段的组织。

1. 任务组织

根据幼儿园工作计划,使幼儿园工作人员明确前一个阶段工作中的问题,本阶段工作的目标、任务、基本原则和要求等。在此基础上,把全园工作任务逐层分解为各部门工作任务及个人工作任务,使各部门及个人分工明确,各司其职,协调一致地完成全园的工作任务,实现工作目标。

2. 人员组织

人员组织实际上就是教职工合理分配的问题。在幼儿园管理中,人员配备得当,能激发工作人员的工作积极性,提高工作效率。合理组织人员应做到如下五点。

(1)知人善任,扬长避短

幼儿园管理者要充分了解本园工作人员的特长、素质、工作态度等,尤其要了解每一个教师的业务水平、教学能力和教学特点,以便能按照幼儿园工作特点、需要,科学合理地配备相应的人员,知人善任,使每个人都有合适的工作岗位。

(2)统筹兼顾,全面安排

在配备人员时,应该注意各部门人员配备力量的相对均衡,避免出现一头轻、一头重的现象,影响全园工作的顺利开展。比如,配备各年龄班教师时,应做到各年龄班都应有把关的骨干教师,相应的低年龄班的教师要配得略强些。

(3)新老搭配,以老带新

配备教师既要保证各个年龄班的教学质量,同时还要考虑到新教师的培养提高。因此,一般采用新老搭配、以老带新的形式。

(4)不同情况,不同要求

幼儿园教师一般可分为三种类型:一是经验丰富的老教师;二是有一定经验的年富力强的中年教师;三是精力旺盛而缺乏经验的年轻教师。根据这三种不同类型的教师特点,对他们的工作提出不同要求,使他们能在自己能力的范围内,较好地完成各项任务,确保工作顺利开展,高效完成。

(5)考虑教师愿望和合作趋势

幼儿园管理者可事先了解每位教师的愿望和兴趣。安排工作任务,尽可能满足他们的愿望。这样可激发其工作的热情和主动性。同时,在人员搭配时,尽量能考虑合作双方在性格、气质等方面的相融性或互补性,以提高工作合作度,使每个人干得愉悦,干得有效。

3. 资源组织

这里的资源主要指财和物两方面。幼儿园管理中,财、物的合理安排和使用,应坚持以最小投入获得最大效益的原则,使物尽其用,财尽其利。在财、物的投入和安排中,要围绕幼儿园总体工作目标,有所侧重,以实现幼儿园目标为根本。要考虑到财力投入与使用的合理性、效益性,同时考虑到物力配置与使用的经济性、安全性、多用性。

4. 时空组织

时间组织是围绕任务,在时间安排上体现轻重缓急,确保重要工作的完成。空间组织是指对幼儿园场地的合理安排和使用。幼儿园应保证一定面积的绿化带和充足的幼儿户外活动场地。应充分利用户外活动场地,并保证各年龄班幼儿都有相同活动室,使之发挥最大的空间利用价值。另外,要避免各种公共活动室闲置。总之,在空间组织中,应力求使幼儿园每一位工作人员、每一名幼儿都能最大限度地享用空间,体现空间最大的价值。

5. 方式、形式、手段的组织

幼儿园管理者要明确幼儿园各项工作的要求、完成的原则和质量标准,并根据不同的工作对象(教师、幼儿、工作人员等)选择合适的管理方式、形式和手段,实现科学管理。

通过对任务、资源、时空、人员等因素的合理组织,使幼儿园各因素得到合理配置,这种优化状态能保证幼儿园计划高效率、高质量地完成。

(二) 指导

指导就是指点、引导、帮助的意思。幼儿园工作人员在执行具体工作计划时,往往过分集中于自己的部门系统,而忽视幼儿园整体系统的方向。另外,由于多方面原因,工作中容易出现技术方法上的失误。这时,处于高层次的幼儿园管理者的指导很有必要。通过指导,能纠正偏差,改正错误,少走弯路,提高效率。幼儿园管理者在指导时要注意:首先自己必须有全局观念,明确幼儿园整体目标,同时还要了解幼儿园各部门的具体计划和工作人员的情况,这样才不至于"瞎指挥"。其次,幼儿园管理者要有正确的指导方式,指导时因指导对象特点的不同而采取相应的方式,该启发就启发,需示范就示范,不可动辄训斥,也不能一手包办。另外,要善于把握指导时机,过早了则收不到相应的效果;过迟了作用又不大,还需花费一定时间和精力去挽回过失。能否准确地把握指导时机,可以反映出一个幼儿园管理者管理水平的高低。

(三) 协调

幼儿园管理者要随时根据计划执行过程中的情况变化来协调各种关系,以增强系统的活力,减少内耗,使幼儿园工作按原定计划协调发展。要协调处理的关系有以下三个方面。

1. 人与人的关系

在幼儿园管理中,人是一个非常重要的因素。在计划执行的过程中,人与人之间关系和谐与否,是影响幼儿园计划完成的质量和速度关键所在。因此,幼儿园管理者在实施环节中要时刻注意人与人之间关系的协调,包括领导内部人员之间关系的协调、各工作人员之间关系的协调(教师与教师、教师与保育员、教师与其他工作人员)。

2. 各子系统之间的关系

幼儿园各子系统之间是相对独立又相互联系的。系统之间关系的不和谐,势必引起幼儿园系统的内耗,给幼儿园各方面带来不利。协调好各子系统的关系,包括协调好各部门间的关系,如教务部门与总务部门的关系;协调好幼儿园内部各项工作的关系,如教育工作和保育工作的关系;协调好管理过程中各个环节的关系,如决策计划与执行实施的关系。

3. 幼儿园与外部的关系

要协调好与上级教育行政部门、相邻近的同类幼儿园及与幼儿园直接衔接的小学的关系。

(四) 教育和激励

教育和激励是调动幼儿园成员执行计划积极性的重要手段。

幼儿园管理者在执行计划阶段的教育活动,主要是指加强思想教育工作,从主观上调动幼儿园工作人员的主动性、积极性和创造性。

激励是指幼儿园管理者用物质和精神奖励的手段,调动幼儿园成员工作的积极性、主动性和创造性。幼儿园管理者在激励活动中必须注意以下两点。一是激励要及时。激励应贯穿于整个实施过程。在幼儿园成员工作不顺利或情绪低落时,在某部门或某项工作处于落后状况时,在管理者采取较大的协调措施时,都需要进行有针对性的适时的激励。二是要灵活运用物质激励和精神激励的手段,并恰当地把握刺激量,使激励的作用发挥得恰如其分。

五、对计划执行的检查

(一) 检查在幼儿园管理中的作用

检查是管理过程中的中继环节,在整个幼儿园管理中,具有不可替代的作用。检查既是执行计划的保证,又是总结工作的前提。它使幼儿园管理者能全面地了解一定阶段计划执行的情况,以便及时调整工作,有利于计划的实施和目标的达成。同时,为改进、总结工作提供了必要的反馈信息。没有检查,便没有总结。

检查对组织成员起着监督和考核的作用。通过检查可以了解工作人员履行职责的情况,促进和推动计划执行的顺利进行。

检查可以衡量管理者的管理水平,有利于改进工作。对于幼儿园管理者来说,通过检查可以发现自身的不足,测量自己的管理水平,并不断提高自己的管理水平和业务素质,成为优秀的管理者。同时,管理者在检查过程中,深入实际,深入群众,了解情况,总结经验,发现问题,有助于改进工作。

(二) 幼儿园管理检查的方式方法

1. 检查的方式

幼儿园管理过程中的检查应有计划、有组织、有针对性地进行,讲求实效。在实际管理中,检查的方式很多。

(1) 领导检查、群众互检和自我检查

按检查的主体来分,有领导检查、群众互查和自我检查。

领导检查是上级对下级的检查。这是幼儿园领导在一定阶段后,集中人员对下属成员完成计划的情况进行检查。这种检查有明确的目的和统一的标准,必须要求领导者深入教学、深入实际、深入群众,有目的、有计划地了解情况,进行调查研究。对各方面的工作进行监督和考核,不断发现新的情况,研究和解决新的问题。领导的检查对于计划的落实很重要,但仍有局限性,还必须和群众互检及自我检查结合起来。

群众互检是指幼儿园各部门、各成员之间相互进行的检查。如同年龄班的教师互相观摩、检查教案,各年龄班之间观摩活动室的环境布置等。

自我检查是幼儿园成员在日常工作中不断对自己进行检查。这种检查一般是属于日常工作进程的一个组成部分,如教师对教学情况的自我回顾。通过课堂观察、家长访谈等途径自觉检查自己的教育教学效果和幼儿的发展情况,发现问题及时解决。这种检查可以随时进行,有利于教师主动地改进教育教学,充分体现了幼儿园成员的工作责任感和主人翁思想,对实际工作有及时的直接自我调节作用,是自上而下的检查方式所不及的。因此,幼儿园领导要教育和引导幼儿园成员形成一种自觉的自我检查习惯,并逐步形成制度。

(2) 全面检查和重点检查

从检查的内容和范围来分,有全面检查和重点(或专题)检查。全面检查是幼儿园领导对下级各方面的情况进行较为系统的检查,从而全面了解情况,有利于幼儿园领导掌握整体系统的工作状况,一般在期初、期中或期末进行。专题检查是幼儿园领导针对计划执行过程中某一方面的问题进行检查。它深入细致,有利于突出管理工作的重点,发现新问题,总结新经验,如幼儿园某个新的规章制度的执行情况等。

（3）经常性检查和阶段性检查

经常性检查是检查幼儿园教育情况的基本方法,是平时经常进行的,具有分散、及时、灵活的特点,能随时发挥监督和促进作用,但难以做到全面地掌握情况和分析问题。阶段性检查依时间长短的不同又可分为期中检查、期末检查、学年检查等,具有集中、全面和系统的特点,能比较深入地分析执行计划中各阶段工作的状况,并对下一阶段工作有较大的指导作用。但是,对已完成的工作没有直接的指导作用。

此外,按检查的对象来分,有对幼儿园管理者的检查、对教职工的检查和对幼儿的检查。从检查的目的来分,有调查性检查、研究性检查和总结性检查。

上述检查方式是从检查的不同角度来说的。在实际工作中,这些检查方式是互相联系、互相结合进行的。

2. 检查的方法

检查的方法多种多样,主要有参加实践(如参与食堂劳动、参与晨检等)、观察、听课、个别谈话、座谈、听取汇报、分析书面材料(如班级工作计划、家访记录、备课笔记、总结等)、测试(如民意测验、孩子发展测试等)、召开会议等。每一种方法都有自己的不同特点,幼儿园管理者对不同的检查形式,要采取适宜的方法。有时为了得到真实的效果,还可以综合运用几种检查方法。

3. 检查应注意的问题

① 检查要依照计划中规定的标准要求有目的、有计划、有步骤地实施。

② 检查要实事求是,客观地指出优缺点。在检查中反对只见优点、不见缺点,只谈不足、不谈优点,对检查的工作态度马马虎虎,观点模棱两可等做法。

③ 检查既要注意工作结果,又要注意工作过程。

④ 检查过程中要做好检查记录。检查是总结的前提,检查记录则是总结的依据。检查记录还是研究幼儿园发展的重要资料,有重要的保存价值,检查记录要客观,不能漏记少写,也不能添枝加叶。

六、计划执行情况的总结

总结是用科学的方法,对已做过的工作进行评价,肯定成绩,找出经验,查明缺陷,进而指出下一周期管理活动应努力的方向。

(一)总结在幼儿园管理中的作用

总结标志着幼儿园管理活动一个周期过程的结束,又预示着下一个周期的开始,在整体工作中起着承前启后的作用。通过总结本学期的工作,为下学期的计划决策提供依据。同时,通过总结,可以对不同方面内容的经验进行梳理,并找到其内在的联系,逐步形成规律性认识,进而更深入地指导实践。总结也是提高管理者管理水平的有效途径。善于总结经验的园长,其管理水平提高得也快。

(二)总结的种类

总结和检查一样,也可以按不同的标准分类。按范围分,可分为幼儿园工作总结、部门工作总结、年级组工作总结、教师个人工作总结。按性质分,可分为全面总结、专题总结、简要报告性总结。按内容分,可分为管理工作总结、教学工作总结、保育工作总结、卫生环保工作总结、总务工作总结等。按时间分,可分为学年总结、学期总结、阶段性总结(月总结、周总结等)。按形式分,可分为书面总结、口头总结。按水平分,可分为可行性总结,即可上升为理论,揭示规律的总结;经验性总结,即有概况、有见解,但没能上升为理论的总结;描述性总结,即归纳一些情况和事实,摆出成绩和问题的总结。

(三)总结环节应注意的问题

第一,总结要以计划要求为标准,以检查结果为依据。

第二,总结要善于运用典型材料说明问题,抓住特点,突出重点。

第三,总结要着重总结带规律性的东西,不能光罗列现象,就事论事,应分析情况,就事论理。

第四,总结要一分为二,肯定成绩,指出不足,表彰先进,激励后进。要带有激励性,使总结工作成为前进过程中的"加油站"。

思考与练习

1. 简述幼儿园工作计划的制定程序。

2. 计划执行阶段的管理活动内容包括哪些?

3. 幼儿园管理的组织内容包括哪些?

4. 任选一年龄班,尝试制定一份班级工作计划。

第四节　幼儿园档案管理

一、幼儿园档案信息管理的意义

幼儿园档案是在幼儿园活动过程中形成的,具有保存价值的各种文字、图纸和音像等不同形式的历史记录。它是实施素质教育、提高教育质量、推动各项工作开展的重要依据和必要条件。

档案管理可以说是单位每项工作、每个活动的最后一个环节。归档工作的完成标志着一项工作的圆满结束。档案管理与其他方面的管理不同。它不是只局限于某一方面的管理活动,每个部门、每个员工都会直接或间接地与之发生密切的关系,因此,它需要所有人员共同参与才能取得一定成效。

过去,大家没有意识到档案的重要性,没有留存档案的意识,只注重实践,而忽视了留下实践过程中的痕迹。随着教育改革的深入,人们认识到了幼儿园品牌塑造、文化建设的重要性。档案工作在幼儿教育发展中的作用和地位得到了大家的重视。人们认识到:它不仅维护单位的历史真实、保持单位的历史联系,为单位的决策和各项工作服务,而且是各级各类评估验收、评聘评先的重要佐证和考察材料。

(一)幼儿园档案信息的种类

1. 由时间推移形成的信息

时间维度的信息资料全程记录了一个部门的整体工作,透过这些信息,我们可以看到各个部门在各个时段所做的工作,进而理清各个部门工作进展的脉络。幼儿园在每个工作时段都会产生新的信息资料,后勤行政部门需随着时间的推移,及时收集、整理档案信息,并进行必要的分析、总结。

2. 由不同部门的工作形成的信息

从空间的维度来看,有全园的、各部门的、班级的信息资料。在同一时间内,不同部门会同时形成自己的档案信息,这些信息是全园工作在不同层面的具体体现和反映,从这些信息中可以了解全园工作在各个部门的落实和执行情况。同时,通过对信息的比较分析能清晰地看到部门之间的联系甚至差异。

3. 由各类人员形成的信息

幼儿园的档案信息既有教职工的,也有幼儿的。教职工方面,包括各类工作人员在工作中所形成的信息资料,如《教职工业务档案》《人事档案》《教科研档案》等;幼儿的档案信息主要有《幼儿成长档案》《儿童保健档案》《特殊儿童档案》《家园联系手册》等。

(二)幼儿园档案信息的作用

1. 充分利用档案信息有利于提高管理水平

幼儿园档案信息是幼儿园各项工作保留的原始资料,科学地分析和处理这些资料,可以找到本园工作的规律,提高工作效率和工作质量。另外,从各部门和各类人员的档案信息中,可以了解幼儿园教职员工的年龄、学历、知识、能力、性格、工作态度、工作能力和工作绩效等信息,为幼儿园岗位分工、工作业绩考核提供客观依据,有利于人员的合理分工和奖优罚劣,提高教职员工的工作积极性。

2. 幼儿园档案信息是传承幼儿园文化、实施园本培训的好教材

幼儿园的信息资料记录了幼儿园的建立、成长和发展,记载着各个阶段所发生的大事。教职员工通过学习、思考和研究幼儿园长期积累的历史资料,可以领略幼儿园的传统文化特色,吸取本园在以往工作中的各种成功和失败的经验与教训,从而激发教职员工对园所的热爱,提升教职员工的保教能力。

3. 幼儿园档案信息是教育评估的依据

对幼儿园的教育评估,是依据幼儿园教育目标对幼儿园的教育与保育工作作出评估。教育评估必须以大量的原始档案材料为依据。

4. 幼儿园档案信息可以拓展信息交流,密切家园联系

幼儿园与幼儿园的互访交流,来访者可以通过查阅档案获取大量信息,并使有价值的信息得以推广。幼儿园内教师也可以通过查阅档案信息,在分享交流中,提升业务水平。

家长也可以借助幼儿园的部分档案信息,更深入地了解幼儿园,了解幼儿园老师的工作,了解孩子在幼儿园的成长,以便幼儿园更好地得到家长的理解、支持和配合。

二、幼儿园档案信息管理的内容

(一)按机构产生的文件资料分

按机构产生的文件资料来分,幼儿园档案信息管理的内容主要包括十个方面:① 上级行政部门和教育主管部门颁发的有关幼教的方针、政策、指示、决定等方面的文件材料。② 行政管理中形成的计划、总结、考核、人员信息、工资等文件材料。③ 党群工作形成的会议记录,党建、共青

团、工会等文件材料。④ 教职工代表大会形成的文件材料。⑤ 园务委员会产生的会议记录等文件。⑥ 家长委员会形成的家长工作、会议记录、问卷调查等文件材料。⑦ 保教组形成的教学工作、保育管理、科研课题、招生、师资管理等文件材料。⑧ 保健组形成的幼儿健康、环境卫生、膳食等文件材料。⑨ 后勤组形成的设备、仪器、固定资产管理等材料。⑩ 财务室形成的会计档案。

（二）按档案资料的内容分

1. 园务管理档案

（1）管理体制档案

它主要包括园长负责制实行情况以及所形成的资料信息,还包括园务委员会、家长委员会等工作机构的各类资料以及幼儿园实施民主管理的系列资料。园务管理资料比较宏观,政策性较强。

（2）目标管理档案

主要指幼儿园在不同时段所形成的目标体系。

（3）规章制度管理档案

主要包括幼儿园的卫生保健制度、学习及教研制度、幼儿园奖惩制度、幼儿园考勤制度、幼儿园教职工培训制度、幼儿园财务制度、幼儿园安全制度、幼儿园岗位责任制度、幼儿园财产管理制度等。

（4）财产物资管理档案

主要指各类财产登记册、物资的分配和发放记录、账目的检查资料等。

2. 保教队伍管理档案

（1）人员配置资料

主要包括幼儿园各个时期教师、保育员、后勤行政人员及其他管理人员的配置情况,还包括不同时期的班级数量、在园幼儿数量等信息。

（2）教师简明情况资料

主要包括全体教职员工的年龄、职称、学历、阶段性工作任务、业绩,教职工在工作中形成的计划、措施、总结及教职工在职业道德、思想水平、业务进修等方面的资料。

3. 保教工作管理档案

（1）教育教学常规管理档案

它主要涉及园长对教育教学定期、不定期检查和指导所形成的资料,业务园长每周对教师备课笔记、教育笔记、反思日记进行批阅或指导的记录,幼儿园对公共活动场地、专用活动教室的使用安排,教师对全体幼儿所做的幼儿成长档案记录,教师对个别特殊儿童的过程性教育等。

（2）卫生保健工作管理档案

卫生保健工作管理档案的内容包括对幼儿园卫生保健制度的落实情况,对幼儿的健康检查情况的登记、分析、跟踪治疗、向家长反馈、缺点矫治,幼儿的生活、卫生用具配备及消毒情况,幼儿的饮食及营养分析、膳食调整情况,幼儿园安全教育、安全设施、安全检查情况,幼儿园的环境卫生、计划免疫、疾病预防、传染病隔离情况,幼儿良好的生活卫生习惯的教育、培养工作情况等。

（3）儿童发展管理档案

幼儿个体发展状况的分析、评估,教育工作中采取的措施、方法和效果等需及时记录并存档。

4. 设施设备管理档案

（1）房舍资料管理

主要指幼儿园规划设计图纸、每学期房舍的使用情况、户外场地的划分和使用情况、绿化面积、公共活动面积、人均活动面积等。

（2）设施设备资料管理

幼儿园的全园设备、班级设备、各种功能场所的设备应逐年或逐学期进行登记，同时对全园设施设备的使用及检修情况也要进行登记造册管理。

（三）按档案信息的管理部门分

幼儿园档案资料可实行分层管理（见表3-1）。

表 3-1　幼儿园档案资料分层管理表

园长管理资料		教研组长管理资料	班级管理资料
人事文书及全园性保教资料	职工业务档案资料		
1. 向上级上报的报告、表册，向下级下达的文件，按接收日期编号存档 2. 幼儿园规划、计划总结、改革资料、园所长工作手册、园务日志、工作人员考勤本、奖罚记录、全园和专题会议记录、各种规章制度 3. 检查评选活动、家长会、庆祝会等记录 4. 有代表性的教科研观摩、计划、总结、评议记录、教师工作记录、经验总结 5. 录音、录像，部分有价值的幼儿作品，教工、家长、幼儿名册，根据需要自定保留时间	1. 基本情况：性别、年龄、学历、毕业年限 2. 培训时间和考核成绩评语 3. 教学计划与记录 4. 有代表性的调查报告、经验总结，发表和未发表的论文、教材、教具，观摩活动的计划与评议记录 5. 有代表性的儿童作品、录音、录像、照片等有价值的内容 6. 评比活动中奖、罚材料（反映政治思想、工作态度），业务素养、教学能力等材料 7. 家长的表扬、批评，外单位的反馈	1. 教研活动计划、总结、评议记录，学习讨论记录，教养经验总结、交流 2. 教材教法记录，组内自制教玩具、图片等 3. 有代表性的儿童作品、录音、录像、照片等	1. 本班组工作计划、总结，领导对本班评议记录等 2. 班务会记录、日交接班记录、物品登记本、家长联系本、长会记录 3. 本班教材资料，教具、玩具、幼儿作品（根据价值确定保留时间） 4. 录音、录像、照片等留存

说明：1. 选留幼儿作品，要具有代表园、组、班教学水平的资料。

　　　2. 将有价值的资料编排整理，造出总册目录表以便查找。

（四）按档案的形态分

按档案形态分，又分为文书档案、实物档案、声像档案、电子档案。

三、幼儿园档案信息管理的原则

（一）服务性原则

档案信息的基本职能就是使查阅者通过研究、分析，从中获得启发，为更好地开展工作提供服务。服务性原则是幼儿园档案信息管理的基本原则。为保教第一线提供优质服务，是幼儿园的档案信息管理的核心任务。档案信息资料的收集、分类、归纳、建档和管理，都要围绕幼儿园的中心任务，以方便查阅为目的。由于幼儿园卫生保健工作的特殊性和重要性，与之相关的档案信息资料更应确保资料供应及时、准确、全面，这是由幼儿园保教结合的工作特点所决定的。

（二）超前原则

幼儿园的档案信息管理人员还应当及时收集和整理国内外、省际、区域内幼儿教育的发展状况、研究状况等信息，为幼儿园进一步发展提供及时、有效的信息资料。幼儿园的档案信息管理人员，要有适度超前的思想，能够敏锐捕捉各种有效信息，更好地服务于幼儿园的发展。

（三）效益原则

档案信息管理的效益原则，是指各类档案信息资源的使用效率和使用质量。使用效率是指各种档案信息资源的使用频率或单位时间内的使用次数,如图书借阅率、幼儿园网页的点击率等。在使用质量上则应当挖掘档案信息的再利用价值,将历史的积累变为未来工作的财富。

思考与练习

1. 结合实例谈谈档案信息管理在幼儿园管理中的作用。
2. 幼儿园档案信息管理的内容有哪些?
3. 幼儿园档案信息管理要注意哪些问题?

第五节 现代信息技术在管理过程中的应用

一、现代信息技术的内涵及特点

(一)内涵

现代信息技术是研究信息的获取、传输和处理的技术,由计算机技术、通信技术、微电子技术结合而成,主要包括传感技术、通信技术、计算机技术和缩微技术等。在教育领域中提及的现代信息技术主要指以计算机技术和网络为核心的技术。

(二)特点

1. 全面性

现代信息技术承载和传输信息的形式是多样的。包括文、图、声、像、程序、视频、动画等多种媒体信息,覆盖教学系统的各种要素信息和社会信息。具有全面性,符合当代社会对教育的要求。

2. 多向性

现代信息技术提供了各个学科、各项工作、各个环节、各类人员、各种要素之间联系的信息通道,而且这种联系是多向性的,有利于教育信息资源的开发、设计、管理和综合利用,有利于教学过程的开发、设计、管理。

3. 高效性

现代信息技术基于高带宽、高速率网络,是典型的信息高速公路,保证了联系的快速、全面、准确。这有利于教育信息资源的检索、处理和传递。

4. 灵活性

现代信息技术具备了其他传统教学技术无法比拟的特点,可以在学校,也可以在家里通过互联网进行管理;如果自己在家无法上网,可以到教学点上网。

5. 扩充性

现代教学中的信息技术扩充性强,不受地域限制,不受班级、教师和学生人数限制,可以根据实际需要进行配置。

6. 共享性

现代信息技术实现了资源最广泛的共享。参与管理的部门或教师不仅仅局限于一所学校、一个地区、一个国家,可以通过互联网汇集全国乃至世界上最优秀的管理方法来进行管理。

7. 及时性

互联网是目前人类克服空间和时间的限制,以最快速度传递信息的最佳手段,可以提供当前最新的管理要求和方法、教学内容、最新的信息资源。

8. 交互性

现代信息技术满足了学生与学生、学生与教师、学生与家长、家长与教师之间方便的交流与联系。学生的各种问题能够尽快地得到解答,对同一个问题探索不同的求解方案,对学生来说更具有挑战性,更有利于创新能力的培养。

二、现代信息技术在幼儿园管理工作中的意义

现代信息技术引入幼儿园管理过程,大大推进幼儿园管理信息化的进程,提高了管理效率。具体体现在以下两个方面。

(一) 推进幼儿园管理信息化的进程,促进日常管理的民主化、科学化、规范化

信息技术进入幼教领域后,许多幼儿园纷纷进行了网络管理系统的建设。利用这些系统进行各种信息的录入、存储、处理,不仅规范系统,而且节约了大量的人力、物力。教职工或家长可以登入局域网查询相关信息,增加了管理的透明度,有助于幼儿园的民主化管理。

(二) 有助于提升教学管理水平,增强教学管理的实效

现代信息技术为教师提供了交流和获取教育教学资源的平台。在这个平台上,教师可以实现教育资源的共享,实现教育思想的碰撞。作为管理者,也可以在这个平台上及时发现教育中出现的问题,从而及时调整计划。同时,通过网络平台管理者可以随时把握幼儿园工作计划的实施情况,并从教师的教育随笔、活动方案、教学反思、幼儿成长档案等资料中,了解教师的工作实绩,检查评价教师的工作实效。便于监督,便于管理,减轻了常规检查的劳动强度。

三、现代信息技术在幼儿园管理过程中的具体应用

近年来,信息技术在幼儿园管理中的应用呈迅速普及之势。在幼儿园实践中,现代信息技术已经渗透到财物管理、保教工作管理和卫生保健工作管理方面。

(一) 信息技术与日常管理

在幼儿园常规管理中,某幼儿园选用办公软件,参与该园的全程管理。该软件一般包括以下八个方面内容。

1. 日常办公系统

(1) 日常办公

主要包括以下模块:新建文档、待办事宜处理、提醒信息、今日公告、最新文档,发表意见、写工作日志、派发工作日志、制定工作日程表、制定工作计划,常用网址、通讯录管理。

(2) 行政管理

主要包括以下模块:园所概貌、幼儿园大事记、会议记录、规章制度管理、档案管理。

(3) 人力资源管理

主要包括以下模块:全园组织结构、员工基本信息、员工调动与分配管理、员工考勤管理、人力资源构成分析、员工健康档案管理、劳动合同管理、员工奖惩记录、员工离职处理、离职人员查

询、员工培训管理、福利与保险管理、职位招聘管理。

（4）文件管理

主要包括以下模块：我的文档、资料文件管理、往来文件管理、法律法规查询、办公文档模板管理。

（5）交流园地

主要包括新闻中心，发布消息，园内论坛、意见。

（6）公共信息

主要包括电话区号查询、邮政编码查询、出行指南、祝福语查询、特种电话号码查询。

（7）园长查询

主要包括在园幼儿信息查询、离园幼儿信息查询、一周带量食谱查询、幼儿园获奖记录查询。

2. 幼儿信息管理

（1）幼儿管理

从幼儿入园、分班到升级、毕业，从插班、调班到退学全程管理，同时还包括幼儿信息的查询和统计、幼儿考勤记录、生源及班级信息维护等。

（2）幼儿出勤

可以设置幼儿出勤的日期，登记幼儿缺勤的情况，统计幼儿出勤的记录。

3. 幼儿成长档案管理

（1）"涂鸦珍藏"（幼儿作品收集）

保存幼儿在园内的绘画、书法及手工作品，将其用扫描、拍摄的方法制成图片文件，然后保存到计算机中。

（2）"精彩时刻"（幼儿在园活动的记录与评价）

将幼儿在园的某项活动的情况进行记录，包括活动的描述、教师的活动点评、活动照片以及录像资料等。

（3）"生活点滴"（幼儿日常生活观察记录）

将幼儿平时在幼儿园的生活趣事、令人捧腹的话语、令人忍俊不禁的动作记录下来。

（4）教师评语

将教师给幼儿的评语记录下来。所有成长信息都可以刻录成光盘保存，供家长收藏。

4. 教育教学管理

教育教学管理是园长比较重视的工作，该模块包括：教学计划的管理，分为学期计划、月计划、周计划、日计划等计划的制定；工作总结管理；幼儿成长评价；兴趣班管理；课程资源库等。网络版更能达到园长实时查看各班工作计划的目的。

5. 营养食谱管理

（1）菜谱库制作

软件的菜谱库中已经存有了上百种的食品，但是，我们还可以根据幼儿园的具体情况进行添加，以丰富菜谱库的内容。

（2）一周带量食谱制作

通过选择已有菜谱，考虑到一周食谱的花色调配，轻松为各年龄段幼儿制作一周带量食谱，食谱中每日每餐食物营养成分信息同步变化精确计算，一目了然，完全超越"经验食谱"，更有随时可查阅的该食谱的详细带量营养分析供参考，随时调整并制作出合理、均衡的幼儿食谱。

（3）营养分析

利用计算机的先进技术以及超大数据库的数据处理能力,结合实际的食品消耗和就餐人数,生成完整的"月营养分析总结表"。为调整食谱提供依据,以便改善幼儿膳食结构和饮食习惯。向幼儿家长提供分析报告时更具有科学依据。

6. 卫生保健管理

（1）体检数据的录入和评价

体检数据采用大型数据库存储,可供教师或家长在网络上查询,并且在数据录入完成后,就可以进行体检数据评价的浏览和打印。而且,软件还可以根据录入的体检数据自动地评价出属于肥胖儿和营养不良的儿童。

（2）专案管理

专案管理可以方便地对特殊儿童进行跟踪观察并做相应的记录,如佝偻病、贫血、肥胖儿、反复感染的儿童、营养不良等。

（3）免疫接种

电脑自动产生疫苗接种时间,并记录疫苗接种的实际时间,而且可以随时查看接种情况。

（4）保健登记册

保健登记册数据可直接记录到数据库中,方便查询。登记册分别为晨检及全日健康观察登记册、交接班登记册、健康教育册、预防疾病药物使用登记册、紫外线消毒灯使用登记册、家长联系登记册、伙委会会议记录、体弱儿登记册、儿童事故登记册、传染病登记册、大型玩具检查登记册、缺点矫治登记册、视力矫治登记册、龋齿矫治登记册、身高体重登记表。

7. 收费管理系统

该系统可以实现设置收费项目、制定收费标准、收费登记、收费提醒、收费情况统计及报表打印等,使收费工作清晰合理、有条不紊。

8. 后勤管理

（1）厨房管理

厨房管理中对幼儿园的厨房进行了分类管理,有教师和幼儿厨房,并在这两个分类中又添加了物品和食品两个分类。并且,对厨房的物品和食品进行购进登记、物品的报废及损耗登记、食品定期消耗量的计算、物品盘存及盘存单管理。

（2）资料室管理

利用数据库的强大的数据存储能力,将资料室的资料分类整理储存,达到资料的信息化管理,而且在这个模块中集成了资料的借阅、归还管理。这极大地方便了资料管理员,同时也使得资料室的管理走向规范化。

（3）资产管理

从资产购入幼儿园开始到资产退出的整个周期,能针对固定资产实物进行全程跟踪管理,解决了资产管理中账、卡、物不符,资产不明,设备不清,闲置浪费等问题。其功能涵盖采购管理、固定资产日常管理、低值易耗品管理、数据分析报告等。

（4）办公用品管理

办公用品管理中主要对用品的购买登记、部门领用登记以及用品的盘存,将资产信息进行分类登记,然后对资产进行分配,并且可以查看资产的分配情况。

（二）现代信息技术与教育教学管理

1. 现代信息技术与课程整合

目前幼儿园以计算机为核心的信息技术与课程整合中较常见的实现方式主要有两种：其一是从课程到软件，即选择适宜的软件来丰富课程内容、教育活动或概念；其二是从软件到课程，即利用常规的活动材料、教学方式对适宜的软件内容进行丰富和发展。

从课程到软件的整合过程，主要是在课程的实施阶段，教师根据活动的需要有针对性地选择与主题相关的软件，为幼儿园提供符合课程目标的素材和内容。例如，某幼儿园实施环保教育的主题活动，老师考虑到环保概念和相应知识（如地球的生态环境的变化、垃圾的回收处理、森林破坏与水土流失等）对幼儿来说比较抽象，于是老师自行设计制作了环保教育题材的多媒体课件"小白云""垃圾的苦恼""地球妈妈生气了"等，运用于教育教学活动中。

从软件到课程的整合过程，主要指许多教育软件本身包含了一系列的学习主题，幼儿在操作软件的过程中能够获得相关的概念和经验，而且可能从中生成一些可以更深入探究的主题。如幼儿在玩"小小探索者"系列软件中"寻找软糖豆"游戏时，幼儿的兴趣很高，还提出了许多问题：蚂蚁真的喜欢吃软糖豆吗？蚂蚁是怎样寻找食物的？蚂蚁会迷路吗？于是老师和孩子们一起开始了"寻找软糖豆"系列活动。老师和孩子们一起寻找蚂蚁，观察蚂蚁。在观察、探索的基础上，开始了"蚂蚁的家"（科学）、"蚂蚁运食"（体育）、"蚂蚁家族"（社会）等活动。

以上是幼儿园教育教学工作中，信息技术的应用的实际体现，幼儿园管理者需要考虑的是如何充分利用信息技术提高教育的成效；目前需要解决的是如何找寻、选择适合幼儿的教育软件资源，如何提升幼儿教师的信息素养，如何利用信息技术，实现课程资源的共创和共享。这些是幼儿园管理者在教学管理中需要继续探索的问题。

此外，随着信息技术与课程整合的深入研究，信息技术将从辅助教学工具走向儿童自主学习工具，儿童将利用信息技术获取、存储、处理和交流信息。在课程实施中，一般步骤是教师设计研究课题——儿童选择适合自己的研究专题，制定研究方案——教师提供与学习主题相关的资源目录、网址以及资料收集的方法和途径——儿童通过多种形式协作活动辨别、分析、处理信息——形成成果（文本、图画作品、手工作品、PPT、网页等）——总结评价。

2. 现代信息技术与教师专业成长

幼儿园借助网络建起信息资源库，为教师工作提供便捷。另外，借助博客、微博、教育论坛、微信群等使教师在反思和交流中获得专业发展。有的幼儿园建起了优秀教育活动设计资料库、优秀论文资料库、各类教学计划、总结资料库、幼儿各类活动资料库、教科研评价量表库、CAI课件资料库、教师业务考核资料库等，并与国内外知名网站建立链接，丰富资源库的内容，为教师们的教育教学提供了丰富的第一手资料。又如博客、论坛是幼儿教师经常光顾的地方，在那里教师们共享教育成果，探讨教育策略，反思成败得失。

（三）现代信息技术与家园合作

幼儿园和家庭共同担负着教育幼儿的重任。《纲要》在总则中提出：幼儿园应与家庭密切合作，综合利用各种教育资源，共同为幼儿的发展创造良好的条件。随着计算机的普及使用和发展，如何利用现代信息技术，加强家园合作，提升家园合作的质量，越来越受到教师和家长的关注。许多幼儿园积极探索现代信息技术在家园合作中的应用。主要表现在以下三个方面。

1. 利用数据库建立幼儿发展档案

一些教师利用电子文件夹的方式记录儿童的活动和成长。老师为每个幼儿建立个人文件夹,将幼儿的性别、出生年月、家庭地址、电话号码、电子邮件以及父母亲的工作单位按顺序录入计算机中,这样教师就可以有目的、有计划地将幼儿的入园情绪、进餐、睡眠情况以及在组织一日活动的过程中收集到的幼儿作品、观察到的幼儿活动情况、听到的童言稚语、体检、预防接种等都记录在幼儿的个人文件夹中。家长们则可以将孩子在家的活动、每一阶段所取得的进步和存在的问题通过网络传送添加到幼儿的文件夹中。这样日积月累就建立起了较为系统、完整的幼儿发展情况档案。教师和家长都能够较为全面、系统地了解孩子在家里和幼儿园的发展过程,进行纵向比较,从而找出有效的教育方法,使每个幼儿尽可能地在不同水平上得到持续、有效的发展。

2. 分享课程和教育活动

信息技术将家庭与幼儿园联系起来,能满足家长对班级教室里发生的事情以及整个幼儿园的教育活动计划的兴趣。而且,借助信息技术,家长可以自主选择自己希望了解的幼儿园信息,更能满足家长个性化的需求。借助计算机和互联网,教师一般将以下内容放到幼儿园的网页上:

- 课程目标和标准
- 反映儿童年龄水平的学习与发展评估指标
- 观察和评估过程
- 教育活动计划
- 家长可以在家中开展的延伸活动
- 班级开放活动、亲子活动的计划安排及总结
- 幼儿园新闻
- 社区相关机构的联系方式和背景资料
- 专题讲座和研讨会资料

3. 利用计算机建立互动交流平台

借助互联网即时互动的通讯技术优势,家长和教师合作,建立成员相对固定,共同分享信息、观点和服务的"虚拟社区"如论坛(BBS)、博客(Blog)、QQ群、微信群等,共同商讨儿童生活、教育与发展的话题。

此外,一些城市的电信部门借助宽带和视频摄录像技术在幼儿园班级的活动场所安装摄像头,可为家长提供视频直播与点播服务。只要家长打开计算机,进入幼儿园的视频窗口,就可以在网上"现场直播"式地看到孩子在幼儿园的学习生活情况。但这种视窗服务是否能真正有效服务于儿童发展,还有待实践的考验。

案例

园 长 专 区

论　坛	主题	帖子	今日	最新回复	版　主
园长在线					
交流专区					
幼儿园里发生了哪些精彩事儿?想和园长亲密接触吗?欢迎各位家长的到来!	1531	14312	9	新年礼物早知道!... By:周蔚然》2007－12－14 19:53	本版版主 ▼

保　健　专　区					
论　坛	主题	帖子	今日	最新回复	版　主
保健室 家长们,想让你的孩子更加健康吗?想知道孩子在幼儿园的饮食情况吗?那就进来吧!	1613	7474	4	各位家长进来看!... By: hxjz》2007 - 12 - 14 19:46	本版版主 ▼

综　合　讨　论　区					
论　坛	主题	帖子	今日	最新回复	版　主
五花八门 你想说什么?想知道什么?在论坛的使用上遇到问题了?或者想灌灌水找找好朋友吗?那么,请进!	3100	18850	1	告各位家长——关于幼儿退费的... By: 陈润阳妈妈》2007 - 12 - 14 11:21	本版版主 ▼

××幼儿园小班组					
论　坛	主题	帖子	今日	最新回复	版　主
××幼儿园小一班 欢迎小一班的家长,陪伴孩子度过幼儿园的第一年!	472	5960	39	"疯狂圣诞化妆晚会"活动方案... By: 童话妈妈》2007 - 12 - 14 19:33	本版版主 ▼
××幼儿园小二班 好棒哦,我们是光荣的幼儿园小朋友了～～	677	15267	290	谢谢南妈妈... By: 熊伟钰》2007 - 12 - 14 18:52	本版版主 ▼

思考与练习

1. 简述现代信息技术的内涵和特点。

2. 调查一所幼儿园,了解现代信息技术在该幼儿园管理中的应用情况。

第四章　幼儿园保教工作管理

思维导图

学习要点

◇ 保教工作在幼儿园管理中的地位和作用
◇ 幼儿园保教常规工作管理的内容
◇ 幼儿园保教常规工作管理的程序
◇ 班级保教工作的特点
◇ 幼儿园教科研工作的一般任务
◇ 幼儿园课程管理的概念、内容

导　语

　　对幼儿园保教工作的管理,是幼儿园管理的核心和关键。幼儿园保教工作是落实幼儿园任务的重要载体,它始终遵循保教相结合的原则,这既反映了幼儿身心发展的规律,也反映了幼儿园工作管理的特点和规律。依据幼儿发展的要求,结合各年龄班级保教工作的特点分析,制定科学的、合理的、程序化的保教常规,促使保教人员的规范实施,既便于保教工作的整体管理,又有利于保教工作质量的提高。针对保教工作中的实际问题应大力开展教科研活动,可促进幼儿的发展及教师的专业发展。在保教管理工作中还需注重幼儿园课程的管理,以此为载体,全面促进幼儿身心和谐发展。

第一节　幼儿园保教工作的地位和作用

一、保教工作是幼儿园双重任务的核心

　　《规程》中"总则"第三条明确指出幼儿园的任务是:"贯彻国家的教育方针,按照保育与教育相结合的原则,遵循幼儿身心发展特点和规律,实施德、智、体、美等方面全面发展的教育,促进幼儿身心和谐发展。幼儿园同时面向幼儿家长提供科学育儿指导。"

　　由此可见,幼儿园担负着促进幼儿发展和指导家长科学育儿的双重任务,双重任务的完成是通过保教工作来实现的,优质的保教工作是完成双重任务的根本,是幼儿园的核心工作。

幼儿园教育不同于其他阶段的教育,它具有教育性和社会福利性、公益性的特点,这充分说明幼儿园在完成双重任务中不能顾此失彼。但是,在幼儿园的保教工作实践中,存在着以下两种错误现象:

一是单纯强调幼儿园的社会福利性,只注重"为家长服务",把家长视为上帝,单纯迎合家长需要,不分析家长的需要是否合理,是否有利于幼儿的发展,忽略了对家长进行科学育儿的指导。例如,为迎合家长,教育倾向于小学化,忽视了"保育",违背了幼儿身心发展规律,片面强调教幼儿识字、做算术题、学英语等,盲目地加深了教育内容,严重地影响了教育目标的实现。

二是单纯强调幼儿园的教育性,只注重为幼儿服务。简单地把幼儿园等同于一般的教育机构,强调正规化教育,注重正规教学和知识的灌输。对家长的合理需要及正当建议不予采纳,对特殊要求缺乏理解,间接地影响了为幼儿发展服务的质量。

目前,在我国经济体制改革的背景下,幼儿园的建设与发展中也出现了一些新的误区。例如,单纯注重经济利益,甚至以盈利为目的开设各种兴趣班、特色班,收取费用。这使国家规定的面向全体、全面发展的教育目标无法实现。因此,保教工作者一定要对幼儿园的性质与任务深入理解,端正办园指导思想,把握好幼儿园双重任务的本质。

二、保教工作是幼儿园全部工作的中心

幼儿园工作包括安全管理、卫生保健、队伍建设、环境创设等多方面工作,其中,保教工作是幼儿园全部工作的中心。这主要取决于以下三点:

首先,幼儿园是教育机构,教育幼儿是它最主要的任务,其他工作都是为教育工作服务的。做好卫生保健工作,是为了保证幼儿的健康,更好地接受教育;做好总务后勤工作,是为了提供更好的物质条件和良好的环境,以确保教育工作的顺利实施;建设一支高素质的师资队伍是落实教育工作的关键,没有教师来完成教育工作,教育工作只能是纸上谈兵,不能成为现实。

其次,幼儿园的教育目标是培养人才,为了实现这一目标,必须将保教工作放在中心的位置上。保教工作是培养人才最直接的工作,其他工作都是围绕保教工作而展开的,保证保教工作质量是保证幼儿全面发展目标得以实现的前提。

最后,幼儿园保教工作目标对其他工作目标具有很强的导向作用。每所幼儿园总是先确定保教目标,然后再根据保教目标确定其他工作的目标,如卫生保健工作目标、总务后勤工作目标等。可以说,其他工作目标都是围绕保教工作目标而展开的,其目的是为了保证保教工作目标的实现。

卫生保健工作、总务后勤工作等都是办好幼儿园的基础和先导,其服务功能贯穿于保教工作的全过程之中。例如,创建优美的、充满绿意的环境,保障园舍、场地、大型玩具的安全,充实教学设施、设备,符合幼儿发育的营养膳食,严格规范的卫生制度、卫生环境等,这些工作都是围绕保教工作这个中心工作的目标而进行的。所以说,保教工作是幼儿园全部工作的中心。

思考与练习

1. 幼儿园保教工作地位是怎样体现的?
2. 在完成幼儿园的任务中应避免什么问题?

第二节　幼儿园保教结合原则的实施

一、保教结合原则的含义

保教结合是一个整体的概念,"保"和"教"是教育整体的不同方面。

"保"就是保护幼儿的身心健康。健康的内涵十分广泛,有身体方面的,有心理方面的,还有社会适应方面的。身体方面包括照料幼儿的生活,保证供给幼儿生长发育的必要营养,执行合理的生活制度,预防疾病和事故,开展多种多样的体育活动,增进幼儿体质,使他们具有健康的体魄;心理方面注重幼儿健康、积极的情感培育;社会适应方面指培养幼儿探索环境、适应社会的能力,使幼儿不仅有与他人交往的勇气,还要掌握与他人交往的技巧①。

"教"是指一切对幼儿身心发展有影响的活动。也就是按照德、智、体、美诸方面的要求,有目的、有计划、有系统地对幼儿进行全面发展的教育。例如:培养幼儿良好的生活习惯,丰富幼儿知识、经验,发展智力,促进幼儿有良好的社会适应性,培养积极的情感和良好的个性品质等活动。

幼儿阶段的保育和教育并不是孤立的,而是互为一体的。从幼儿年龄特点和《规程》"总则"来看,保育、教育不可分;从教育内容来看,要"保教结合";从幼儿园整体工作来讲,也要以"保教为主",其他工作都应为"保教"这个中心服务。"保教结合"是辩证的统一,班级保教人员在工作中只有做到保中有教,教中有保,保教并重,不偏废一方,才能保证幼儿健康成长,为进入小学打好基础②。(见附1)

二、实行保教结合原则的必要性

《指南》的目的是通过提出3—6岁各年龄段儿童学习与发展目标和相应的教育建议,帮助幼儿园教师和家长了解3—6岁幼儿学习与发展的基本规律和特点,建立对幼儿发展的合理期望,实施科学的保育和教育,为幼儿后续学习和终身发展奠定良好素质基础,促进幼儿德、智、体、美各方面的协调发展,让幼儿度过快乐而有意义的童年。因此,幼儿园实行保教结合原则,更具有现实意义。

1. 实行保教结合的原则,是幼儿园教育的特点

幼儿园的教育对象是3周岁以上的学龄前幼儿。他们年龄小,生理、心理机能发育不够完善,对环境的适应能力差,抵抗疾病的能力弱,缺乏独立生活能力,因此,特别需要成人的照料、爱护、引导,这是幼儿园教育的一大特点③。

2. 实施保教结合的原则,是幼儿生理、心理发展的需要

幼儿时期既是生长发育十分迅速、旺盛的时期,也是身体各种器官、各个系统的机能还没有

---

①② 唐淑,虞永平.幼儿园班级管理[M].南京:南京师范大学出版社,1999.

③ 王学聪.成功幼儿园管理制度全书[M].长春:吉林摄影出版社,2002.

发育成熟和完善的时期。从生理上看,他们骨化没有完成,骨骼易受损、变形;肌肉力量弱,耐久性差,易疲劳;膀胱小,排尿频繁等。从心理上看,生活经验少,自我控制能力、生活自理能力都比较差,对成人的依赖性很强。因此,幼儿需要成人的精心照料、保护,需要成人创设良好的环境,满足他们身心发展的要求,促进他们生理、心理健康发展[①]。

世界卫生组织曾经对健康下定义,即健康不仅仅是没有疾病或不虚弱,而应包括体格、心理和社会适应能力的全面发展。这样,保育的概念当然也就不能仅仅理解为对幼儿身体的照顾,还应包括对幼儿心理、个性的保护和培养。

3. 实施保教结合的原则,是我国幼儿园教育的优良传统

在《幼儿园管理条例》《幼儿园工作规程》《幼儿园教师专业标准》《3—6 岁儿童学习与发展指南》等法规中,明确了保教结合的原则为法定的要求,幼儿园必须认真贯彻实施,例如,《纲要》明确指出:"尊重幼儿身心发展的规律和学习特点,以游戏为基本活动,保教并重,关注个别差异,促进每个幼儿富有个性的发展。"这表明了我国的幼儿教育在不断总结、继承和发扬自身的经验和传统。

三、在管理工作中如何实施保教结合原则

保教结合原则对于幼儿身心全面发展有着积极的促进作用,因此,必须在幼儿园工作中全面落实。为了更好地落实保教结合原则,必须采取以下措施:

1. 树立保教结合的管理观念,发挥管理的导向作用

确保保教结合原则的落实,这是完成保教任务的关键。在幼儿园保教工作实践中,保与教是在同一过程中实现的,不是分别孤立进行的。组织全体教师学习《规程》《纲要》等法规,强化保教人员的保教结合意识,围绕《幼儿园教师专业标准》中对幼儿园教师组织一日生活和保育的能力要求,积极开展对教师的培训,促使班级教师相互配合与协调,高度重视幼儿的健康和安全,围绕科学合理的生活制度组织幼儿在园的生活活动、游戏活动、学习活动、户外活动等,关注生活细节,抓住教育契机[②]。

2. 将保教结合原则落实到幼儿园的具体工作中

全园工作计划中要体现保教结合原则,人员分工上注意保教结合。幼儿一日活动中,每个环节都渗透着保育与教育,它们相互联系、相互渗透,共同促进幼儿的发展。因此,必须注重保教结合原则贯穿幼儿一日生活的组织才是科学合理的,才能够促进幼儿健康成长。

3. 注重保教结合原则,创设良好的育人环境

环境对人的成长发展起着重要的作用,幼儿园的环境建设是实施保教结合、促进幼儿发展的必要条件和基础。一方面幼儿园的园舍设施、教具玩具、生活用具的建设和配备,必须符合安全、卫生的标准,符合幼儿发展的特点,符合保育、教育的要求。另一方面要积极创设良好的精神环境和良好的人际心理环境,这是促进幼儿身心健康发展的重要途径。

---

① 王学聪.成功幼儿园管理制度全书[M].长春:吉林摄影出版社,2002.
② 唐淑,虞永平.幼儿园班级管理[M].南京:南京师范大学出版社,1999.

┌─ 附1 ─┐

保教人员工作要求

	教师工作要求	保育员工作要求
户外活动	1. 结合班级幼儿发展水平,按《纲要》的要求有计划地开展户外体育活动 2. 注意幼儿运动强度和密度,进行安全教育 3. 充分利用自然条件(水、空气、阳光)对幼儿进行适当的锻炼,保证每天2小时的户外活动	1. 为幼儿开展体育活动做好场地、运动器材的准备工作 2. 协助检查幼儿的着装 3. 对体弱幼儿进行照顾 4. 配合教师辅导个别幼儿
教学活动	1. 分析班级幼儿情况,依据目标选取适宜内容,以游戏化的方式,激发幼儿参加活动的兴趣 2. 充分利用直观教具、课件、操作材料等,提供直接感知和动手操作的机会,调动幼儿多种感官 3. 创设相应环境,启发幼儿大胆提问、回答,保护幼儿思维过程中的创造萌芽 4. 灵活采用集体、小组或个别活动的形式及多样化的方法组织教学活动 5. 依据幼儿的年龄、活动的内容等确定教学活动的时间,以达到良好教育效果	1. 协助教师做好活动前的准备 2. 配合教师开展教育活动 3. 在活动中注意观察幼儿的情绪及参与活动的情况,必要时给予照顾 4. 活动结束后协助教师整理环境
盥洗	1. 饭前组织幼儿使用流动水洗手 2. 教幼儿正确地洗手、洗脸以及使用肥皂的方法 3. 幼儿使用自己的毛巾擦手、擦脸 4. 教育幼儿节约用水和肥皂、洗手液	1. 指导幼儿用正确的方法洗手 2. 引导幼儿使用毛巾正确地擦手、擦脸 3. 做好幼儿口杯及毛巾的清洁和消毒工作 4. 教育幼儿节约用水和肥皂、洗手液
进餐	1. 为幼儿创设一个干净、安静的进餐环境 2. 教幼儿正确的坐姿和使用餐具的方法 3. 教育幼儿不挑食、不偏食,提醒幼儿细嚼慢咽,不撒饭菜;注意培养幼儿文明进餐的习惯 4. 进餐结束,要求幼儿把餐具、椅子整齐地放在指定地方	1. 做好餐前准备和餐后的卫生工作 2. 及时根据幼儿的食量为其添加 3. 关注特殊幼儿、身体不适幼儿 4. 共同培养幼儿良好的进餐习惯

(银川市第五幼儿园提供)

思考与练习

1. 试分析幼儿园实行保教结合这一原则的必要性。

2. 如何实施保教结合这一原则?

第三节 幼儿园保教工作的内容与程序

为确保幼儿园保教工作的良性运转及保教质量,必须建立有效的保教组织机构和规章制度,合理调配基层班级保教人员,制定保教工作流程要求,组织各种保教工作检查、总结等。因此,保教工作的实施,是通过园长或业务园长(园长助理)—保教主任—教研组(年级组)—班级来运转的。贯穿其中的是管理者的主导作用和被管理者的主体地位,两者相互作用,双向共振,形成合力。

一、保教工作的内容

1.建立保教工作制度

制度是行为和活动的准则。各类保教计划、任务的完成需要相应的保教工作制度来保障。完善的制度可以保证幼儿园保教工作的正常进行,形成良好的工作程序[①]。为加强管理,制定保教计划制度、教研活动制度、备课制度、保教人员工作程序要求、常规工作检查制度、保教人员考核制度、保教人员岗位责任制等等。但是,所有的制度必须广泛宣传,必须在日常工作中加以落实,让保教人员自觉遵守,并逐步内化成自觉行为。

2.制定保教工作计划

保教计划具有指导保教工作的作用。保教计划是确定在计划期内,为了实现幼儿园保教工作目标和任务,对保教工作的内容、措施等进行合理安排,进而设计达到目标的具体行动方案。

（1）制定保教工作计划的依据

制定保教工作计划的重点依据主要有三方面:一是对国家和地方各级教育行政部门制定的教育方针、政策和法规进行贯彻落实,例如,以《纲要》为依据把任务、要求落实到幼儿园日常保教工作之中;二是落实幼儿园工作计划中的保教重点工作内容;三是结合班级幼儿的具体情况,在保教结合原则下,实现育人和服务家长的双重任务。

（2）保教工作计划涵盖的内容

一份完整的、具有指导性的保教工作计划,涵盖的内容主要包括情况分析、工作目标、实施措施、重要工作安排等。依据时间、范围、内容的不同,常用的保教计划主要有学期计划、月计划和周计划。

（3）制定保教工作计划的步骤

制定、撰写保教工作计划的基本步骤:一是必须认真分析研究上学期工作,从上学期工作总结中找到存在的问题;二是认真学习了解园务工作计划,确认幼儿园保教工作重点,商议班级主要完成任务的目标及措施;三是撰写保教工作计划。

（4）保教计划的种类

为了更好地提高保教工作质量、促进幼儿发展,幼儿园会结合幼儿园长远发展或者近期发展规划,组织制定切实可行的保教工作目标、计划。在此基础上,保教部门、班级分别制定学期或学年的保教工作计划。

一是幼儿园学期（学年）保教工作计划,从其内容构成来说主要包括对上学期保教工作中教师发展的情况、保教工作完成的情况、家园共育、社区教育、教科研的情况等的现状分析,在分析的基础上,制定本学期保教工作的目标、重点任务,提出实现目标的具体措施,目标具有可操作性,与全园各项工作目标一致,还可以列出逐月工作安排,这样就条理清楚,不易遗漏某项工作内容,方便教师执行。

逐月的保教工作安排,是将保教工作任务进行分解,具体划分到部门或具体负责人,在时间上作出了较为详细的安排,使多个方面的保教工作任务变得更加切实可行。

二是班级学期（学年）保教工作计划。保教管理的基层组织机构是班级,每个班级一般由 3

---

① 王普华.幼儿园管理[M].北京:高等教育出版社,2005.

名保教人员组成(可以是由持有教师资格证的 3 名教师组成,称之为"三教",也可以是由持有教师资格证的 2 名教师和 1 名持有保育员证的保育员组成,称之为"两教一保"),3 人共同协调班级保教管理工作。设班长一名,负责组织班级保教管理工作,实现班级保教目标,完成保教任务。由于班级承担着幼儿园保教工作全面实施的任务,决定着幼儿园保教工作质量,因此班级保教工作计划需针对幼儿状况、家长情况、本班教师集体的情况作详尽的分析,从有利于幼儿发展的角度出发,制定可操作的、有利于发挥教师自身优势的班级保教工作计划。

二、保教工作的程序

保教人员的工作程序,就是将保教人员岗位责任制与幼儿园生活制度及生活常规结合起来,对保教人员在一日生活各个环节应做的工作进行具体分析,使岗位责任制规定的具体工作内容和要求落实到人,落实到时间与地点,并规定完成程度与工作质量[①]。

1. 保教工作程序化的作用

程序化的保教工作可以节省大量的时间,提高工作效率,既能养成幼儿良好的习惯,还能养成教师良好的工作规范,为保教工作的顺利开展创造条件。

幼儿在幼儿园里什么时间进行什么活动,活动中应遵守什么要求,哪些事情应该做,哪些事情不应该做,做事要采取什么方式等,是对幼儿行为的规范化、具体化的要求。

幼儿一日生活常规工作的管理程序,有利于培养幼儿良好的常规意识,教师不用再为维持秩序浪费时间,而是将更多的时间投入到活动的充分准备上,因材施教,促进每个孩子在原有水平上的提升,促进教师个人专业发展。

2. 保教工作程序化的内容

保教工作程序化的内容主要包括:

(1)科学地安排好各类活动的时间

即根据幼儿的年龄特点,安排其一日活动,教师也随之科学地安排自己的工作时间,提高工作效率,养成良好的工作规范。

(2)建立相应的制度

为确保程序化的保教工作内容的落实,必须建立相应的制度,以保证保教工作质量,例如《班主任职责》《常规工作检查制度》。

(3)有效地利用各种资源

首先要对本班的资源情况心中有数,其次在利用这些资源时,要时刻以科学、合理的标准来衡量。

附2

班 主 任 职 责

一、认真学习贯彻执行党的教育方针及《纲要》《指南》精神,树立正确的教育观、儿童观,对幼儿实施德、智、体、美、劳全面发展的教育。

---

① 张燕.幼儿园管理[M].北京:北京师范大学出版社,1997.

二、认真配合保教主任及年级组长做好园内、班内各项工作。积极参加业务学习和教研活动，不断提高自身业务能力和组织能力，积极完成各项工作任务。

三、坚守工作岗位，严格执行幼儿园安全、卫生保健制度，指导并配合下午班教师、保育员管理好本班幼儿生活，配合医务室做好卫生保健工作。认真填写交接班记录，做好缺勤幼儿追访工作，确保幼儿健康与安全。

四、负责班级管理等全面工作，根据幼儿园保教工作安排及月工作重点，结合本班幼儿特点和个体差异，制定班务工作计划，学期、月、周、逐日的活动计划，期末认真做好班务工作总结。按时提交各类计划、总结、教案、教育笔记、记录观察、论文，及时张贴周计划表。

五、认真备课，做好活动前的一切准备工作，按计划、按时组织开展各类活动，坚持以游戏为基本活动形式，充分利用玩教具活动，认真填写效果记录。

六、严格执行幼儿一日生活制度，注重常规培养，对幼儿进行良好的养成教育。保证幼儿每天户外活动不少于 2 小时。根据天气变化及时为幼儿增减衣服，随时保证幼儿饮水，不得体罚及变相体罚幼儿。

七、负责管理好本班幼儿用具及玩教具，妥善保管好班级物品。

八、主动与家长保持联系，充分利用家园联系册、家教园地、家长会、班级 QQ 群、微信群、家访等多种方式开展有的放矢的家教指导，共同配合完成保教任务。

九、根据季节变化指导幼儿种植、布置、美化自然角，要求内容丰富，富于变化，引导幼儿做好观察、记录。

（银川市第五幼儿园提供）

附 3

常规工作检查制度

一、检查人员

由园长、副园长、保教主任和其他值班人员承担。

二、检查时间

固定检查和随机抽查相结合。

三、检查形式

了解性检查、检查性检查、跟踪性检查、对比性检查。

四、检查内容

1.教师到岗时间；

2.教师是否按时备课，做好课前准备情况；

3.教师是否按环节内容及要求进行活动；

4.教师与幼儿活动情况；

5.幼儿一日活动常规情况；

6.班级物品摆放及卫生整洁情况。

五、检查处理

1.检查情况由检查人员及时记录，并纳入每月量化考核中；

2.检查时发现的个案问题，由值班行政领导负责与有关教师及时谈话，并给予指导，使其及

时改正;

　　3.对检查时发现的普遍性问题,召开保教会议进行通报,防微杜渐。

(银川市第五幼儿园提供)

思考与练习

　　1.试分析幼儿园保教常规工作管理的内容。

　　2.什么是保教人员一日工作程序化,其作用如何?

　　3.幼儿园常规的本质是什么?为何要制定幼儿一日生活常规的管理程序?

第四节　班级是实施保教任务的基本单位

一、班级是实施保教任务的基本单位

　　所谓幼儿园班级,是指幼儿园进行保教活动的基本单位。这是对3—6岁的幼儿进行保教活动的基本组织单位[①]。班级是由幼儿和保教人员共同组成的集体。

　　班级是幼儿最具体的生活环境,他们的大部分活动都是在班级内进行的,班级对幼儿的发展具有最直接的影响。幼儿的健康成长直接取决于班级保教工作的成效。

　　幼儿园教育的特点之一就是有目的、有计划、有组织地对幼儿实施影响。幼儿园教育最终需要通过班级教育落实到具体的教育对象——幼儿身上。班级保教人员作为教育者和管理者,担负着对全班幼儿进行全面发展教育的责任。

二、班级保教工作特点的分析

　　1.班级保教工作的直接性

　　班级的保教工作是根据国家的教育方针、幼儿园教育任务和幼儿发展目标,结合班级幼儿实际情况,将班级幼儿发展目标具体为学期目标、月目标、周目标,并围绕目标开展一系列的保教活动,使教育目标真正落实到本班幼儿身上。因此,班级是最直接的教育单位,其保教工作具有更直接性。班级的一切工作、一切教育与管理手段对幼儿均具有直接的教育影响作用。

　　2.班级保教工作的整体性

　　班级保教人员要对全班幼儿全面负责,要将幼儿全面发展的教育贯穿在各种活动之中[②]。班级保教工作是通过有目的、有计划的教育活动,常规的一日生活活动及坚持不懈的户外体育活动来促进幼儿德、智、体、美等方面全面发展的教育。因此,班级保教人员应注重保教结合,发挥教育的整体效能。另外,在班级保教过程中,教师还应面向全体,依据班级幼儿的整体水平,提出基

　　① 唐淑,虞永平.幼儿园班级管理[M].南京:南京师范大学出版社,1999.

　　② 张燕.幼儿园管理[M].北京:北京师范大学出版社,1997.

本要求,同时还要照顾个别幼儿,注重因人而异,使班级每个幼儿都能在其原有水平上得到尽可能充分的发展。

3. 班级保教工作的可控性

班级保教人员在保教过程中起着主导作用。班级保教工作的控制性即教师的主导作用只能加强不能削弱[①]。保教人员要依据发展目标积极主动地设计、组织好各类活动,有效地促进幼儿的发展。例如,在环境创设上,不仅要注意创设与教育相适宜的班级环境,还要注意对幼儿发展起强大作用的家庭环境的创设,主动进行家庭教育指导工作。在发挥主导作用的同时注意充分调动幼儿参与活动的积极性,为幼儿提供参与活动的机会,提供充足的活动材料,给予幼儿主动活动的机会,充分体现幼儿的主体地位。同时还要根据保教工作中的突发情况对保教活动进行有价值性的调整变通,把握好保教工作的灵活性,例如小班幼儿在活动中突发流鼻血,教师可以结合具体情况对幼儿进行健康安全方面的教育;中班幼儿在户外活动中对地面上的蚂蚁产生了浓厚的兴趣,教师可以引导幼儿了解蚂蚁的习性;冬天大班幼儿早上来园时发现窗户上有冰花,教师可以引导幼儿探究冰花形成的原因和过程。

4. 班级保教工作的集体性

在班级保教工作中保教人员必须培养幼儿良好的一日活动常规,建立良好的保教秩序,发挥幼儿群体或集体的影响力[②]。幼儿在相互影响中相互学习,培养良好的社会适应性。

班级保教人员也是一个集体,必须相互协商,对班级幼儿进行一致的、整体的教育,才能取得良好的保教效果,共同实现保教任务,保证班级保教质量。

5. 班级保教工作的创造性

幼儿园教育不同于学校教育,它的教育活动是通过生活、游戏、参观、学习、劳动等多种形式进行的,是在幼儿一日生活中完成的。因此,幼儿园教育工作的难度很大,富有挑战性。另外,各班级幼儿情况不一样,虽可以遵循幼儿身心发展规律、遵循教育规律,但教育规律和经验并不是能够完全照搬的。因此,教师要充分发挥自身的能动性,根据幼儿实际,在保教实践中,不断探索目标制定、内容选取、教育活动组织、环境的创设等创造性的工作,探索出适合于本地和自己的教育风格与特色,实现"教无定法"。

6. 班级保教工作的开放性

教育是幼儿园、家庭、社会三位一体的教育,班级保教工作要取得预期效果,必须与家长密切配合[③]。主动积极地开展家长工作,与家长主动交流、相互学习,对幼儿进行配合一致的教育,不断提高保教工作质量。家庭是很好的教育资源,在保教过程中,要不断取得家庭教育资源的支持。同时还应取得社区的广泛支持与协助,开展好班级保教工作。

三、班级保教工作的内容

掌握保育和班级管理的知识与方法是幼儿园教师做好班级保教工作的基础。班级保教工作内容涉及幼儿在园的一切活动,主要包括以下五方面:

1. 保教结合,全面安排幼儿在园的生活和活动

幼儿来园的一日活动,都是经过全面安排的一日活动,涵盖了生活、游戏等各类活动,这些活

---

①-③　张燕.幼儿园管理[M].北京:北京师范大学出版社,1997.

动的组织都充分体现了保教结合原则。

2. 在观察了解幼儿的基础上制定教育目标和计划，开展多种形式的活动

积极落实《纲要》《指南》，结合幼儿园保教工作计划，分析班级幼儿发展实际情况，制定教育目标和计划，以游戏为基本活动方式，开展健康、语言、社会、科学、艺术五大领域的教学活动，充分利用室内外空间，开展区角游戏、户外体育游戏、自主游戏等，促进幼儿在原有水平上的进一步提高。

3. 创造良好的、适合并促进幼儿发展的环境

环境的育人作用不可替代。教师坚持幼儿的主体地位，充分发挥孩子的能动性，结合幼儿年龄特点，与幼儿一起创造良好的、适合并促进幼儿发展的环境。例如，小班幼儿刚入园，处于分离焦虑期。为了帮助幼儿尽快适应幼儿园生活，在环境创设上，教师可以结合孩子的特点，鼓励幼儿从家中带一个自己最喜欢的玩具来园；还可以让家长带一张全家福照片，所有照片都陈列在班级的墙面上，形成一个班级家庭墙，在这里幼儿会找到自己，找到父母，拥有一定程度的安全感，缓解分离焦虑。

4. 全面负责班级卫生安全工作

按照一日保教工作流程，教师要全面负责班级物品清洁消毒、班级卫生整洁、班级设施设备安全检查以及幼儿在各类活动中的安全工作。例如，进餐时防止烫伤；上下楼梯时不仅引导幼儿靠右行，更要提醒幼儿逐级下台阶；午睡时关注幼儿的睡姿，关注睡眠中的安全等。

5. 家园联系，相互配合，共同一致促进幼儿发展

注重班级保教活动的开放性，充分运用班级家长会、家长开放日、亲子活动等方式，开放幼儿在园活动内容及活动组织方式，便于家长观察了解孩子的发展，了解教师工作。通过家长助教活动、亲子游戏活动，积极吸纳家长教育资源，充分调动各类教育资源开展内容丰富的保教活动。通过家长学校、家长微信群、家长 QQ 群、家园联系栏等方式，开展线上、线下育儿专题讲座，幼儿阅读等活动指导，对家长进行科学育儿观的指导，形成家园教育的一致性观念。

四、对各年龄班的管理

虽然幼儿期只有三年的时间，但是每个年龄段却存在着很大的差异。《幼儿园教师专业标准》提出："教师必须掌握不同年龄幼儿身心发展特点、规律和促进幼儿全面发展的策略与方法，了解幼儿在发展水平、速度与优势领域等方面的个体差异，掌握对应的策略与方法。了解幼儿发展中容易出现的问题与适宜的对策，还必须了解有特殊需要幼儿的身心发展特点及教育策略与方法。"只有这样，才能做好不同年龄班级的管理工作，才能真正地服务、支持幼儿的发展。

（一）对小班的管理

1. 小班幼儿心理特征

认知方面：以无意注意、无意识记为主，对感兴趣的、印象强烈的记忆深刻，有意注意正在逐步增加；依靠行动进行思维；无目的的想象，好夸大想象。

情感方面：具有一定的同情心，对荣誉感的理解仍局限于自身。

社会性发展方面：词汇飞速积累，能用简单的句子表达自己的想法，但不完整；对自己的认识评价处于对成人评价的简单再现，自控力较差；与人交往的知识是通过与小朋友、老师的交往中学习得来的，不是父母传授的；他们的助人、合作、分享等行为开始萌芽并在教师引导下经

常出现；部分幼儿侵犯性行为大多是为了占有玩具等物品而发生的，或是模仿影视节目中的暴力镜头。

2.小班保教管理任务

（1）帮助幼儿顺利度过入园适应期

幼儿从家庭到幼儿园，要离开熟悉的生活环境、熟悉的亲人，他们会在一定时间段内产生分离性焦虑。这也是他们第一次真正走入社会，融入集体，接受初步的、正规的全面发展的教育。因此，必须通过入园前的家访、家长会、参观幼儿园、家园联系等活动，与家长共同配合，让孩子乐意来幼儿园，愿意和教师、小朋友来往，喜欢班级里的游戏材料等。

（2）良好常规的建立

"没有规矩，不成方圆"。小班是进行常规教育的关键期。良好的常规可以让幼儿的一日活动非常有规律，既可以促进幼儿身体健康，又能让幼儿积极参加活动，有利于幼儿良好生活、行为习惯的养成。另一方面，便于教师组织好各类活动。

常规内容包含礼仪常规、生活常规、活动常规等。例如，礼仪常规主要指幼儿来园能够主动问好、正确运用"请""对不起""没关系"等礼貌用语，上下楼梯靠右行等。生活常规中如盥洗活动时，知道先挽袖子，正确的七步洗手，水龙头水量适中，不能玩水。洗手、洗脸后能正确辨识自己的毛巾，正确地用毛巾擦手、擦脸等。

生活常规包含了幼儿在园一日生活的各个环节的具体要求；教育活动常规则包含了幼儿在游戏中、学习中的各项基本要求。良好的常规不仅有助于养成幼儿良好的生活习惯、礼仪习惯、学习习惯，还能够确保幼儿在园各项活动的质量。班级幼儿园良好常规的培养需要班级保教人员共同努力，采用示范、奖励、讲故事、念儿歌等多种方式对幼儿进行反复培养巩固练习。对个别幼儿还需进行个别教育。

（二）对中班的管理

中班是幼儿园三年教育中承上启下的阶段，也是幼儿身心发展的重要时期。幼儿进入中班后，标志着他们进入了一个新的成长阶段[①]。

1.中班幼儿心理特征

认知方面：中班时期幼儿思维处于具体形象阶段，主要依靠事物的具体形象、表象的联想进行思维。有研究表明，中班幼儿词汇量增长最快，但对词义的理解要依靠动作、情景。

情感方面：能对自己或他人的具体行为进行肯定与否定的评价；愿意将家里的事告诉老师，将幼儿园的事告诉家长。总体来讲，情绪情感的发展还不稳定，不易控制情绪。

社会性发展方面：具备了一定的交往经验。

中班幼儿最突出的特点是好动，这是因为他们熟悉了幼儿园的生活，熟悉了幼儿园的环境，习惯了幼儿园的常规，积累了一定的经验，较小班期间他们更自由放松、活泼好动、无拘无束，教师通常会觉得中班幼儿"很疯"，不好管理。

2.中班保教管理任务

（1）帮助幼儿建立良好的"亲社会行为"

社会行为技能是指在与人交往和参与社会活动时表现的行为技能。对于中班幼儿来说，掌握必要的社会行为技能显得尤为重要[②]。

---

①②　唐淑，虞水平.幼儿园班级管理[M].南京：南京师范大学出版社，1999.

中班期间,个别幼儿在班上爱"惹是生非",影响了正常的常规和秩序。他们有时会打人、咬人、抓人、踢人、冲撞别人、抢别人的东西、摔打东西等。教师、家长很头疼,其他小朋友不愿意和他们玩,这就是攻击性行为。对幼儿而言,攻击性行为的发生,主要是由于遭受挫折时焦躁不安,或是由于过于自私、利己、任性的不良习惯造成的①。因此,我们应充分了解形成攻击性行为的主要原因,让行为发生者本人得到来自大家的认可和接纳,不再被人拒绝、被人否定,积极促进其健康成长。

另外,我们还发现中班幼儿爱告状,令老师们疲惫不堪。究其原因是中班幼儿思维具有自我中心化的特点,他们不善于站在他人的观点和立场上想问题。他们只知道维护自己的利益和快乐,不能理解别人的心情,在游戏活动中常会发生各种各样的矛盾。主要原因是他们还没有掌握相应的、必要的社会交往技能,不能友好协商解决,只能通过"告状"来寻求成人的帮助②。

可见,中班保教人员必须加强学习,充分理解掌握幼儿的身心特点,掌握科学的教育观、儿童观,充满爱心、耐心地帮助幼儿,创设良好的教育环境,给予幼儿宽松的、友好的氛围,建立良好的、平等的师生关系,教给幼儿必要的社会交往技能,帮助他们建立"亲社会行为"。

所谓的"亲社会行为"是指对他人有利、有益的行为,它是一种积极良好的社会行为,包括合作、分享、谦让、助人、抚慰等。很多实验研究表明,儿童在很早就表现出了亲社会行为,并且在 3 岁以后表现得更加丰富多样③。

(2)生活常规的管理

随着年龄的增长,幼儿骨骼肌肉和神经系统不断发展,他们的动作也相应地得到了发展,他们自我服务的愿望和要求也日趋强烈。在教师的引导和帮助下,中班幼儿的自我服务能力得到了进一步的增强④。因此,在小班养成的生活常规的基础上,教师通过行为练习、榜样示范、及时鼓励等多种方法,重点养成幼儿良好的卫生习惯、进餐习惯、睡眠习惯以及穿脱衣物的能力等。

(3)教育常规的管理

班级需要有良好的教育常规来帮助幼儿个体全面发展,并协助班集体共同发展。这就需要班级教师依据幼儿的年龄特点,制定合理的班级幼儿行为规则,对幼儿的行为进行外部约束,使之趋于规范,这也是实现教育目标的一种手段。在统一的规则制约下,班级保教人员对幼儿常规的要求才能相对稳定,从而达到一致性、一贯性的教育⑤。中班幼儿的行为规则可包括幼儿一日活动作息制度、幼儿行为规范、值日生制度、活动区规则等。

例如,中班阅读区规则:每次活动人数限为 6 人;阅读时保持安静,不大声讲话,不影响别人;认真阅读,看完一本再换,不争抢图书;坐姿端正,眼睛与书保持一定距离;爱惜图书,看后,摆放整齐⑥。

(三)对大班的管理

大班幼儿即将进入小学,他们比以前更懂事了,精力旺盛,接受能力增强,好学好问,能较好地控制自己的行为,表现出各自的风格。

1. 大班幼儿心理特征

大班幼儿时期是人的心理形成并迅速发展的关键期,心理的发展,特别是语言和自我意识的发生发展,既是儿童社会化的结果,又为他们进一步接受社会化提供了条件⑦。

认知方面:能清楚、连贯地表达自己的愿望,能看图编故事,复述较长的故事。思维仍然是具体的,但是明显地出现了抽象逻辑思维的萌发,无论是观察、注意、记忆,还是思维和想象过程都有了

---

①-⑦ 唐淑,虞永平.幼儿园班级管理[M].南京:南京师范大学出版社,1999.

方法。比如,在绘画活动中,小班幼儿是提笔就画,而大班幼儿会先思考,有了构思后再开始画。

情感方面:情绪体验日益丰富,自我调节逐步加强。有了强烈的是非感、集体荣誉感、自豪感、害羞等,道德感明显发展,但是情绪情感仍有不稳定性和易冲动性,容易受各种因素的影响而发生变化。

社会性发展方面:通过与周围环境的相互作用,逐步学会了如何与人交往,学会了与同伴进行合作,逐步掌握了一些社会交往的技能。在各种活动中,幼儿逐渐形成自尊心、自信心、坚持性等,能够评价和支配自己的认识活动、情感态度和动作行为。有了一定的责任感、任务意识,能认真地完成老师交给的任务,认真遵守各种生活常规、教育常规。在未完成任务、未尽到义务时,常产生羞愧和内疚的情绪体验。

2．大班保教管理任务

(1)加强常规教育,逐步养成幼儿良好的习惯

良好习惯的培养并不是一蹴而就的,尤其是我们的培养对象是幼儿。大班幼儿仍处于自我约束力差、注意力容易分散、易受干扰的阶段,所以,我们必须加强常规教育,巩固良好的习惯,为入小学奠定基础。

(2)培养幼儿自我管理的能力

大班期间,教师应注意继续培养幼儿自我管理的能力,与家长携手培养幼儿自己的事情自己做、自己管理好自己的物品、自己照顾自己的能力。

(3)培养幼儿集体意识

学会正确处理自己与集体之间的关系,意识到自己是集体中的一员,应该遵守集体规则与纪律,增强责任感。

(4)积极为幼儿入小学作准备

① 做好入学准备的引导。通过参观小学以及相关教育活动帮助幼儿了解、熟悉小学的学习环境、学习活动,熟悉小学生的生活作息制度,激发他们向往小学、想做一名小学生的情感。

② 继续生活常规的管理。大班期间应继续幼儿良好的生活常规的管理,主要包括:良好的饮食、睡眠、盥洗和排便等习惯;知道保护眼、耳、口、鼻等器官及保持身体清洁和仪表整洁等卫生知识;在日常生活中有良好的行为习惯,如说话文明、友好地与人交往、乐于倾听别人的意见;形成初步的安全意识等①。

③ 加强教育常规的管理。注重独立性、动手操作能力的培养;注重遵守规则、完成任务的意识培养;养成按规则进行活动、专注做事的习惯;在学习适应上引导幼儿正确使用普通话,培养倾听的良好习惯;掌握正确握笔姿势、坐姿,具有前书写技能;能大胆回答问题;掌握10以内数字的加减,正确理解符号的意义。在身体适应方面,要加强体育锻炼,具有一定的运动水平,只有有了健康的身体才能适应小学紧张的学习生活。在游戏中关注幼儿注意力的持久性,关注幼儿专注力、自控力的培养,进一步做好前阅读、前书写技能的培养。

思考与练习

1. 如何理解班级是幼儿园保教管理的基层组织?

① 唐淑,虞水平.幼儿园班级管理[M].南京:南京师范大学出版社,1999.

2.试分析班级保教工作的特点。

3.试议一议班级保教工作的内容。

4.试分析小班、中班、大班班级保教常规工作管理的重点。

第五节　幼儿园教研活动的组织与管理

《规程》规定,幼儿园教师对本班工作全面负责,并将"参加业务学习和幼儿教育研究活动"作为教师的一项主要职责,因此,教研活动的组织与管理是幼儿园保教工作的内容之一。所谓的幼儿园教研工作是针对保育、教育实践中的问题或困难确定的课题,将研究该问题的结果,运用到保教工作中,更好地落实幼儿园保教任务,提高保教质量,并且进一步促进幼儿园的教育改革的一种活动。

一、教研活动的意义和任务

(一)意义

幼儿园教研活动是幼儿园保教业务管理中的一项重要内容,在教研活动过程中,教师的儿童观、教育观与行为会得到转变,会促进教师自身的专业成长,有利于促进幼儿的身心健康和全面发展,有利于提高保教质量。所以,在幼儿园开展教研活动具有十分重要的意义。具体来讲,其意义表现为:

1.教研活动有利于提高教育质量

教研活动针对性强,主要解决教育实践中存在的问题和难题。通过研究可以改进工作效果,促进教育与教学活动质量的提高。教师将保教实践与研究结合起来,既解决了现实存在的问题,也推动了教育质量的提高。

2.教研活动有利于促进教师业务水平的提高

师资的业务水平直接影响着幼儿园的教育质量。教研活动是提高教师业务水平的重要途径。教研活动大体可分为五个阶段:发现问题、提出解决方案、实施方案、得出结论、将结论运用到实践活动中。发现问题需要教师平时注意观察,了解各方面的情况,这是业务水平提高的前提。通过分析研究,提出解决措施,教师在这个过程中加深了对理论的理解,提高了运用理论的能力。方案在实施中还会遇到各种问题,需要灵活处理和解决,这既积累了教师的工作经验,也提高了他们的业务能力。教研活动注入教育教学工作之中,增强了目的性、指向性,教师的理论水平也得到了提高。研究促进了思考,在思考中教师自身的教育观念与态度都会发生变化,他们会用更加正确的眼光看待幼儿教育和幼儿,用更加科学的方法从事教育和教学活动。

3.教研活动可以激发教师的敬业精神

苏霍姆林斯基曾说:"如果你想让教师的劳动能够给教师带来一些乐趣,使天天上课不至于变成一种单调乏味的义务,你就应当引导每一位教师走上从事研究这条幸福的道路上来。"[①]兴趣是最好的老师。研究总是围绕一定的问题展开,问题常常会引起人们的关注,激发人们的兴趣,

---

① ［苏联］B.A.苏霍姆林斯基.给教师的建议［M］.杜殿坤译.北京：教育科学出版社,1984.

人们会不断地寻求解决问题的办法。当问题解决后,会给人们带来极大的乐趣,这种乐趣会变成新的动力,促使人们进一步地去研究。另外,由于教研活动目的性很强,为了实现目标,教师会更加积极地投入,甚至会达到忘我的地步。有了目标,人就有了最明确的奋斗方向,这将成为极大的动力,人们会精神百倍地实现预定的目标。

(二)任务

幼儿园教科研活动总体来讲是围绕着幼教理论的实践,围绕着国家教育法规政策的贯彻实施进行的。《幼儿园教师专业标准》提出:教师要主动收集分析相关信息,不断进行反思,改进保教工作,并能针对保教工作中的现实需要与问题,进行探索和研究。

幼儿园教科研活动重要的是研究幼儿,研究的是幼儿一日活动中的各个方面,包括活动对象、活动材料、活动内容、教师等。因此,教科研活动不仅是园长和教育行政管理人员的工作内容,更应是全体教师共同参与、共同研究解决保教工作中的实际问题的活动,这才是提高保教质量的基石。

1. 组织教师的业务学习

组织保教人员进行持续性的业务学习,学习教育方针、政策和法规,学习幼教理论及优秀的教育实践案例,并组织讨论,领会精神实质,加深认识,形成正确的教育观、儿童观。

2. 组织观摩活动以提高教师的业务水平

观摩活动是一种为教师的学习、借鉴和探索、提高而搭建的平台。观摩活动后积极联系有关幼教理论、教育方针、政策和法规,紧紧围绕"以儿童发展为本""促进每一个幼儿富有个性的发展"这一根本目的,各抒己见认真评价分析,将观摩活动当作一次研究、尝试的机会,当作自我专业成长的过程,探讨如何顺应幼儿发展的需要,以开放的态度组织活动,在促进师幼共同成长的基础上,不断掌握相关教育知识、技能和方法,发展专业能力,通过这一形式可有效助推先进教学理念和教学实践经验的传播和推广。

3. 组织集体备课,在探讨中相互提高

集体备课是提供共同研讨、相互学习、发挥创造力的机会,以形成高质量的活动方案。在活动计划执行后,再次集体学习,研讨真实的、复杂的教育实践问题,在真实的教育情境中提高理论分析和解决实际问题的能力,在反思实践中实现专业发展①。

4. 研究教育实践中遇到的热点、难点问题

针对教育实践中的热点、难点问题,选择并确定教研主题、教研任务,制定具体措施方案,采取集体与个人结合的方式开展研究,解决问题,为提高保教质量服务。

5. 创造、编写教材,设计教学活动

组织保教人员在认真分析研究教育对象的基础上,挖掘课程有效资源,创造、编写教材,设计教学活动。

二、教研活动的组织

教研活动组织是为促进教师专业成长构建的学习研究型组织,教师群体内不同的思想、观念、教学模式、教学方法的交流与冲突能使教师扩大视野,开拓思路。

---

① 李季湄:http://www.smjky.cn.

1. 教研活动的组织形式

在幼儿园内部有年级组、教研组等业务组织,主要用于研究和解决教育教学等专业事务和专业问题,在幼儿园具有相对权威性。目前,幼儿园教科研组织机构的组织形式主要有以下五种[①]。

（1）年级组

按幼儿年龄班组为单位划分教研组,如小班教研组、中班教研组、大班教研组等。这类教研组的保教工作内容是相同的,可以从教育目标的制定、主题活动的选择、教育资源的挖掘和共享等方面展开集体备课、共同研讨。

（2）学科组

打乱班组形式,按照教师承担的学科或领域划分教研组,如语言教研组、社会教研组等。这类教研组可以使教师对某个学科、某一领域进行深入研讨学习。

（3）课题组

针对保教实践中的问题或幼儿园待解决的问题确定课题,根据课题需要选取教师组或课题组,或是让教师根据自己的兴趣自愿参加课题组,对课题进行深入研究,以促进教师专业成长。例如,围绕"儿童美术教育""幼儿数学教育的生活化"等课题进行研讨,共同寻求解决问题的方法。

（4）班主任组、配班教师组

按照教师工作中承担的角色、任务进行分组,解决工作中出现的共性问题。例如:班主任共同针对班级管理、家长工作、班级常规培养等问题展开研讨,不断提高班级管理水平。

（5）园际教研组

针对某些问题有共同兴趣或探索愿望的幼儿园联合组成教研组。发挥各园的优势,集中各园的研究风格,激发各园的竞争意识,便于课题的深入研究。

以上教科研组织机构,各有利弊。幼儿园可根据本园情况,选择相应的分组形式,也可以定期交换,或定期各组进行交流、学习。

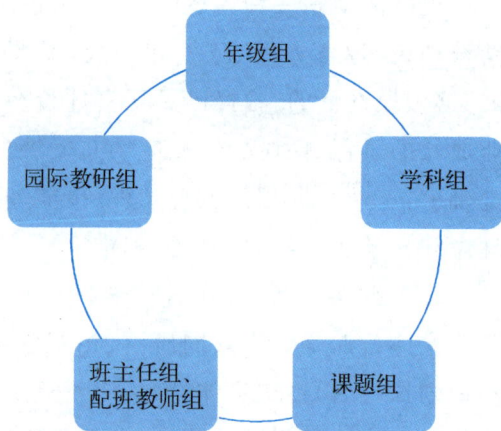

图 4-1　幼儿园教科研机构的组织形式

2. 教研组织机构人员的配置

教研组长是教研活动的实际组织者,园长应注意人员的选用。被选的人应具备较高的业务素质,具有较强的研究能力,热心教研工作,认真负责,有良好的研究能力、人际关系,有较强的总结能力和文字表达能力。也可以让本组教师提名的班主任兼职,或让骨干教师、学科带头人、中层干部担任。

3. 教研活动的开展

教研活动一般分以下三个步骤进行:

（1）教研专题方案的制定

为提升每一次教研活动的成效,切实帮助教师提升教育理念,解决保教活动中的困惑,教研组必须制定切实可行的教研活动方案。方案必须是专题性的,围绕专题制定活动目标,选取相关

---

①　谢秀丽.幼儿园工作管理[M].广州:广东高等教育出版社,2000.

学习材料,确定实施内容及步骤,并设定具体的时间、地点,以便参加者清楚地了解内容,提前准备、按时参加、保证活动质量。

（2）教研专题方案的实施

教研活动必须依照教研专题方案执行,例如,依照研究问题组织相关理论学习、教学观摩、专题培训、实践反思以及幼儿某项发展的研究等。理论学习也可以依据内容,针对学习对象采用集体学习或小组学习、个人学习等形式;教学观摩活动可以采用说课、做课、评课相结合的方式,促进教师理论与实践相结合,提升业务素养。在每一项教科研活动中,都应充分发挥教研组长、骨干教师或学科带头人的作用,充分调动全组人员的积极性,使教科研活动帮助教师解决保教实践中的困惑,帮助教师成长,提高保教水平。

需要注意的是,在执行教研方案的过程中,方案需要随机调整,但方案的中心目标、重点内容不能有太大的变化,这样才能确保教研活动的针对性和实效性。

（3）教研专题方案的总结

检验活动的总结依照专题教研方案、教研计划等分为专题总结、阶段总结、学期总结。总结的目的是反思教研活动开展的情况,发现经验及时推广,找出问题及时改进。

4. 教研制度的制定

教研制度是提高幼儿园保教质量的保障。不仅要建立一些常规教研制度,如学习制度、教研管理制度等,使教研逐渐成为一种幼儿园的常规活动,还要建立一定的教研评价和激励机制,使教研同教师自身的个人利益挂钩,鼓励教师自我反思和进步,自觉主动地参加教研活动。

为了保证教研活动的顺利开展,在建立教研制度时,必须坚持以下原则:

一是坚持提高效率,追求实效。制定教研制度时一定要考虑到它的实用性、实效性、可行性。首先要实用,制度不要太繁琐,太脱离实际,要注意它是否有用,在实践中能否发挥作用。其次要有实效,也就是说制度确定下来后要有效。通过制度的执行,确实可以保证教研活动的开展,提高教研活动的水平。再次是可行性,制度的确定要符合教师的实际水平及能力,不要盲目追求数量和形式,为了便于操作,制度要明细化,不要过于笼统,指标应具体、明确。

二是要符合幼儿园教育教学规律。教研制度是教学管理的重要内容,它是对教育研究活动的管理。它不同于对物品的管理,要遵循教育教学规律,并为教育教学服务。

三是注意教研活动的广泛性和群众性。教研活动是保教工作的重要内容,它不是几个人的事情,而是全园教师的任务。幼儿园要发挥每个教师的积极性,让大家都参与到教研活动中。在制定教研制度时,一定要具有普遍意义,通过制度使教研活动成为大众化的行为。

四是教研制度要与幼儿园其他管理制度相一致。教研制度是幼儿园管理制度中的组成部分,因此它要与幼儿园整体管理制度相一致,不能有冲突和矛盾。教研活动是幼儿园整体工作中的组成部分,所以,在制定教研制度时,还要考虑到幼儿园的其他工作及本园的实际情况。教研制度是幼儿园管理制度的子系统,它必须与整体系统相一致,只有这样才能发挥作用。

① 学习制度。结合研究主题,制定教育理论、政策的学习制度。

② 教研计划的制定与执行制度。幼儿园年度或学期工作计划中应纳入教研工作,有目的、有计划地开展教研活动。

③ 教研成果的交流、汇报制度。一般每年进行一次交流、汇报,能够营造积极的学习、研究氛围,推进教师自主研究问题、解决问题的能力。

④ 教研成果评奖制度。每年一次的交流、汇报中,幼儿园对优秀成果给予必要的奖励,鼓励教师。

附

幼儿园教研制度

教研工作是教师提高专业素养的重要途径之一,是教师业务水平的主要标志,它的直接目的是促进教师专业成长,推动保教质量的提高。

一、教研组接受园长(业务园长)和保教室的指导。根据幼儿园实际和特点,分设年级组等教研组,订立教研计划,按照计划定期开展教研活动。

二、保教室定期组织业务学习,经常开展学术研究讲座。

三、组织教师积极参加各级教育领导部门组织的各种教研活动。

四、保教室每学期都应结合实际,安排三分之一以上的教师承担集体教学公开课、区域活动组织的观摩活动,教研组长要有计划地在本组内开展相互观摩、评析活动等常规研讨活动。教师应积极参加所属教研组的活动,不断提高自身业务水平,教研活动中做好书面记录,记录要规范化,以备归档。

五、保教室要主动征集教师在保教工作中存在的问题、困惑,归纳总结后形成教研专题,组织教师开展教科研活动,积极进行探索实践,帮助教师解决问题,提升专业素养。

六、教师要加强保教业务切磋,相互间主动听课。每学期教师听课达10课时以上,组长15课时以上,保教主任和园长30课时以上。听课应有记录、有分析,课后要认真交流意见。

七、教师应准时参加教研活动,无特殊情况不得请假。在活动时,教师应积极发表自己的见解,努力形成探究、团结的教研气氛。

八、学期结束时,教研组要把本学期在活动中产生的各种资料上报保教室。教研组还应提倡和支持教师及时总结自己在年度内教学活动中的点滴经验。

九、对在省级、市级、国家级刊物上发表或参加市级以上交流的经验论文、实验报告等,给予奖励。

十、每学期末进行一次专题经验交流总结,进行表彰奖励,教研成绩由教研组长考核,并记入教师全面考核档案。

三、教研活动的方法

要使教研活动具有真正促进教师专业发展的实效性,进而推动保教质量,必须多层面满足教师的发展需要。目前,在学前教育界普遍形成了一种强调从幼儿园实际出发,强调教师主动参与的教研机制,这种自下而上的教研机制下的教研活动就是园本教研。"园本教研要以教师为本,关注教师的需要,关注教师实践中的问题,有效激发教师参研的热情,提高教研活动的实效性,进而促进教师专业的实质性发展。"①

1.读书交流活动

在教师的研究过程中,管理层为教师提供一些针对现状的专业书籍。开展一些导读活动,组织一些读书交流活动,帮助教师找到理论联系实际的结合点。一个不爱读书的管理人员是不会培养出爱读书的教师群体的。例如,大家在读了《素质教育在美国》一书后,对"创造性能不能教"

---

① 申毅,王纬虹.幼儿教师专业发展[M].重庆:西南师范大学出版社,2008.

这一论题反响热烈,于是教研组围绕这个问题展开讨论,教师们各抒己见,经过多次研讨达成共识:创造性只能促进,不能教。

开展读书交流活动目的是创造机会让教师主动参与。例如,在学习《幼儿园教育活动指导策略》时,可以鼓励骨干教师分章节举办讲座,听课教师对主讲教师进行评议:准备是否充分、重点是否突出、是否能理论联系实际,等等。这种互动方式可以促进讲座教师认真钻研教材,查找资料,进行研究性学习。

2. 行动研究

立足教育实践场所的行动研究是教师专业成长和走向专业成熟的必由之路,这样才能培养出专业化的教师,对幼儿的发展进行专业化的服务。

《国际教育百科全书》将"行动研究"定义为"由社会情境(教育情境)的参与者,为提高所从事的社会或教育实践的理性知识,为加深对实践活动及其依赖的背景的理解,进行的反思研究"。行动研究是以教师为主体,立足教育现场,针对实践中亟待解决的问题而进行的研究。它的现场性、情境性决定了它更强调以质的方法或定性的方法去探讨问题,行动研究是由计划、实施行动、观察和评价反思等基本环节所构成的螺旋式循环,这几个基本环节相互依存联系,形成一个具有内在反馈机制的不断递进的循环圈。

在行动研究中,教师要将自己的观察与思考等加以记录,形成教学工作笔记、教育日志、教育案例等。

教学工作笔记比较系统地记录了教师个人对教学实践的设计、观察与思考。一段时间后可以加以汇总、分析、总结。这样就可以使教师对自己的实践有一个比较清晰的了解和理性的把握,帮助教师认识自己,同时也能为行动研究的结果分析提供真实的、成体系的素材。

教育日志是由当事人即教师用自己的语言描述的一个个完整的发生在特定情境下的教育事件或故事,并适时地对这些材料进行分析总结。

教育案例通常是有主题的,通过比较完整的情节,展现出其中的思想和丰富的含义,案例讲述的事件可以是成功的教育教学经验,或是失误的教训,以及尚待解决的矛盾、疑难问题[1]。

教育日志或教育工作笔记是教学常规的一项基本要求,教师要将它作为自身工作的有机组成部分,自觉、及时地将自己的教育教学经历及所思所感记录在案,不仅可以优化教学工作,同时也促使教师将教育实践与研究工作及学习提高结合起来,从而增进教师的教育能力和研究意识,深化研究进程。

3. 同伴互助活动

针对幼儿园保教工作中的热点、难点问题,形成教科研专题。教科研活动前通过校园网、黑板报等形式将中心议题告知教师,让教师带着问题去准备资料,与同伴开展互动交流,在不断的反思、争辩中形成"共识"。

4. 案例研讨

案例教学是指以案例为教材,在培训者指导下,运用多种方式启发受训者独立思考,对案例提供的客观事实和问题进行分析研究,提出见解,做出判断和决策,从而提高受训者分析问题和解决问题的能力。这是一种理论联系实际的培训方式。由于它不同于传统的讲解式教学,主要是运用案例激发教师思考和探讨,因而能充分调动教师的学习积极性。

---

① 张燕.幼儿教师专业发展[M].北京:北京师范大学出版社,2006.

一是借鉴他人的优秀案例进行分析研究。可以组织教师观看一些全国特级教师、优秀教师的示范教育活动案例,在观看后组织教师进行深度剖析,分析案例折射出的教育理念,对照反思自己教学活动中存在的问题。

二是结合身边的案例进行研究。例如,在研讨"如何做好家长工作"这个问题时,不是空洞的说教,而是提供给教师们亲身经历的一些问题,如与家长沟通有关幼儿头饰和身上装饰物的问题,教师们发现每一学期的家长会都会强调服饰和配饰的安全问题,但是每一学期总会发现许多相关的问题。那么,怎么能让家长重视并配合教师的工作,保证幼儿的安全呢?通过案例,让大家出谋划策、总结分享,归纳出解决此类问题的时机、策略、方法。将此问题纳入小班阶段家长学校内容,通过与家长观看视频、录像、照片等实例,使家长充分了解发卡、衣帽带、珠饰、项链等装饰物带来的危险,敲响家长的服饰安全警钟,并给予正确的服饰穿着指导。在中大班阶段,教师每天做好检查工作,发现问题及时与家长沟通,防患于未然,通过这样的案例性研讨活动,能够实际解决教师工作中的问题,丰富教师的经验,提高受训教师解决问题的能力。

又如,在研讨"如何评价儿童画"这个问题时,不是把专家的结论灌输给教师,而是以几幅孩子的作品为案例,让教师进行观察、分析、评价,并各自发表见解,经过讨论,教师们加深了对这一问题的理解,不再以"像不像"等知识技能标准来评价孩子的作品,而是从孩子的认识、情感、想象出发去理解孩子,尊重每个孩子的想法和创造,肯定和接纳他们独特的审美感受和表达方式。

5."微格教学"等现代教育技术

微格教学的核心就是运用现代化的教育技术手段,即利用录像摄取教师的教学实况,随后放录像,使受训者直接地、具体地观察,并从各种角度进行分析评价,以达到最佳的培训效果。

由于幼儿园教师年龄层次不同、个性差异大等原因,不同的教师可能对教科研的方法有不同的需求,为此幼儿园应努力提供多种培训方式,以求得到最好的效果。例如,以教研组、年级组活动为载体,以行动研究为主要方式,聚焦教学活动现场,通过"一课多研""同课异构""微格教学"等多种活动,让教师们有机会共同斟酌教学方式、思辨教育上的困惑[1]。

无论是哪种教科研方法,一定注意要营造宽松、自由的氛围,让教师更自主、自信地敞开胸怀,讨论问题。

附

园本教研活动

一、教研主题:区域游戏时如何观察和记录幼儿的游戏行为

二、教研活动目标

1.引导教师掌握观察幼儿游戏行为的方法和分析游戏行为的依据。

2.解决教师撰写观察记录时存在的问题及困惑。

3.提升教师专业能力。

三、教研准备:观察记录方式(问卷、纸、笔),区域活动录像,教研流程PPT

四、教研方式:头脑风暴,体验教研

五、参研人员:园长,副园长,保教主任,各班班主任教师,记录员

---

[1]　朱燕.以园本培调为依托,促进年轻教师专业成长[J].学前教育研究,2011(3).

六、主持人：苏江莲

七、记录员：电教员　张××（以电子方式记录教研过程中的主要观点）

八、教研时间

2018 年 11 月。

九、教研过程

（一）开始部分：主持人介绍本次教研活动的背景（播放 PPT 第一页）

主持人：2018 年 10 月我园主题性区域活动的有效组织，已经在各位老师的努力下，顺利进行到第二阶段的中期，本阶段的主要研究内容就是如何观察和记录幼儿的游戏行为，幼儿游戏行为观察与指导幼儿游戏的关系。该阶段的研究所采取的主要方法仍然是行动研究。之前对部分老师写的区域活动观察记录进行查阅，发现很多老师对如何观察幼儿的游戏行为，如何撰写观察记录都存在很大的疑惑，所以，今天我们的教研活动内容就是学习如何观察和记录幼儿的游戏行为，目的是让我们通过共同交流，学习了解如何观察幼儿的游戏行为、如何做观察记录、做观察记录时存在的问题及困惑、如何对我们观察到的游戏行为进行有理有据的分析。以此帮助我们总结活动材料的投入是否合理，我们的介入方式、指导行为是否恰当，我们角色的转化是否及时，能否促进孩子们在认知、情感、身体等方面的和谐发展。当然观察的方法有很多，如：扫描观察（对全体幼儿循环扫描）、定点观察（对某一主题或某一区域定点观察）、追踪观察，同时记录的分类也很多，有现场记录、事后回忆记录、摄像记录、行为核对表记录、等级量表记录等等。今天我们所采取的就是定点观察现场记录。

各位老师，下面就让我们一起来针对本次教研活动的内容展开研讨，让我们相互交流、取长补短、共同探讨，总结经验。

（二）基本部分：引导教师掌握幼儿区域游戏时教师观察和记录幼儿游戏行为的方法（按教研过程逐页播放 PPT）

1. 看一看：区域活动录像

首先请大家认真观看区域活动录像片段，就你的观察撰写一篇观察记录。

2. 写一写：观察记录

教师现场写观察记录，主持人收集典型的观察记录。

3. 说一说：如何观察幼儿的游戏行为

问题：为什么要对幼儿的游戏行为进行观察，观察的目的是什么？

总结要领：观察是为了解幼儿的发展水平、与同伴的差距，帮助教师分析自身的教育行为是否恰当，促进教师专业化发展。

问题：如何观察幼儿的游戏行为，这段录像中究竟要观察游戏中的哪些方面？

总结要领：观察幼儿的情绪、行为、言语，与同伴的关系，与老师的关系，教师的两种角色，区角的设置，材料的投放，教师的介入等等。

问题：观察时要注意些什么？

总结要领：不要与幼儿的距离太近或太远，近了，容易打扰幼儿的游戏行为；远了，不能细致地进行观察，总之要让幼儿保持自然状态。

4. 谈一谈：请大家谈谈在做观察记录时存在哪些问题及困惑

总结要领：

（记录中缺少幼儿的具体学习过程）　（夹叙夹议）

(记录中的分析与记录内容不匹配) (分析不到位)

(记录中缺少具体的策略)

5. 观察记录对比

PPT展示：出示一份观察记录，请教师和自己撰写的观察记录进行对照，之后谈谈感受。

主持人小结：大屏幕呈现的这份观察记录采用了逐点记录的方法，幼儿的游戏行为描述比较客观，具有理性，记录条理清晰。

6. 学一学：总结一下观察记录书写方式、要领，以及需要避免的问题

(1) 区域活动观察记录主要包括以下几个内容：观察对象(姓名、年龄、性别)，所在区角，观察时间，观察实录，实录分析，指导策略。

(2) 用书面语言如实地记录幼儿的游戏行为，不要带有教师情感色彩的修饰词。保留游戏情节的顺序。

(3) 可以采用逐点记录(1、2、3)或叙事记录(采用一段话)，也可以用表格罗列出来。

(4) 措施方法要具体，要有明确的方式方法。

你将如何做？采用什么办法？开展什么教育活动？

7. 议一议：我们在分析幼儿的游戏行为时如何能够更加客观和理性

(1) 观察要有一定的持续性，不可太短，那也许只是幼儿无意的一种表现。要将幼儿放在一个完整的情景中。

(2) 教师记录的观察内容一定要是教师自己亲眼所见，根据其他人反映的情况进行记录，这就很难保证真实、客观、全面，据此分析幼儿的发展情况也不一定与实际相符。

(3) 分析的是某一个幼儿的行为，就不能将某一位孩子的行为归于这一类幼儿的行为，这样以点带面，欠客观。

(给每位教师发放一张纸，将自己的观点用简单的话语进行表述，并一一陈述后张贴在黑板上。)

(三) 结束部分：总结经验，结束活动

1. 主持人进行小结

(1) 展示记录员记录的观点。

(2) 和参研教师一起回顾观点。

2. 园领导对教研内容及过程给予指导评价

3. 主持人提工作要求

主持人对今后观察和记录幼儿区域游戏行为提出工作要求。

(银川市第五幼儿园　苏江莲提供)

思考与练习

1. 幼儿园教科研工作包括哪些？怎样开展教科研工作？

2. 如何理解教科研活动的意义？教科研活动的任务是什么？

3. 教科研活动的方法有哪些？

第六节 幼儿园课程管理

一、幼儿园课程管理的提出

为贯彻《中共中央、国务院关于深化教育改革全面推进素质教育的决定》(中发[199号])和《国务院关于基础教育改革与发展的决定》(国发[2001]21号),教育部决定,大力推进基础教育课程改革,在课程管理上,颁发的《基础教育课程改革纲要(试行)》明确规定:为保障和促进课程对不同地区、学校、学生的要求,实行国家、地方和学校三级课程管理,即国家课程、地方课程和校本课程。每一部分课程都有其独特的价值与功能,都有其存在的必要性和重要意义。这种课程管理格局对增大教育的适应性、增加人才培养的多样性、拓展个体发展的各种可能性是颇为有利的①。

作为基础教育有机组成部分的学前教育,其课程也应由同样的三部分构成。就目前而言,教育部于2001年9月颁布的《幼儿园教育指导纲要(试行)》中具体规定了学前教育内容与要求,明确提出了五大领域的课程目标,同时对课程的组织与实施、教育评价等均作出了详尽的规定,这应被视为学前教育的国家课程。

园本课程的提出应该源自校本课程,"校本"从字面意思来理解,指的是以学校为基地进行课程开发。校本课程实质上是一个以学校为基地进行课程开发的,开放的、民主的决策过程。

关于园本课程,《纲要》中并没有直接提出其概念,但其"总则"中指出:"城乡各类幼儿园都应从实际出发,因地制宜实施素质教育。"在第三部分"组织与实施"中指出:"教师要根据本《纲要》,从本地本园条件出发,结合本班幼儿实际情况,制定切实可行的工作计划并灵活地执行。"在教育部《关于印发〈幼儿园教育指导纲要(试行)〉的通知》中也明确要求:"贯彻实施《纲要》,要坚持因地制宜、实事求是的原则,认真制定本地贯彻《纲要》的实施方案。应从具体情况出发,切忌搞'一刀切'……""对不同地区、不同类型、不同条件的幼儿园,分别提出不同的要求"②。这些规定实际上给园本课程的开发留下空间,也是对园本课程开发的鼓励。

目前越来越多的幼儿园在开发自己的"园本课程",从而产生了幼儿园课程管理问题。

二、幼儿园课程管理的内容

幼儿园课程是幼儿园进行的各种活动的总和,是有目的、有计划、有组织的学习经验,是由教育目标、教育内容、教育组织和教育评价组成的系统工程,并始终处于持续发展的过程中。

课程开发问题是一个极其严肃的问题。因为课程是教育目标达成的中介或桥梁,课程的质量和方向决定教育的质量与方向,进而决定培养对象的成长质量与方向。这就是幼儿园课程的核心价值之所在。

(一)认真审视,构建本园合理的课程方案

国家课程管理体现了国家教育方针政策。当前,我国幼儿园的国家课程,只是对"教育内容

---

①②　袁爱玲.冷静思考园本课程的热潮[J].学前教育研究,2002(4).

与要求""组织与实施""教育评价"等作了原则性规定,并无全国统一的教学用书、具体的课程形式和标准,而小学课程是有《义务教育课程标准》作为依据的。这正是幼儿园国家课程与中小学国家课程的显著不同之处。前者是原则性的、有框架的,而后者是有标准的、具体的。因此,园本课程自主开发是每一所幼儿园面临的共同任务和实际需要。

幼儿园具有中小学所不及的广阔的课程开发空间。不仅可以有自己独特的教育理念和课程目标,也可以利用优化的课程资源自由选择最适合的教育内容,尝试各种富有特色的组织形式和方法,同时逐步建立适合本园实际的课程评价体系。所有这些探索,都应该在遵循科学性的基础上追求独特。但是,所有这些独特的追求都不应该违背《纲要》的基本精神和幼儿园课程的总目标。与其说园本课程是国家课程的必要补充,不如说是国家课程的具体化和多样化①。

分析目前各地涌现出的形形色色的所谓园本课程,大致有以下四种情况:一是有相对独立的教育理念、课程目标、课程内容、课程实施和课程评价,这是相对比较成熟的园本课程;二是教育理念和课程目标参照国家课程,只是课程内容增加了反映本地特色文化的知识学习,这属于十分狭义的园本课程;三是其他的课程要素均采用国家课程,只是采取了不同的教学组织形式,从课程概念看,仅此是算不上进行了有意义的课程开发工作的;第四种情况比较糟糕,有些幼儿园在急功近利思想的支配下,对幼儿进行某一方面技能的强化训练,过多地占用了幼儿学习其他内容的时间,幼儿对训练内容不感兴趣,虽然受训练的幼儿获得了某方面的技能,并成为幼儿园所追求的特色,但由此幼儿牺牲掉了更多的东西,我们认为这是异化了的园本课程。由此看来,园本课程的开发绝非是一个简单的、随意的过程。开发者必须树立课程精品意识。②

因此,幼儿园必须在领会国家课程精神的基础上,充分考虑本园基础与资源条件,从而对本园课程进行整体设计与规划,由此形成平衡、和谐、适宜的书面课程计划。

(二)构建幼儿园合理课程方案的原则

1. 明确课程的概念或内涵

树立了科学的课程观,才能开发出先进的园本课程。幼儿园课程是幼儿在幼儿园环境中进行的,旨在促进其身心全面和谐发展的各种活动的总和。《规程》强调这种教育活动是"有目的、有计划引导幼儿生动、活泼、主动活动的多种形式的教育过程"。

2. 必须基于相关学前教育方针、政策和法规

园本课程目标与内容都要体现国家与地方法规的精神,并与本园的发展方向相一致;课程设置与结构都要清晰、合理,能体现学前教育启蒙性与整体性的特点;课程的编排和设计应注重综合性、趣味性、活动性,符合幼儿的发展需要、能力、兴趣及经验;课程评价和幼儿发展评价要定期化、经常化,评价标准应与课程目标相呼应。这是编制课程实施方案的基本依据。

现在,有的幼儿园给予教师充分的课程实施的自主权,但由于缺乏有效的规范机制和适宜的评价标准,一些教师在课程内容的选择与课程方案的实施中十分随意,想怎么做就怎么做。也有一些教师由于缺乏课程设计的基本理论与经验,对形态各异的课程资源缺乏独立的分析、评判能力。这使得他们的课程实施方案缺乏科学性、适宜性与可行性。

3. 必须基于幼儿园现实条件与发展需要

例如,要依据幼儿园的发展基础与现实。地理环境、师资水平、生源质量、资源条件等方面的

---

① 程方生.幼儿园课程开发:以园为本的探索[J].教育评论,2003(5).
② 袁爱玲.冷静思考园本课程的热潮[J].学前教育研究,2002(4).

差异使每个幼儿园具有不同的办学条件与教育基础。另外,还要着眼于幼儿园课程的传承与发展。每个幼儿园都有自己的课程文化与课程特色,幼儿园应对此进行系统的思考与梳理,着力分析和总结本园课程的强项和弱项。强项是形成幼儿园特色的基础,弱项往往既是发展的"瓶颈",又是新的生长点。因此,有效利用自身的课程文化和课程特色,处理好课程的传承与发展的关系,能促进幼儿园课程的发展,使幼儿园的优势得到进一步的凸显①。

需要注意的是,当幼儿园在开发园本课程时,必须首先保证实施好国家课程,将园本课程作为对国家课程的补充。

(三) 幼儿园课程方案的内容

一份完整的课程方案必须是课程结构清晰,体现幼儿发展的需求的。课程方案应该包含幼儿园发展现状、课程理念和办园特色、课程目标、课程结构与设置、课程内容、课程实施建议以及课程评价建议等内容。最难把握的是课程结构与设置,即幼儿园应为幼儿提供哪些活动,又如何协调这些活动之间的比例②。

幼儿园的教育内容是全面的、启蒙性的,可以相对划分为健康、语言、社会、科学、艺术五个领域,也可作其他不同的划分。各领域的内容相互渗透,从不同的角度促进幼儿情感、态度、能力、知识、技能等方面的发展。因此,课程方案既要通过系统组织与安排多种活动保障幼儿的基本发展,又要以幼儿园已有的办学理念与办学特色为依据,将幼儿园的办学特色(满足幼儿的个性爱好、特殊需要)及个性化发展在课程结构中得到体现与落实。

但是,有的幼儿园在课程安排上暴露出一些问题。比如,幼儿的自主游戏、体育运动等得不到保证;又如,课程结构松散,内容庞杂、膨胀抑或偏缺,整体性不强。这些问题实际上反映出幼儿园整体课程设计与规划中的不足。为避免给教育教学带来太多潜在的随意性,教师在设计课程方案时,可对各年龄段幼儿的生活、运动、游戏、学习四类活动,在时间保证上作出明确适宜的规划,以作为活动内容选择与组织的依据。要关注五大领域教育内容的全面性,关注区角活动与主题活动内容的平衡,保证幼儿自主游戏和娱乐的时间等③。

三、幼儿园课程管理的要求

幼儿园课程园本化建设十分重要,它是促使幼儿全面发展,促进教师专业成长的最佳载体,也是幼儿园发展的重要内驱力④。园长作为幼儿园全面工作的组织者、领导者、参与者,其课程管理观念和行为更是直接决定了幼儿园课程的质量⑤。

(一) 园长要有课程管理意识

园长要有课程管理意识,重视本园课程的管理工作。准确把握国家教育方针、政策和法规,学习相关教育理论,确保幼儿园课程体系的科学性。幼儿园管理者应该承担决策者、引领者、组织者和主持者的角色,坚持从实际出发,引领全员参与,把握课程平衡,保证课程相对稳定,实现课程创新,保证幼儿园课程方案编制与管理的有效性⑥。

①—③　周洪飞.幼儿园课程实施方案的制定[J].幼儿教育,2008(1).
④　孟瑾.促进幼儿园四本化课程建设的管理策略[J].学前教育研究,2011(8).
⑤　徐碧贤.建构基于生态环境的园本课程[J].学前教育研究,2009(5).
⑥　阎水金.幼儿园课程方案编制与管理[J].幼儿教育(教育科学版),2007(1).

(二)成立课程管理领导小组

把课程管理列入教科研工作的重要内容,成立强有力的课程管理领导小组。园长是幼儿园课程管理的第一责任人,负责本园园本课程的制定、修改和实施,并加强课程实施的培训工作,完善课程的园本培训机制。同时,协调各方面的关系,确保课程的实施有利于教师的成长,有利于幼儿的发展。

(三)建立课程管理制度

课程管理以民主为原则,建立课程管理制度,使课程管理常规化,在实施过程中不断调整,注重对课程进行修改、整合、拓展,创造性地实施课程,逐步构建体现本园特色的园本化课程实施体系。既能全面促进幼儿的发展,又能体现办园特色。

四、幼儿园园本课程的开发

园本课程开发是指幼儿园通过挖掘、利用园内外课程资源形成幼儿园的课程计划并不断改进的整个过程,是一个以幼儿园为基地进行的,由教师、幼儿、家长、社区代表等多方人士共同参与的开放民主的幼儿园课程决策过程。

从理论上讲,园本课程资源是无所不在、无时不有的,它不仅仅局限于幼儿园内部,还来源于广阔的自然和社会、文化和教育领域及幼儿的实际生活,以多样性的存在状态和表现形式存在于我们周围[1]。

(一)园本课程开发的管理

1. 成立课程开发工作小组

拟订课程开发的指导思想、实施方案、步骤等,对参与人员进行认真考虑,同时做好开发过程中的整体协调。从课程开发的角度分析,所有类型的课程开发活动都应该以幼儿园的园长、教师、家长以及校外课程专家、教育行政部门的官员等组成的幼儿园共同体的集体审议和决策为基础,绝不能是某个人一时心血来潮的结果。

课程开发应根据参加人员的特长进行具体分工,分别承担不同的任务。管理者为幼儿园明确课程选择的方向;教师是课程选择的主力军;家长和社区做课程选择的好参谋;幼儿的兴趣和发展则是课程选择的主要因素。只要是富有教育价值的、有利于教育目标实现的、能促进幼儿发展的活动都应尽可能地纳入课程中。

2. 成立课程审议小组

成立由园长、教师、家长、社区代表组成的课程审议小组,加强课程审议。组织对幼儿园课程选择、开发过程中重大决策的审议,并检查课程方案的制定情况。充分发挥课程审议小组的指导和引领作用,对教师的教育教学活动进行跟踪指导,并及时反映课程实施中出现的问题及教师的教学需求,联系教师之间的合作,以促进课程合力的形成。

3. 制定课程开发计划

课程开发要有计划、有步骤地进行。一般要经过确立课程目标、评估课程资源、选择利用课程资源、评价开发利用效果四步流程[2]。

从幼儿的生活出发,关注周围环境资源,拓展幼儿的经验和视野,满足幼儿的兴趣和需要,同

---

[1][2] 李应君.幼儿园园本课程开发利用研究[D].西北师范大学教育学院院士论文,2004.

时综合考虑本园实际、社区资源、办园特色以及幼儿个性发展的需要,选择以教育行政部门推荐的教材为主,其他教材为补充,编制出具有可行性的课程实施方案。

4.经费和时间上给予保证

合理的时间和经费的支持表明了幼儿园对园本课程的重视态度,这对园本课程的开发者是一种压力也是一种激励,最终确保园本课程开发的质量。

(二)园本课程应用中的管理

园本课程的开发更多地需要幼儿园自身科学的管理机制,确切地说是自觉自律的自我评价机制——幼儿园不断反思园本课程开发过程中出现的各种问题,自我批评、自我改进、自我激励,保证园本课程开发顺利进行①。

园本课程开发后,可以选取一个或几个班级作试点,选择部分教师参加。实践一阶段后,可通过开发的园本课程对幼儿的发展所起的影响和作用,园本课程的设计是否合理、是否考虑预设与生成的适宜性,课程实施的环节如何等进行评价,总结阶段经验成果,在此基础上加以修订完善。

思考与练习

1.幼儿园的课程体系包括哪些方面?

2.怎样编制合理的幼儿园课程方案?

3.构建合理的幼儿园课程方案要遵循哪些原则?

---

①　覃兵.园本课程开发的制约因素及对策探析[J].学前教育研究,2007(6).

第五章　幼儿园卫生保健工作管理

思维导图

学习要点

◇ 幼儿园卫生保健工作的意义和任务
◇ 幼儿园卫生保健工作的主要内容
◇ 幼儿园卫生保健工作管理的基本要求与程序

导　语

本章学习的主要目标是了解幼儿园卫生保健工作的意义和主要任务、主要内容、具体管理要求程序以及常规举措。在学习幼儿园卫生保健工作相关知识的基础上，能够理论联系实际，创造性地将所学知识运用到实践中。在幼儿园卫生保健工作中，能够加强管理，不断提高卫生保健工作质量，促进幼儿健康成长和发展。

第一节　幼儿园卫生保健工作的意义与任务

儿童健康发展水平已经成为衡量一个国家政治、经济、文化和卫生水平的重要标志之一。因此，将幼儿的健康作为教育过程中的首要考虑已经成为世界儿童早期教育的基本理念。《纲要》中明确指出："幼儿园必须把保护幼儿的生命和促进幼儿的健康放在工作的首位。"为了强化和提升幼儿园卫生保健管理工作，2010 年卫生部和教育部以部令的形式发布了《托儿所幼儿园卫生保健管理办法》，对幼儿园的卫生保健工作及其管理做出了全面的要求和规定。为了进一步精细化卫生保健工作及其管理，2012 年卫生部发布了《托儿所幼儿园卫生保健工作规范》，对幼儿园卫生保健工作各环节、各方面作出了明确具体的要求。这些规章和文件的出台一方面强化了卫生保健工作的规范性，另一方面也对卫生保健工作及其管理提出了更高要求。

一、幼儿园卫生保健工作的重要意义

卫生保健工作在幼儿园教育中具有极其重要的作用，是幼儿园教育不可或缺的重要组成部

分。一方面,卫生保健工作是幼儿园管理的一个重要部分,另一方面它也是幼儿园教育内容的一个重要部分,这种双重性让其在幼儿园教育中具有特殊的地位。这种特殊地位从幼儿园教育的内容中也能充分地体现出来,那就是《纲要》《指南》等都将其作为第一个部分来展开论述。这些指导性文件都将其作为第一部分来论述不仅是因为是一种国际惯例,更重要的是其基础性地位和作用决定的。幼儿园是儿童集体生活的场所,也是其健康成长的场所。能够健康成长和获得良好的生活经验,卫生、健康、安全的环境是首要条件。因此,幼儿园卫生保健工作及其管理是幼儿园的基础性工作,对幼儿健康成长和愉悦生活具有基础性意义。

幼儿园的卫生保健工作不同于其他教育阶段的卫生保健工作,这是由幼儿年龄特点及身心发展特点决定的。幼儿园阶段的儿童正处于身体生长发育的关键时期,身体各器官的生理功能尚不够完善,适应能力差,抵抗能力弱。在集体生活的环境下,相互密切接触,比较容易引起疾病传播和流行。另一方面,这一时期儿童语言和思维进一步发展,学习和模仿能力强,其行为习惯与个性开始形成。并且,幼儿园阶段幼儿由家庭生活转入集体生活。这些变化给幼儿园卫生保健工作提供了良好的基础,也提出了比较严格的要求。幼儿园应根据幼儿这一时期的这些身体和心理特点,结合幼儿园教育的任务,通过有计划、有组织、有目的地科学安排幼儿一日生活,提供合理的营养膳食,定期体检,进行疾病的防治和生活卫生常规的培养,加强体格锻炼,建立安全措施等工作,实施良好的保育和教育,为儿童健康成长提供安全卫生的环境,进而促进幼儿健康成长。

让每一个孩子健康成长是幼儿园教育的首要责任。因此,幼儿园卫生保健工作应本着保育和教育相结合的基本方针,坚持卫生保健和教育工作并重,为幼儿健康成长创造良好的环境和条件。幼儿的健康成长是幼儿园教育的根本价值追求。无论是世界发达国家的经验,还是我国学前教育发展的教训,都表明有质量的学前教育必定是能够促进和提升儿童健康成长的教育,而不是只注重儿童认知发展的教育。我国学前教育发展的现代化亟需从"认知发展取向"向"身心健康发展取向"转变。幼儿园卫生保障工作在这个转变中将扮演重要角色。幼儿健康成长是家长的心愿,也是幼儿园保育教育的根本目标。因此,幼儿园卫生保健工作的意义不仅仅在于保障幼儿园的教育活动开展,更重要的在于给孩子一个健康的未来。

二、幼儿园卫生保健工作的主要任务及其在卫生保健管理中的作用

(一)卫生保健工作的主要任务

幼儿园的首要任务是保护幼儿的生命与健康,进而促进幼儿的生长发育,增强体质,培养幼儿增进健康的能力,帮助儿童养成健康生活和安全生活的习惯与态度。这就要求幼儿园卫生保健工作贯彻预防为主的工作方针,为儿童创造良好的发展环境。根据幼儿园教育总体任务,幼儿园卫生保健工作的任务可以分解为如下几个具体方面:一是关注幼儿的生命与健康,促进生长发育,增强体质。这是幼儿园卫生保健最基础的方面,保障幼儿的身体健康成长;二是增进幼儿健康,养成健康安全的生活习惯和态度。主要是促进儿童卫生和健康习惯的形成,养成积极的生活习惯和态度,形成端正的健康和生活观念;三是保育与教育相结合,将幼儿卫生保健和健康教育融入一日生活活动中的每一个环节。将卫生保健、健康教育和整个教育有机结合起来,增强卫生保健和健康教育的成效,让教育活动相互连接、相互促进,最大限度地发挥卫生保健和健康教育的效能;四是形成规范性、常规性、长期性幼儿园卫生保健制度规范体系。幼儿园卫生保健工作

的长效性需要形成长期性和规范性的制度保障体系,通过建立规范性、常规性和长期性的制度规范体系,进而从制度上推动幼儿园卫生保健工作的持续推进和不断优化。

(二)幼儿园在卫生保健管理中的作用

1. 幼儿园是卫生保健管理的直接主体

幼儿园卫生保健工作是幼儿园工作的重要组成部分,卫生保健管理的好坏直接关系着幼儿园办园质量。《托儿所幼儿园卫生保健工作管理办法》第九条明确规定托幼机构的法定代表人或者负责人是本机构卫生保健工作的第一责任人。卫生保健工作在幼儿园工作中具有特别重要的意义,这也是幼儿园教育与管理区别于中小学的一大特色。幼儿园要实现精细化管理,必须通过卫生保健工作,实施良好的保育与教育,促进幼儿健康成长。第一责任人要将卫生保健工作置于管理的重要位置,立足本园实际,探索和完善卫生保健工作管理机制,不断提高卫生保健水平,使园所保教质量稳步提高。同时,幼儿园要严格落实《托儿所幼儿园卫生保健工作管理办法》《托儿所幼儿园卫生保健工作规范》等基本要求,重视卫生保健工作,配备专门分管人员,既要保证卫生保健方面设施设备的投入,又要抓常规工作要求的规定、督促、检查,使卫生保健工作落到实处。

2. 严格按照卫生保健的基本要求,做好幼儿园内卫生保健工作

幼儿园应加强与教育主管部门的联系,及时准确上报情况。同时,幼儿园应充分了解各相关部门对卫生保健的基本要求。幼儿园卫生保健工作涉及多部门、多系统、多专业、多学科,幼儿园负责保健工作管理的人员以及保健医生要参加专业培训,参加继续教育,接受上级部门业务培训与指导,促进幼儿园卫生保健人员水平及人员素质的整体性提高。幼儿园的卫生保健工作需要靠幼儿园每个人共同完成。卫生保健人员是一个管理者,也是一个实施者,确立卫生保健人员比较合适的职责和适当的权限,充分发挥其能动性,能够极大地提高工作的效能。按照幼儿园卫生保健工作的基本要求,幼儿园通过确定合适的负责人员,制定科学的工作计划,协调相关人员和部门的工作,幼儿园卫生保健工作才能够得到较好的保障和落实。其实,在实践中,幼儿园卫生保健工作是相关人员和部门共同努力的结果,只要幼儿园在其中能够做好协调和组织,幼儿园卫生保健工作就能够落到实处。

3. 自查自纠,查缺补漏,不断完善保健工作管理

卫生保健工作涉及面广,工作要求高。在当前普遍要求的精细化管理中,幼儿园的卫生保健管理及其管理制度应精益求精。幼儿园应在做好基本要求事项的基础上,对卫生保健进行统计工作,管理好各项指标,如对本园儿童定期体检率、工作人员健康检查率、本园的计划免疫接种率、幼儿体格发育合格率、视力不良的矫治率、传染病发病率、龋齿矫治率、口腔检查率、新龋率等经常性自查自纠,查缺补漏,分析问题及其原因,并进行有针对性的改进,不断完善保健工作管理和管理制度。

❓ 思考与练习

1. 幼儿园卫生保健工作的意义主要体现在哪些方面?

2. 幼儿园卫生保健工作的主要任务是什么?

3. 幼儿园在卫生保健工作中的主要任务是什么?

第二节　幼儿园卫生保健工作的主要内容

根据《纲要》《指南》以及《托儿所幼儿园卫生保健工作管理办法》《托儿所幼儿园卫生保健工作规范》等文件的要求,幼儿园卫生保健工作的主要内容具体如下:

一、创设优良的生活环境

幼儿园是幼儿生活和活动的场所,幼儿园所提供的物质条件,直接影响着幼儿的身体健康,能刺激和发展幼儿的各种能力。《规程》中明确指出:"创设与教育相适应的良好环境,为幼儿提供活动和表现能力的机会与条件。"这里所说的良好环境是实现教育目标、保证幼儿身心健康,促进其德、智、体、美全面发展的重要途径和手段。

幼儿园应充分利用现有的经济条件,因地制宜,为幼儿创造良好的生活环境。园舍、场地、设施等要符合安全、卫生和教育的要求,给幼儿提供一个净化、绿化、美化、儿童化的生活环境。例如,活动室光线充足、通风干燥,有足够的幼儿活动空间;幼儿使用的桌椅玩具等设备要适合幼儿的身材比例,并且安全;盥洗设备要符合卫生要求;保持房屋设备的清洁等。

二、制定各种安全措施

幼儿园应高度重视卫生安全工作。卫生安全工作是做好幼儿园其他工作的前提和基础,是幼儿园工作的重中之重,是办园的生命线。幼儿园的卫生安全工作涉及幼儿园工作的方方面面,尤其是幼儿年龄小,有强烈的好奇心,有活泼好动的天性,但他们辨别是非的能力差,体力和能力有限,知识经验缺乏,不能对危险的事情做出正确的判断,也不能够预见行为的后果,难以保护自己,更增加了安全工作的难度。

幼儿园的安全工作涉及幼儿园的各个部门及各个环节。幼儿园从上到下,从前勤到后勤,卫生安全之弦从不能有一丝一毫的松懈,不敢有一点一滴的疏漏。应建立凡事有据可依、凡事有据可查、凡事有人督导、凡事有人负责的管理机制,如门卫工作、幼儿接送、幼儿园场地和设备以及幼儿活动、生活中的安全等。注意对幼儿进行安全教育,养成安全生活必需的习惯和态度。

三、完善体检制度,预防疾病的产生

建立定期健康检查制度,严格把好防病治病体检关。坚持做好新生入园体检工作,经体检合格方可入园,入园体检率要求 100% 合格。入园后,每学期为幼儿测量身高、体重等生长发育监测,及时做好评价、汇总,发现问题及时处理或报告。在传染病流行期间更要加大力度,发现患儿及时隔离,防止进入园内造成蔓延。

同时,注意对幼儿进行保健教育和指导,使其养成健康生活必需的态度和习惯。建立幼儿健康检查制度和幼儿健康档案,包括每日晨检和定期体检,并对幼儿健康发展状况定期进行分析、评价,采取积极的防病措施,降低发病率,保护幼儿的生命和健康。

四、提供合理膳食，保证营养平衡

食物营养是生命的重要物质基础。幼儿正值生长发育时期，身体的新陈代谢比较旺盛，全身各生理系统正在发育，但还尚未成熟，如果饮食中提供的各种营养素不足，生长发育就会受到影响，造成营养不良，严重损害婴幼儿的健康成长。

为幼儿提供科学合理的营养与平衡膳食是幼儿园卫生保健工作的重要内容。有关卫生保健人员要协同总务部门，根据幼儿不同年龄生理结构特点及生长发育每天必需的营养素的需要量，制定科学的膳食计划，每月及时做出营养分析，每周为幼儿制定带量食谱，按需要选择每日的食物种类，计划食物的数量，力求使膳食与幼儿的需要相符合，并在营养计算的基础上，调整食谱，不断调整食物结构；采购中，应抱着对孩子极端负责的态度，采购质量上乘的食品，并与供应商签订安全责任书，强调提供的食材必须新鲜、安全；及时召开膳委会，广泛听取教师、厨房人员、家长的意见和建议，并指导督促烹调技术的改进，在菜肴的搭配、烹饪上下工夫，保证幼儿各类营养素摄取均衡，以达到吃得科学、吃得合理、吃得卫生、吃得健康；每周食谱要向家长公布，让家长了解自己的孩子在园的用餐情况，增加幼儿伙食的透明度。幼儿伙食账由专人负责，与教师伙食严格分开，每月向家长公布，接受家长监督。

案例

幼儿园一周食谱

	周一	周二	周三	周四	周五
早餐	蔬菜肉丝面 鸡蛋 鲜牛奶	葱油饼 米面粥 鲜牛奶	葱油卷 蔬菜蛋花汤 鲜牛奶	蛋糕 鲜牛奶	蔬菜疙瘩汤 五香鸡蛋 鲜牛奶
午餐	西葫芦炒肉 虾皮萝卜丝 紫菜蛋花汤 米饭	酱翅中 清炒菜花 菠菜蛋花汤 馒头	炒虾仁 海米冬瓜 西红柿蛋花汤 米饭	白菜鸡腿 炒土豆丝 奶汤菜花 馒头	盐水虾 西红柿炒蛋 余丸子汤 米饭
午点	香蕉 黑米馒头	火龙果 鹌鹑蛋	西瓜 白煮蛋	香蕉 糖三角	哈密瓜 牛奶小馒头

五、建立并执行合理的生活制度

生活制度是指科学地安排人在生活中主要活动的顺序和时间。为幼儿制定并执行科学合理的生活制度，使幼儿生活有规律、有节奏，动静交替、有劳有逸，这对增进幼儿身体健康有重大的意义。

根据幼儿年龄特点制定科学有序的生活制度和作息时间表，并要求全体保教人员合理执行作息时间，规范操作程序。在一日活动中保证有两小时的户外活动时间，其中体育活动一小时，午睡时间为两个半小时，两餐间隔时间在三小时以上。但是，执行作息时间也不能机械刻板，应当维持一个有顺序又灵活的作息时间表，尽量多从孩子的身心需要出发来安排生活和学习活动，

同时在内容上的体现应满足幼儿情感、品质、智力、交往等方面的需要,使一日活动构成一个整体,多通道、全方位地促进幼儿的发展。

幼儿园应参照教育行政部门和卫生部门制定的卫生保健制度,依据幼儿的年龄特征,同时考虑季节的变化、地区特点和家长的需要,科学合理地安排幼儿的作息,保证幼儿有足够的户外活动时间,室内外活动平衡,集体活动与个别分散活动结合,坚持以游戏为基本内容。

案例

幼儿一日活动作息安排

序　号	时　　间	内　　容
1	8:00—8:30	来园、晨检
2	8:30—9:00	早操(晨练)
3	9:00—9:30	集体活动(一)
4	9:30—9:50	课间活动、喝水
5	9:50—10:30	集体活动(二)
6	10:30—10:50	课间活动
7	10:50—11:20	户外活动(一)
8	11:20—11:30	餐前准备(如厕、洗手)
9	11:30—12:00	中餐
10	12:00—12:10	午睡准备
11	12:30—14:00	午睡
12	14:00—14:20	起床、整洁
13	14:20—14:40	吃点心、喝水
14	14:40—15:10	集体活动(三)
15	15:10—15:30	课间活动
16	15:30—16:00	户外活动(二)
17	16:00	离园

六、开展体格锻炼

坚持体格锻炼,有利于增强幼儿各器官、系统的机能,提高和改善幼儿对外界自然环境变化的适应能力,增强抵抗力,促进其生长发育,增进幼儿身体的健康。幼儿园要有目的、有计划地组织幼儿的锻炼活动,锻炼的内容要符合幼儿的年龄特点,通过锻炼增强幼儿的体质。可以根据幼儿园的具体情况有计划、有组织地开展冷水浴、阳光浴和空气浴;也可以结合幼儿园日常活动进行有目的的体格锻炼,如户外游戏、散步、早操等;还可以组织春游、秋游,召开运动会,使幼儿在多方面得到锻炼。

七、进行健康教育，重视心理健康

健康通常是指人体生理机能正常，没有缺陷和疾病。健康是人生的第一大财富。对幼儿来说，健康既是幼儿身心充分发展的结果，也是幼儿身心和谐发展的前提，是幼儿的幸福之源。《纲要》明确要求："幼儿园必须把保护幼儿的生命和促进幼儿的健康放在工作的首位，树立正确的健康观念，在重视幼儿身体健康的同时，要高度重视幼儿的心理健康。"《指南》指出："幼儿身心发育尚未成熟，需要成人的精心呵护和照顾，但不宜过度保护和包办代替，以免剥夺幼儿自主学习的机会，养成过于依赖的不良习惯，影响其主动性、独立性的发展。"幼儿园的健康教育要以实现幼儿的身心健康为目标，提高幼儿对健康的认识水平，帮助幼儿逐步形成有益于健康的行为和习惯，提高幼儿自我保健和自我保护的意识和能力，促进身心和谐发展。

思考与练习

1. 幼儿园应创设什么样的生活环境？
2. 为什么班级老师对幼儿安全管理与教育要"管""放"并行？
3. 幼儿园建立定期健康检查制度的目的与原则是什么？
4. 幼儿园合理的生活制度体现在哪些方面？

第三节　幼儿园卫生保健管理的要求与程序

幼儿园卫生保健工作管理是幼儿园卫生保健工作取得成效的基本保障和重要手段，也是有序推进幼儿园卫生保健工作的重要基础。幼儿园卫生保健工作管理的有效性直接影响幼儿园卫生保健工作的实际成效。为了保障幼儿园卫生保健工作的有效性，幼儿园卫生保健工作必须严格遵循如下要求和程序。

一、幼儿园卫生保健工作管理的要求

(一)坚持"预防为主"的原则

幼儿园是幼儿集体生活的地方，极容易发生交叉感染，尤其是在一些流行病蔓延时。幼儿期是儿童生长发育非常迅速的关键期，各器官、各系统尚未发育成熟，免疫抵抗力差，极容易感染疾病，受到伤害，且幼儿园是幼儿集体生活场所，卫生保健某方面的工作稍有差错或疏漏，就可能给幼儿造成伤害。预防为主、防患于未然，是幼儿园卫生保健工作管理的根本要求，所以幼儿园不能一味地消极预防，要采取积极措施，如注重体格锻炼，增强幼儿体质，增强对疾病的抵抗力；重视幼儿常规训练，减少幼儿之间的冲突；进行必要的健康教育，增强幼儿的自我保护能力。

(二)从组织结构和制度上确定卫生保健工作在幼儿园工作管理中的地位

组织和制度上的保证有利于幼儿园卫生保健工作的顺利开展和具体落实。园领导中应有一

名领导主管卫生保健工作。可根据幼儿园的工作和实际需要成立专项的非行政组织,如设立由保教人员、后勤、炊事人员组成的伙管(委)会、爱委会、安全工作检查领导小组等,并建立幼儿园整体工作目标体系及卫生保健目标分系统,通过岗位责任制、考核评比等制度和措施将相关人员的工作内容、职责等确定下来。

幼儿园还应将卫生保健方面的各类要求、执行的步骤等制度化,以规范各方面的工作和各类工作人员的行为,协调各部门的工作,确保幼儿园卫生保健工作任务的完成,保证幼儿健康发展。

(三)加强计划性和检查指导工作

卫生保健工作是幼儿园工作的重要组成部分。幼儿园管理者应将卫生保健工作提到议事日程,列入园务工作计划。而且,要求各个部门的工作计划和班级教养计划中也要体现卫生保健方面的要求以及具体的落实措施,并对计划的执行进行检查指导,以便及时掌握情况,加强指导和不断改进工作,提高工作质量。例如,将幼儿阶段性的体检与营养分析和平时对伙房、保教人员的儿童饮食管理情况的检查相结合,进行对照分析,及时调整工作,从而保证儿童饮食营养的摄入量。

(四)注意日常性的卫生保健工作

幼儿园的卫生保健工作,要从大处着眼,小处着手,注重日常性的保健工作,抓好幼儿日常生活活动及每日的饮食起居等环节的卫生保健工作。

二、幼儿园卫生保健工作管理的程序

(一)健全卫生保健工作管理机构

幼儿园实行园长对幼儿园的卫生保健工作总负责制,建立相应的管理网络,协调全体保教及其他工作人员参与卫生保健工作,形成卫生保健工作层层负责的管理机制。幼儿园卫生保健工作是全体教职工的事,它涉及面广,不仅医生、护士、保健人员要参与,教养员、保育员、事务员、饮食员、勤杂工、门卫也都有责任。因此,必须建立一个统一的领导组织,调动各方面的力量,协调各方面的工作,提高幼儿园卫生保健工作的管理效率。

幼儿园一般应该由园长或一名副园长主管卫生保健工作。保健室或医务室是幼儿园专职的保健组织,在主管园长的领导下负责管理全园的卫生保健工作。保健室或医务室应按《幼儿园教职工配备标准》的规定,根据幼儿园实际情况配备医生、护士或保健员。幼儿园医务人员对全园幼儿的身体健康负责,其主要职责是:协助园长组织实施有关卫生保健方面的法规、规章和制度,并监督执行;研究调配和改善幼儿膳食,检查伙食、饮水和环境的卫生;密切与当地卫生保健机构的联系,及时做好加强免疫和疾病防治等工作;向全园工作人员和家长宣传幼儿卫生保健等常识;妥善管理医疗器械、消毒用具和药品。

规模较大的幼儿园也可专设管理员,规模较小的幼儿园由炊事员或事务员兼任。幼儿园应成立由主管园长、管理员、炊事员、医务人员和保教人员代表组成的管理委员会,定期开会讨论研究改进和提高伙食质量问题,修改制定食谱。

为了搞好幼儿园的清洁卫生工作,幼儿园应该成立由主管园长、医务人员、保教人员、勤杂工代表等组成的卫生领导小组,定期开会研究卫生保健工作,定期检查评比,密切与当地爱国卫生委员会的联系,切实搞好幼儿园的环境卫生和个人卫生。

(二)完善卫生保健设施设备,加强幼儿园卫生保健人员队伍建设

幼儿园新建、改建、扩建工程方案应事先征得县级以上卫生行政部门的认可和指导,做到布

局合理、流程科学、符合卫生保健的要求。购置的桌椅、玩教具、照明、卫生设施、运动器材等必须符合国家有关卫生和安全的标准,并适合儿童健康发育的需要。幼儿园必须按照国家和省有关规定,设立保健室和隔离室,配备相应的设施和保健人员。

保健人员的数量原则上按全日制150名幼儿或寄宿制100名幼儿以下的配专职1人,200名幼儿以上的酌情增加。保健人员必须是取得执业资格的医护人员,上岗前还须经卫生行政部门组织的专门培训,并取得上岗证书。各级卫生部门要帮助幼儿园积极开展人员培训,不断提高卫生保健人员的业务素质。要积极组织教师学习有关卫生保健的相关文件,不断熟悉儿保要求。

(三)健全各种卫生保健制度,加强幼儿园卫生保健档案资料的管理

幼儿园要建立健全并严格落实各项卫生保健工作制度,它是实现幼儿园卫生保健任务的保证,也是检查各项卫生保健工作实行情况的依据。各类人员明确职责要求,实施分层管理,工作中严格遵守操作规范,并通过定期或不定期的检查以及各类人员的业务学习不断提高卫生保健工作的质量。

幼儿园在贯彻执行卫生部制定的《托儿所幼儿园卫生保健制度》的基础上,可依据幼儿园的实际情况制定有关的卫生保健制度。幼儿园的卫生保健制度有以下四种。

一是幼儿园工作人员、儿童的健康检查制度。幼儿入园(所)前必须进行健康检查,体检合格者方可入园。儿童离园连续超过2个月以上须重新体检合格后方可返园(所)。幼儿园的工作人员、在园儿童每年必须进行一次全面的健康检查,检查单位原则上在当地妇幼保健机构或县级以上医疗单位。工作人员体检合格,由检查单位签发卫生部统一监制的健康证明书后,方可上岗。

二是卫生消毒、隔离制度。认真做好计划免疫和传染病防治工作。传染病流行季节积极开展防治工作,发生传染病要及时报告疾病控制和妇幼保健机构。儿童及工作人员患传染病应立即隔离治疗,所在班级彻底消毒,检疫期间不收新儿童,控制传染病续发。

三是膳食管理制度。幼儿园要严格执行《食品卫生法》,其食堂必须首先取得《卫生许可证》。工作人员应每年进行健康检查。幼儿伙食费应保证全部用于幼儿膳食。每月定期向家长公布账目,接受监督。师生伙食应严格分开。要为幼儿提供合理膳食,编制营养平衡的幼儿食谱,定期进行营养计算和分析,保证各营养素的摄取量。

四是安全制度。加强安全教育和安全检查,要注意房屋、场地、家具、玩具、用具使用的安全,避免触电、砸伤、摔伤、烫(烧)伤等事故的发生。药品必须妥善保管,并严禁放在班级,吃药时应由医务人员仔细核对。建立健全儿童接送制度,不得丢失幼儿。

此外,为使保健工作呈现出积极主动、专业性强、管理力度大的良好局面,幼儿园应制作多种观察记录表格,从幼儿入园、在园、离园的每一个环节观察记录幼儿身体、情绪、疾病、护理等现状,并建立师生健康档案,认真做好儿童体格测量与评价、营养计算与分析、预防接种、疾病以及意外事故等资料的记录统计与存档工作,确保资料的真实性、连续性和完整性。同时幼儿园保健人员应与班级老师、家长以不同形式、在不同时间研究幼儿的生长发育情况,并定出阶段指导方案,使幼儿生长发育获得很好的发展与提高,促进幼儿快乐、幸福成长。

(四)制定实施计划,加强幼儿园卫生保健工作的过程管理

幼儿园卫生保健工作的过程管理是通过计划的制定、执行、检查和总结四个环节来开展的。

1. 卫生保健工作计划的制定和执行

卫生保健工作计划是全园工作计划的一部分。制定幼儿园卫生保健工作计划要根据幼儿园的总目标和当地部门的指示要求,结合幼儿园的实际情况,在总结上期工作的基础上进行。建立

幼儿园整体工作目标体系内的卫生保健目标分体系。

首先要确定本学期卫生保健工作的总任务和要求,要突出重点,体现改进和提高的精神。然后由各部门据此制定具体工作计划,各项工作任务要明确,措施具体,进行的方式、执行人及完成日期都要落实。

保健员要根据全园工作计划制定学期保健工作计划,内容包括定期的幼儿体检,对体检结果的分析;按时完成计划接种,并做好记录;经常性的疾病诊治,做好统计工作,并开展对一般慢性病的防治和缺点矫治,加强对流行病的预测,做好防治计划,以及对体弱儿童的特殊护理,等等。

伙食管理员要根据全园卫生保健工作总计划的要求及伙食管理委员会的研究结果,制定每月的伙食计划及周食谱,并提出改进和提高伙食质量的措施,既合理使用伙食费,计划开支,又保证幼儿能获得必需的营养。

卫生领导小组要根据全园卫生保健工作计划的要求,制定学期的卫生计划,包括经常性和季节性的卫生工作的内容及具体措施。

安全组织机构负责全园的安全工作,经常针对全园的大型玩具、户外活动器械、电器、水电管线进行安全检查,发现问题及时修理,杜绝事故隐患。

班级是幼儿园的基层组织机构,班级工作人员和幼儿接触最多,因此应重视班级的日常生活活动及每天的饮食起居环节中的卫生保健工作。在各班的工作计划中,应将卫生保健工作计划作为一个组成部分,或者单独制定一个班级卫生保健工作计划。班级的日常卫生保健工作主要从以下四个方面着手。

① 加强对幼儿每日的健康状况的观察和检查。要把好晨检关,做好晨间检查和幼儿全日健康观察。保健老师每天坚持认真晨检,做到一摸二看三问四查,并做好详细记录,了解每位幼儿的健康状况。一摸:摸额头有无发热;二看:看咽部、皮肤和精神情绪状况;三问:了解幼儿饮食、睡眠和大小便情况;四查:检查幼儿有无携带不安全物品,发现问题及时处理。在幼儿全天活动中,各班保育员还应注意观察记录,尤其是体弱儿童,要特殊护理。

② 为幼儿创设良好的生活环境和精神心理环境。在一日生活当中,为幼儿提供良好的物质环境和精神心理环境,是班级卫生保健工作的重要内容,包括安全的活动环境、良好的睡眠环境、卫生的进餐环境、科学的作息安排以及能够让幼儿保持情绪愉快、平稳的精神心理状态。

③ 在一日生活活动中,注意幼儿生活的护理和良好生活卫生行为习惯的培养。要在一日生活的各个环节中做好幼儿生活护理工作,如注意活动前后及时增减衣服,按时进餐,保证进食量,等等。在各个环节中培养幼儿良好的生活卫生习惯,进行安全教育,如进餐习惯、清洁习惯等。

④ 密切与家长的联系和配合。保教人员要充分利用班级工作的优势经常与家长沟通,了解幼儿的个别差异与在家表现,以便能有针对性地采取有效措施,并争取家长配合,做好幼儿园的卫生保健工作。

2. 卫生保健工作的检查

园领导要定期、不定期地检查卫生保健工作的进展情况,各项工作是否按计划执行、按制度办事,及时找出原因,并修改完善计划,确保卫生保健工作的有效开展。

幼儿园卫生保健工作的检查要通过实地直接观察、听取汇报、全面看材料来进行。

实地直接观察(检查)的内容包括室内外环境,设备的安全与卫生,幼儿仪表,服装及被褥的整洁,幼儿卫生习惯的培养,幼儿睡眠及进餐情况,食物的烹调制作,炊事及餐具的消毒,幼儿体格锻炼,健康检查,疾病的预防、治疗,等等。实地直接观察(检查)可以获得最直接、最具体的材料,随时随地可进行。

召开会议,听取汇报。可召开园务会议,由主管部门负责人全面汇报部门的保健工作,这种形式获得的信息较全面,并可直接咨询主要负责人,可补充实地直接观察(检查)的不足。

检查书面材料。检查各种计划、记录、统计等,如月计划、周食谱、幼儿营养带量统计、幼儿体检记录等等,可利用这些书面材料进行统计分析,并与前期材料对比,作为总结和改进工作的依据。

3. 卫生保健工作的总结

总结是对计划执行情况的全面评价。在学期结束或学年结束,应对卫生保健工作作一个全面的总结。通过回顾计划执行过程,各个部门应对所承担的卫生保健工作从正反两方面分析上阶段计划中的工作,得出有指导意义的结论,从而不断地提高工作质量。园领导根据对卫生保健工作的检查、分析,也可针对幼儿园需要而开展的某一项卫生保健工作作总结。总结又是制定下阶段计划的依据。下阶段计划要以上阶段的总结为起点,总结出来好的经验,下个阶段计划要巩固和继续发扬;总结中提出的缺点和问题,下阶段计划就要克服和改进。

思考与练习

1. 幼儿园卫生保健工作管理有哪些要求?
2. 幼儿园应有哪些基本的卫生保健制度?
3. 幼儿园卫生保健工作的过程管理应体现在哪些方面?

第六章　幼儿园总务工作管理

思维导图

学习要点

◇ 幼儿园总务工作的特点和意义
◇ 幼儿园物质条件创设的一般要求
◇ 幼儿园总务工作的要求和程序

导　语

总务工作是幼儿园管理工作的重要组成部分。总务工作的好坏是直接关系到幼儿园各项工作能否顺利开展,保教质量能否提高的大问题。因为总务工作肩负着十分重要的任务,即:建设和创建良好的工作环境,不断充实和改善教学设备;管理好幼儿园的财务和财产;改善员工与幼儿的生活福利;保障幼儿园保教任务的完成等。总务工作千头万绪,团结协作是搞好总务工作的前提;摊子大、独立性强是总务工作的特点;和谐的人际关系、少说多做是做好总务工作的保障;服务于人是总务工作的根本。

第一节　幼儿园总务工作的特点和意义

一、幼儿园总务工作管理的意义

幼儿园管理内容包括保教工作管理、卫生健康工作管理与总务工作的管理。总务工作管理是幼儿园管理的重要组成部分,是对全体人员的全部事务的管理。它是为保教工作的开展服务的,也是实施科学管理的重要内容和保证。幼儿园管理是对人、财、物、时间、空间、信息等方面的管理,这些方面的管理都是通过总务工作进行运筹和保障的。总务后勤工作直接或间接地关系到幼教方针及政策的贯彻,影响着幼儿园保教工作的质量。

(一)幼儿园管理的各个要素都需要通过总务工作来体现

总务是指全体人员的全部事务,是全面服务的工作。幼儿园管理要素中的四个要素——人、财、物、事是通过总务行政后勤工作来实现的。总务工作在整个幼儿园管理要素中占有很大的比例和成分。

(二)总务工作管理质量直接影响保教中心任务的完成

我们知道,保教工作、思想政治工作和总务管理,是幼儿园全部工作的三个重要组成部分。其中,保教工作是中心,思想政治工作是统帅,总务工作是基础和保证。这三个方面的工作分工不同,各有其职责,又互相联系,相互配合,共同完成幼儿园所承担的任务。这三个方面的工作对幼儿园来说,是缺一不可的。因为如果没有保教工作,就不称其为幼儿园了,思想政治工作和总务工作管理也就成了无的之矢;如果没有思想政治工作,保教工作和总务工作就缺少了精神动力,甚至会迷失方向;同样的,如果没有总务工作管理,保教工作和思想政治工作失去了物质基础,也是进行不了的。办一所幼儿园没有结构合理、学术水平较高的师资队伍不行。但是,巧妇难为无米之炊,再好的师资队伍如果没有必要的教学和科研条件,没有总务工作为其提供服务,也是不能发挥作用的。所以说,办幼儿园要有基础、条件,而搞好总务工作管理正是办好幼儿园的一个非常重要的基础工作。

(三)总务工作管理的水平关系到能否调动教职工的积极性

总务工作是一项服务性的工作,不仅要为幼儿服务,还担负着为教师的工作、为教职工生活服务的任务。一方面要为保教工作提供便利条件,提供较好的工作环境,同时还要搞好教职工的生活福利,为他们的生活提供方便,满足他们的合理要求,才能解除他们的精神负担,使他们能够安心并专心致志地工作和学习。只有这样才能解决教职工的后顾之忧,才能真正调动他们的工作热情。马斯洛的需要层次理论告诉我们,人最低层次的需要是来自生理上的,当人的吃、住没有得到基本保证时,他很难有更高层次的需要,正如俗话所说,"安居才能乐业"。总务工作要多为教职工着想,帮助他们解决生活中存在的困难。目前我国已经进入中国特色社会主义新时代,幼儿园要考虑到教职工的切身利益,满足他们对美好生活的追求,依照国家的有关政策,定时足额缴纳"五险一金",使教职工能安心地工作。

二、幼儿园总务工作管理的特点

幼儿园总务工作管理不同于中小学。幼儿园教育的特点是保教并重,不仅要对幼儿实施德、智、体、美、劳全面发展的素质教育,同时还要加强幼儿的保育,促进幼儿身体的健康成长。这就造成幼儿园总务工作管理与中小学之间的区别,即更侧重于生活与环境的管理。

幼儿园总务工作管理不同于保教工作的管理。保教工作管理比较集中,主要是管理教育教学工作。而总务工作管理很杂,既有教学方面的,又有环境设施方面的;既有卫生健康方面的,又有建筑维修方面的。保教管理比较微观,主要研究教育教学的组织与管理;而总务后勤管理工作比较宏观,主要探索财、物、事等方面的安排。

幼儿园总务工作管理主要有以下五个特点。

(一)服务性

总务工作就其在幼儿园的地位与任务来说,是一项服务性的工作,即为保教服务,为幼儿服务,为教职工服务,为家长服务。虽然各行各业都是互为服务的,但是就幼儿园总务工作而言,它具有的服务性更强、更现实,它为办好幼儿园提供物质基础和保障。总务工作管理的标准就是看其服务质量的好坏。

(二)先行性

总务工作是幼儿园其他工作的物质保障,所以必须走在前面。幼儿园各项工作,如建园、招生、编班、开园等,都要求总务工作先行一步。一般来说,幼儿园保教工作具有阶段性。每学期前,总务部门都应做好物质方面的准备,如教学用品、桌椅修缮、膳食工作的准备等;园所的一些季节性工作,如防暑、防寒等,也要求总务部门走在前面;另外,一些不定期的临时性工作如观摩参观、节日活动、自然环境突变等,也要求总务工作及时处理好。

寒暑假是学校、幼儿园特有的休假期,这个时期,特别是暑假,是总务工作的"黄金"季节。总务部门要充分利用这个有利时机,为新的学年度开学做好各项准备工作,诸如房屋、场地、课桌椅、体育器械、车辆及生活设施的维修保养,环境的整理,文具纸张的购置,防寒保暖物资的筹措等,都要在这个时期完成。这些工作在放假前就要认真研究,做好安排,包括任务、时间、分工、完成任务的措施和注意事项。其中,维修工程较大的,还要做好施工力量的选用和备料等工作。假期开始后,即可按计划有步骤地分头进行。

总务工作的先行性与服务性密不可分,如果失去了先行性,那么幼儿园其他工作则难以开展,教育质量和工作效益就不可能提高,因而也就谈不上服务。

（三）全局性

总务工作是物质保障。总务工作做得如何关系到全园各项工作的进展,关系到每个成员的工作、学习和生活,是涉及面最广的一项全局性工作。

总务管理在宏观上受全园工作目标、计划和要求所制约,在微观上又同各项工作、各个部门乃至每个人紧密联系,相互制约。总务工作管理要考虑总体,方便他人,顾全大局,发挥先行与保障作用,实现优质服务。总务工作人员要将总务工作放在全园工作范畴中去考虑,不要孤立地考虑总务工作。要了解幼儿园工作目标及各个阶段的任务,使总务工作总是围绕幼儿园的总体目标进行。

当然,总务工作面广且杂,常常会遇到许多意想不到的困难,如果只强调自己工作的困难,就会给其他工作带来一系列问题,甚至难以进行。因此总务工作人员要尽量克服困难,多为其他部门着想,以免影响全园的工作。

（四）综合性

幼儿园总务工作管理是一项综合管理工作,服务面大,涉及幼儿园人员所需要的各个方面。就教学工作而言,它担负着教学仪器设备的购置、安装及维护,图书资料采购,等等;在生活方面,吃、喝、拉、撒、睡、生、老、病、死、退,都需要总务管理者解决。总务所属各部门所涉及的各个方面有饮食供应、土木建筑、水电采暖、医疗保健、园林绿化、环境卫生、物资供应、财务管理、车辆运输等,需要一整套科学管理办法。就一个总务管理者而言,很难做到样样精通。但总务管理者必须擅长管理工作,且具有较高的管理能力和一定的知识,才能适应总务工作综合性的特点。

（五）政策性

总务工作与人、财、物等方面联系密切,工作接触面广,需要同许多部门打交道。这就需要了解各个相关方面的政策,如经费财务、基建、贸易工商、职工福利待遇、知识分子政策等;又如,招生、编班、收费等也涉及国家有关教育的政策法规。总务工作要保证为幼儿家长很好地服务,并千方百计地为职工的工作和生活创造较好的条件;同时又必须严格执行国家有关政策制度。

思考与练习

1. 幼儿园总务工作为什么要坚持服务思想?

2. 幼儿园总务工作管理有哪些特点?

第二节　幼儿园总务工作的内容

一、幼儿园的基本建设和办园条件的改善

一所幼儿园必须具备基本的物质条件、完善的软件条件和硬件条件,才能保证幼儿的健康成长,也才能保证幼儿园各项活动顺利进行,其中创设物质条件是总务管理中一项重要内容,它包括幼儿园园舍、场地、设备设施等。

《幼儿园管理条例》第八条规定:举办幼儿园应当具有与保育、教育的要求相适应的园舍和设施,而且必须符合国家的卫生标准和安全标准。《规程》第三十到三十三条,则明确了对幼儿园园舍和设施设备的具体要求,如第三十条规定:幼儿园应设活动室、儿童厕所、盥洗室、保健室、办公用房和厨房。有条件的幼儿园可单独设音乐室、游戏室、体育活动室和家长接待室等。幼儿园应依据《条例》及《规程》规定,按照幼儿生长的需要,从安全、卫生和教育的角度设置环境、修建房屋、安装设备和购置用具。

(一)办园设备条件的一般要求

房屋、场地、设备是办园最基本的物质条件。总务工作管理就是要为幼儿园创设良好的物质条件,使各种物质条件发挥更大的教育、教养作用。一般而言,对幼儿园物质条件创设的基本原则或要求主要有以下几点。

1. 安全卫生性

由于幼儿年龄小、经验不足、缺乏自我保护能力,因此为幼儿创设的物质环境和条件首先要符合安全、卫生要求。如幼儿园的室外活动场地要平整,各种大型玩具应符合安全标准;室内楼梯、桌椅的高低要符合幼儿的特点,家具的棱角不能过尖,玩具要常消毒等。

2. 教育性

由于幼儿园的物质环境对幼儿具有潜移默化的影响,是重要的教育资源,因此幼儿园不应只注重环境是否美观、漂亮,还应发挥它的教育功能。幼儿园的空间、设施、活动材料等应有利于引发、支持幼儿的游戏和各种探索活动,有利于支持幼儿与周围环境之间积极的相互作用,如室内外的墙饰要结合各年龄班的教育内容或主题定期或不定期进行更换。

3. 实效性

创设幼儿园的物质条件,要讲究其实际效用。各种设备和设施是为了满足保证保育和教育的需要而配备的。在购买时要考虑它的必要性和实用性,不要攀比,更不要盲目赶潮流,要实事求是,追求实效。在使用时,应发挥其最大的作用,不应将这些设施设备束之高阁或封闭起来,否则就失去了实际意义。例如,有的幼儿园新买的玩具锁在柜子里,有人参观或来客人时才拿出来,玩具成了摆设,没能发挥其应有的教育作用;有的幼儿园购置的大型设备,平时不让幼儿接触,幼儿几乎没有机会玩。这些幼儿园虽然也配备了设备,但却没有发挥任何作用,这无疑是一种极大的浪费。因此,我们在分析办园条件时,不仅要注意有什么,需要增加什么,同时更要注意现有的设备的利用情况如何,充分挖掘内在的使用潜力。

4. 地域性

我国幅员广阔,各地区的自然条件、经济发展水平极不平衡,这就造成了办园条件的千差万别。根据我国的国情,我们只能对办园条件作基本规定,而不宜规定统一的、过细的标准,不能搞一刀切,而应分层要求,分类指导,逐步提高标准。当然,更重要的是,各地幼儿园要结合当地发展水平与实际条件,不断改善办园的物质条件。随着我国经济的飞速发展,各地幼儿园主管部门,要将幼儿教育放到一定的高度,不断改变以往条件不良的状况,逐步达到《规程》或当地教育行政部门规定的基本要求。幼儿园管理者要制定发展规划,采取切实措施,逐步改善办园条件。

5. 自主性

幼儿园应在可能的范围内,发挥自主性。一方面,争取社会各方面的大力支持,积极发扬和利用社区和家庭资源。必要时,使社会和幼儿家庭中的人力、物力为幼儿园服务。另一方面,更要充分发挥教职工的主观能动性和创造性,利用当地资源、乡土材料与废旧物品,变废为宝,多想办法,创造条件,为不断提高保教质量提供较好的物质保证。例如,一些幼儿园用废轮胎做秋千,用加工好的大树杈做攀登架,用刨平的木头做平衡木,为幼儿创造了生动活泼、趣味横生的大肌肉活动和体育锻炼条件。教师还可以收集各种废旧物品自制各种玩具,特别是能活动、可操作、多变化的玩具材料,使幼儿可以充分开展游戏。

(二) 对环境设置与管理的具体要求

1. 选址

幼儿园在选址时,应考虑到影响幼儿生长发育的各种因素,包括大自然在内的周围环境,同时,幼儿园为方便家长考虑,一般应设在居民区。幼儿园应建在清洁、安全、安静、无污染的地区,远离工厂、铁路和商场等地。园舍基地应选择地势平坦、场地干燥坚实、易于排水的地段。

2. 建筑形式

幼儿园的建筑平房或楼房皆可。为了保证幼儿有充分的活动场地,房屋建筑宜采用相对集中的形式。为了保证活动室有充足的阳光,房舍的方向以向南或向东为宜。为保证幼儿的安全与健康,幼儿园应设在三层及以下楼层,严禁设在地下室或半地下室。楼梯的高度要适合幼儿的生理发展特点,楼梯边要有相应高度的护栏。如果幼儿园地方小,活动场地有限,也可把活动场地建在顶层平台上,但平台的设计一定要保证幼儿的安全。安全、阳光较好是幼儿园建筑的最起码的条件。

3. 场地

幼儿园应有足够的场地,国家教育委员会、建设部《城市幼儿园建筑面积定额(试行)》规定幼儿园生均占地面积应达到 13—15 平方米。因为幼儿不仅要在室内学习、活动,还要在室外接受教育和训练,以及游戏和活动。此外,幼儿园每个班都应有位于活动室附近的户外活动场地,班与班之间的活动场地最好隔开,这样一旦传染病流行,便于管理。活动场地可设沙坑,也可设置固定的、大型的运动器械。如果幼儿园的公共场地面积小,那就要想办法提高场地的利用率。如组织各班轮流活动;较大一些的幼儿可带到附近的公园或小区。户外活动场地要平坦、干净、无尘土,且应略高于周围地面,带有可排泄雨水和雪水的斜坡。

户外活动场地应注意美化和绿化。可以种树养花,栽种一些树冠较大、易成活的树木或攀缘植物,能提供较大树荫。有条件的幼儿园可开辟儿童种植园地,种植一些当地常见的蔬菜,也可设置饲养角,饲养一些小动物,为幼儿提供观察和亲近小动物的机会和条件。

4.房舍的安排和使用

《规程》第三十条规定,幼儿园应设活动室、儿童厕所、盥洗室、保健室、办公用房和厨房。有条件的幼儿园可单独设音乐室、游戏室、体育活动室和家长接待室等。寄宿制幼儿园应设寝室、隔离室、浴室、洗衣间和教职工值班室等。

原则上幼儿园每班要有单独的用房,包括活动室、卧室、盥洗室和厕所。

每班都要有一间活动室。活动室以向南或向东、自然采光好的房间为宜。室内空气要流通,最好对侧设窗,使空气对流;还可以设气窗,便于迅速通风换气,保持室内空气新鲜。活动室使用面积应达到90平方米,供开展室内游戏和各种活动以及幼儿午睡、进餐之用。如寝室与活动室分设,活动室的使用面积不宜小于54平方米。

活动室面积应达人均1.5平方米,条件好的可达2平方米以上。

卧室要选择相对安静的房间,采光要充足,空气要清新。床以使用木板床为宜,要按幼儿人数设床位。高度应方便幼儿上下。可设壁床、折叠床或垫子等,用时展开,用完收起,节省和充分利用活动室空间。可以要求家长配备适合幼儿用的规格较小的被褥等,教会幼儿学习自理。

盥洗室应有适宜的盥洗设备,要使用流动水,水龙头高度要便于幼儿使用。毛巾架等的高度要适合于幼儿自己取放、使用。幼儿应有个人专用物品,如毛巾、水杯等,可贴上标志并固定位置。设置镜子,教会幼儿检查自己的仪表,注意清洁整齐。

有条件的应设儿童专用厕所,厕所要明亮、通风、清洁、无臭味,蹲坑或坐便器大小要适合幼儿,位置要方便幼儿进出和便于教师照料。

教职工的用房如办公室、厕所、厨房等应与儿童的分开,以保证安全和避免传染病。

5.活动室与室内设施及其安排

室内应为幼儿配备适宜的家具,如桌椅、玩具架、衣柜等和卫生生活设施。衣柜、玩具架及卫生设施等宜摆放在活动室的固定位置。这样不仅便于幼儿使用,还有利于良好习惯的养成。同时摆放要合理,使幼儿有充足的活动空间,利于空气流通和便于清扫。家具设备的构造、样式、数量、布局与使用方法应有一定的要求,要考虑适合幼儿生理心理发展特点和年龄特点,同时要便于保教人员的工作。家具还应坚固,表面较光滑。桌椅角、橱柜角等可以做成圆形,以免碰伤幼儿。室内不要有多余的物品,以免占据空间影响幼儿活动。

桌椅的数量与样式要便于幼儿的生活与活动,要保证采光,且避免相互干扰;其高度和构造要有助于幼儿保持正确坐姿,不易疲劳。桌子的高度应以幼儿端坐、肘部弯曲、前臂平放桌面上、两肩平齐为宜,并应与椅子的高度相配套。椅子的高度应等于幼儿膝部到脚跟的长度,即当幼儿贴近椅背端坐时,双脚可平放在地面上。一般地,身高相差10厘米以内的幼儿使用同一规格的桌椅。因此,小班的桌椅高度宜与中、大班有所不同,有条件的还可在各班依据幼儿身体高矮差异情况,设置不同尺寸的桌椅。

玩具架、图书架等设施一般高度以便于幼儿选择、取放材料为宜,两者均为开放式,不必做门及抽屉。

有条件的幼儿园可设置幼儿的衣被鞋帽柜,新建园最好采用墙内壁柜的设计,以减少占地面积。柜子的高度以适合幼儿自己取放为宜,也可以提供挂钩让幼儿放置个人用品。

6.玩具图书的配备

幼儿园可以以班级为单位为各班活动室配备数量充足、种类齐全多样的玩具材料。如玩角色游戏的娃娃、家具、炊具、餐具等,进行建筑结构游戏的各种型号、规格的积木、积塑,进行操作和智力活动的穿珠、套叠玩具、拼图、七巧板、配对图片、棋类玩具等,开展体育活动或活动性游戏的球类、跳绳、沙包、塑环等材料,还可以提供音乐玩具等。给幼儿提供的玩具,要具备以下条件:第一,要符合幼儿的年龄特点。不同年龄班的幼儿应有所不同,如小班的玩具材料数量要多,体积要大;中大班的则应较复杂些,便于幼儿探索。第二,要具有教育功能。玩具的价值不是以其价格体现的,关键看是否能引起幼儿的兴趣,激发他们的创造性。有许多废旧物品或边角料等,不定型,可变化性大,为幼儿提供了极大的想象、创造空间。因此在配备玩具时,不宜追求精致和豪华。第三,玩具材料应放在幼儿看得见、摸得到的地方,便于幼儿选取,并可训练他们学习收放玩具。第四,要注意玩具的卫生和安全问题。提供的玩具材料不要有尖锐棱角,如有破损要及时修补完整,以免使用时发生危险。玩具要经常清理消毒,使用时要注意培养幼儿爱护玩具,轻拿轻放,避免损坏。

各班要有一定数量的图书,以印刷清晰、色彩明快、纸张结实为宜。应将图书摆放在较低矮且开放的书架上,便于幼儿自由选择阅读。图书宜分类放置,便于幼儿取放,同时学习分类整理。书架上的图书要定期更换,可以组织班级之间交换图书,也可以鼓励幼儿轮流将自己的书带来,让大家阅读,充分发挥教育作用。图书数量可根据本园条件,人均达 0.5—3 册。

(三) 场地、房舍的维护

场地、房舍的维修很重要。房舍设备与大型的器械等是幼儿园的不动产,通过维修、保养既可以延长其使用寿命,又能确保使用安全。总务部门要重视这项工作,以便充分发挥这些教育资源的作用。

1. 房舍、设备的保养维修

房舍、设备的保养维修包括对房舍内外墙、地板、天花板、房顶、门窗的检查整修,以及对室内设施如供暖设备、上下水管道及家具的维修。应加强对各类用房的保养与管理,建立制度,制定计划,采取有效措施定期整修,保持房屋和各种设备的整洁完好。

2. 场地的管理

场地的管理主要是检查和保养维修两项工作。要经常检查排水渠道是否畅通,体育活动场地和游戏场地雨后要迅速清理;要经常进行安全检查,定期维修。场地上的运动器械要避免失修状态,否则幼儿的安全就得不到保证。

3. 场地清洁与环境卫生

要注意保持场地清洁,及时清除污物。经常清扫尘土、积雪和落叶等,天气干燥时宜洒水清扫。幼儿园应建立室内外环境清扫制度,可以采取责任到人、分片包干的措施,每天一小扫,每周一大扫,定期检查,为幼儿提供一个清洁卫生、美观舒适的生活环境。

二、幼儿园财务管理

对"财"的管理主要是指对钱财、资金的管理。以往在计划经济体制影响下,幼儿园财务习惯于等、靠、要,缺乏资金筹集意识,客体资源与主体目标之间的矛盾有增无减,且大有扩大之势。在资金的分配上重硬件建设,轻软件建设。财务管理体制不规范,财务活动无章法,财务会计的核算、计划、控制、决策、组织、分析等职能不能充分发挥。长期受经营权与所有权统一的管理模式的影响,管理者缺乏经济效益意识,在资金使用上满足于按开支标准管开支,不注重挖掘幼儿园的资源潜力,不善于经济核算、提高资金使用效益。另外,由于主管部门统得过死,学校财务管理没有自主权。随着市场经济的推进,幼儿园的财务管理比以前更加复杂和自主,这就要求幼儿园管理者必须了解财务管理工作的规律。

(一)管理原则

幼儿园财务管理的基本原则是:贯彻执行国家有关法律、法规和财务规章制度,坚持勤俭办园的方针;正确处理事业发展需要和资金供给的关系,社会效益和经济效益的关系,国家、集体、个人三者利益的关系。

(二)管理内容

幼儿园对财务的管理包括以下几方面。

1. 积极筹措资金

资金是财务管理的主体。没有资金,财产管理也就不存在了。以前,幼儿园的经费主要来自上级行政主管部门,幼儿园的生存与发展同上级行政主管紧密联系。上级行政主管部门的领导重视、经济实力雄厚,幼儿园的日子就比较好过;上级行政主管部门不重视或经济实力较弱,幼儿园的生存就比较艰难。一般来说,在计划经济体制下,幼儿园既撑不死,也饿不死。当前随着我国大中型企业的改革,行政机构的调整,许多幼儿园的上级行政主管部门"自身难保",与幼儿园脱钩;与此同时民办幼儿园从一开始就需要"自负盈亏",所以当前大部分幼儿园的经费要靠自筹,筹措资金成为幼儿园管理者一项十分艰巨的任务。幼儿园资金来源主要分为四种:一是举办者投入;二是学杂费收入;三是政府扶持资金或教育事业费补贴;四是银行贷款。目前,举办者投入资金一般大部分用于园舍建设、设备设施上面,同时由于政策所限,民办幼儿园获得的政府扶持资金或教育事业补贴费很少,而对于银行低息或无息贷款可望而不可求,在此情况下,一旦举办者投入资金有限,学杂费收入就成为民办幼儿园维持生存和发展的主要来源。幼儿教育是一项教育事业,因此通过提高教育质量吸纳资金是筹措资金最主要的渠道。幼儿园管理者有责任开通吸纳资金的各种渠道,积极筹措资金。

2. 合理分配资金

提高资金使用效率,是财务管理的根本任务之一。幼儿园的各项工作对资金的需求不平衡,幼儿园管理者在支配资金时应本着"照顾重点、兼顾一般"的原则,将有限的资金合理分配,以确保幼儿园能稳步、高速、全面地发展。

幼儿园经费支出项目主要有人员费和公用费两项。人员费也就是大家常说的人头费,包括职工工资、奖金、医疗费等;公用费包括办公费、业务培训费、水电煤气费、维修费、设备费、资料费等。

为了做好经费分配工作,关键要把好预算决算关,加强对资金使用的计划管理。幼儿园应本着"量入为出,统筹兼顾,保证重点,收支平衡"的原则,编制每学期的经费预算。第一,分清主次,保证重点,将幼儿园的各项工作按照轻重顺序排列好。首先要保证最重要的事情的完成。最重要的事情是指那些直接影响幼儿园目标实现的事情。其次,要考虑到特殊需要。预算要留有余地,不要计划得太满。第三,要有规范的预算程序,即由财务人员制定,园务会讨论通过,最后由幼儿园管理者审批。而就决算管理而言,由于年度决算前的准备工作对决算的质量,即年度财务报告的质量具有较大的影响,所以在实施年度决算前必须按规定做好年终清理工作,进行详细的资产清查,核实清理往来款项,逐项核对各项收入的实现及专项资金的使用情况,从而使决算所形成的财务报告具有较高的真实性和相关性。

3．健全财务制度

要使财务管理有章可循、有据可依、杜绝漏洞、合理支出,必须建立和健全财务制度。如各项经费入账制度、报销制度、财务和出纳制度、财产分类制度等。财务制度既要严格,又要合理;既要相对稳定,又要根据实际情况进行必要的调整和修改。

4．加强财务监督

首先,建立完善的会计监督制度和财务监督体制。财务监督是实施有效的经济约束、法律约束的机制之一,会计的基本职能是核算和监督,不断提高会计的核算和监督水平,强化会计的监督和控制职能。依据《会计法》的规定,应建立健全本单位内部会计监督制度和内部控制制度,保证幼儿园的经济活动符合国家法律、财政法规和内部规章制度的要求。内控制度的建立是财务监管的基本保证,会计人员在工作中依法办事、按章办事,提高会计工作的效率和质量,更好地发挥会计监督在幼儿园经济活动中的作用。其次,拓宽财务监督的范围,保证幼儿园发展有序进行。幼儿园财务监督是监督检查综合财务计划是否充分发挥内部潜力,做好人、财、物的平衡,对幼儿园收支进行监督管理,促进增收节支。加强对固定资产的监督,防止国有资产的流失和损失,做好财产清查工作,明确财产清查的范围,规范资产的购置、保管等制度,保护财产安全,维护国有资产及其权益不受侵害,对幼儿园的所有经济活动全面监督,保证各项财务活动正常有序进行。财务监督是贯彻国家财经法规以及幼儿园财务规章制度,维护财经纪律的保证,各幼儿园必须接受国家有关部门的财务监督,并建立严密的内部监督制度。加强财产审计监督和财务检查,可以避免盲目花钱、不讲经济效益的情况。幼儿园的资金来之不易,必须加强监督、严格管理,杜绝出现损公肥私、贪占挪用等违法乱纪行为。幼儿园的财务监督包括事前监督、事中监督、事后监督三种形式,各园可根据实际情况对不同的经济活动采取不同的监督方式。

（三）注意事项

随着幼儿园经营活动的增加,幼儿园管理人员必须学习财务管理知识,使有限的资金发挥最大的效益。为此,在财务管理工作中应该注意以下事项。

1．处理好收入与支出的平衡

每年做好预决算,分析收入与支出的情况,不断总结收支平衡中存在的问题。积极探索幼儿园经费使用特点,摸索出幼儿园资金分配和运用的规律。

2．处理好投入与产出之间的关系

幼儿园投入与产出的关系是指培养人才的质量数量要求和工作成果的关系。教育成本与生产成本不同,它是一种软性因素,不像生产成本那样可以测量,所以容易被忽视。在进行成本核算时要注意将教育成本纳入财务管理之中,科学地计算成本,充分发挥各种资源的优势,努力降低成本,挖掘教育资源的潜能,使其发挥最大的效能。有些幼儿园盲目追求高档次,不注意投入与效益的关系,如将幼儿园室外大面积铺上大理石,致使幼儿园的绿地和花草减少,人为地将幼儿与大自然隔绝起来,既花费了大量资金,又不利于幼儿的健康成长,得不偿失。

3．处理好开源与节流之间的关系

在市场经济条件下,开源已成为幼儿园一项十分艰巨的任务,幼儿园管理者不仅要考虑教育教学质量,还要考虑多种渠道筹措资金。开源要与节流结合起来,只开源不节流就成了"败家子"。开源是十分不易的,它凝聚着许多人的辛苦,应该珍惜它,而不能因为有钱就浪费,就大手大脚。相反,如果只知道节流,不善于开源,也是不能适应市场经济发展的,这是一种十分被动的做法。因此,开源和节流缺一不可,它们是幼儿园财务管理的两大"法宝"。

4. 处理好长期目标与近期目标之间的关系

幼儿园应该有自己长远的规划,这些规划可能不是短期内可以实现的,需要长期的过程。如师资队伍的建设,这不是短期内可以完成的。教师数量的增加不等同于师资队伍的建设,师资队伍的建设包括更广泛的内涵,其中提高教师的素质与水平是最核心的问题。因此平时就要注意教师队伍的建设,要有计划、有投入。不要认为它周期长、不易见效,就不给予投入,眼睛只盯着那些装修、购买大型玩教具等短、频、快的项目。既要有远见,又要解决好当前出现的问题。财务预算要处理好长期目标与近期目标的关系。

三、幼儿园物品管理

对物品的管理是指幼儿园对各种物质条件的管理,包括环境、房舍、玩教具及其他物品。对物的管理是总务后勤管理工作中一项十分重要的内容,也是一项比较繁琐的工作。

(一) 管理的内容

1. 对环境的管理

环境是幼儿园的门面,环境管理得如何直接影响着幼儿园的形象。幼儿园的环境应该是清洁、安全、美观、充满童趣的。幼儿园的环境包括室内环境和室外环境。

室内环境要根据各年龄班幼儿的不同特点进行布置,要有幼儿的参与。材料的摆放要适合幼儿动手操作,材料的数量要多、种类要丰富。环境布置要有动感,可以根据需要进行改变和调整(见图6-1)。比如,春天应该是春天的景象,秋天是秋天的景象,不能已经是夏天了,墙壁还挂着堆雪人的图画,这是十分不和谐的。环境不是摆设,它应为教育服务,成为教育的重要手段之一。

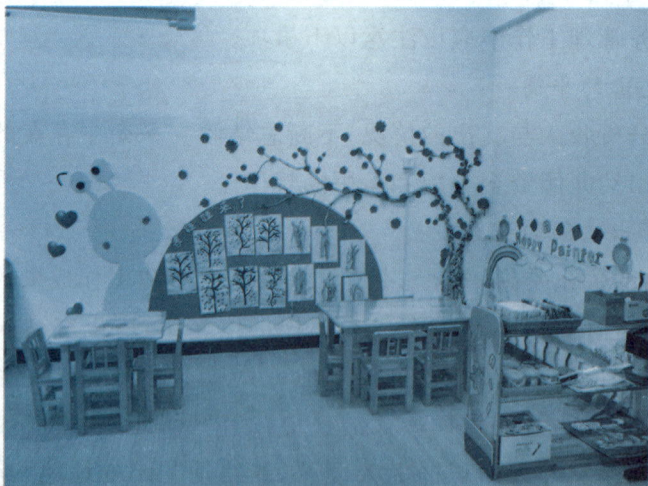

图 6-1 室内环境布置

室外环境要根据幼儿园的特点美化,尽量扩大绿地面积,做好绿化工作。让幼儿置身于充满生机的自然环境中。另外,室外环境要有总体规划,大型玩具的摆放要整齐、错落有致。有条件的幼儿园可以开辟沙地、幼儿种植园、动物饲养角,为幼儿提供探索、观察、饲养的机会(见图6-2—图6-5)。对大型玩具要定期维修,保证幼儿安全。各玩具在摆放时要间隔一定的距离,以免离得太近,幼儿玩时由于拥挤而发生危险。

图 6-2 草坪

图 6-3 沙地

图 6-4 种植园

图 6-5 动物饲养角

2.对房屋的管理

房屋要配套,主要包括活动室、寝室、卫生间。房屋的装修要美观、实用、方便。有些幼儿园盲目地追求豪华,不考虑教育特点的做法是不可取的。对房屋要定期维修,以免发生危险。要充分发挥房屋的使用率,尽量不造成浪费。比如寝室利用率不高,可以做一些柜子床,平时将卧具收起来,房子可做活动室,幼儿睡觉时,再将柜子打开,这样就提高了寝室的使用率(见图 6-6、图 6-7)。

图 6-6 功能一:活动室

图 6-7 功能二:寝具

3. 对玩教具的管理

幼儿园各班应配备一定数量和种类的玩具,若有条件可以多配一些,基本能保证班里的孩子人手一份。目前,市场上的玩具很多,价钱较贵,幼儿园要量力而行。买不起进口的玩具,可以买国产玩具,甚至也可以收集废旧物品自制玩具,只要安全、无污染即可。玩具应摆放整齐,定期检查,定期清洗,经常清毒(见图6-8)。要注意培养幼儿自己收拾、整理玩具的习惯和能力。要教育幼儿爱护玩具,不乱扔乱摔。

各园应有存放教具的地方,并由专人管理。各类教具根据教学需要可按作业、游戏、劳动等分类编号,分柜陈设。作业可按不同主题活动或各学科分类,做到件件有固定位置,存放方便,便于取用和复原。分类柜上应贴上编号或教具名称,编号或教具名称要醒目,以便于寻找(见图6-9)。

图6-8　玩具管理

图6-9　教具管理

4. 图书资料的管理

有条件的幼儿园应设图书资料室。图书资料室是用来存放报纸杂志、教学参考书、各类图书以及各类工作计划和总结的地方(见图6-10)。没有条件设图书资料室的幼儿园,可将图书资料室与教师备课室结合使用。图书资料室应有专人负责管理,在管理上应做到:① 定时开放图书资料室。图书资料室的钥匙应由图书管理人员掌管,并在规定时间内开放。② 图书资料室要保持干净、整齐、安静。图书资料应分类存放,摆设有序、整齐,使读者一目了然,查阅方便。③ 严格执行图书资料借还制度。

图6-10　图书资料室

5.对其他物品的管理

幼儿园管理的物品很杂,除玩教具外,还有一定数量的食品、生活用品和办公用品。这些物品应有专门的地方和专人管理,要制定相应的管理制度。

物品采购制度:建立健全的物品采购制度是物品管理的重要环节。具体内容有:① 及时、按时报账。要求采购员按照会议规定的时间报账,不得拖延,否则追究责任。② 遵守"一清""二结"的规定。采购制度应规定采购员报账要日清、周结、月结,使账不积压,以免丢失或忘记。③ 手续健全,符合财务要求,数额精确,不可含糊。④ 物品采购要保证质量,不得行贿受贿。⑤ 公私分明,不给私人代购东西,更不能将公家的东西占为己有,一旦发现应给予严厉处罚。

验收制度:各类物品验收后才能入库。新购入的物品凭发票入账,管理人员要核对发票的物品品种、数量、质量,并严格把好验收关;管理人员对购买的物品要登记;在购买物品时要注意多比较,尽量做到物美价廉;另外,一次不要购买太多,以免积压,造成浪费。购买物品要有计划性,不要临时"抱佛脚",想起什么买什么。

严格物品供应制度:幼儿园的物品繁多,为了保证物品及时供给,应该建立物品供应制度。其基本内容为:① 定专人负责物品供应工作。各部门、各班级所需物品的种类、数量应由负责人统一登记、分配。② 定时供应物品。由于物品种类繁多,各部门需要的物品又不同,很难统一发放解决,所以每个部门应安排 1—2 小时领取物品,这样可以随时满足各部门对物品的需求。③ 定量供应。物品供应不是无限量的,物品供给员要根据各部门、各班级的实际需要发放物品,若不够可填写物品申请表交给供应员。供应员要严格按照园内规定分发物品,决不能用公家财产做人情。④ 保证物品及时供应。物品供给员每日、每周、每月都应有物品供应计划,并做好各类物品供应表,这样,一旦发现哪类物品不足,就可以及时采购,不耽误使用。总务管理人员要根据幼儿园教学要求,有计划地改善教学条件,在教学工作的各个阶段,保证所需要的各种教学设备用品供应,努力创造良好的学习和工作环境。⑤ 建立领物登记簿。要求领取者填写物品领取的时间、种类、数量、姓名,便于核对物品的供应情况。

(二)注意事项

1.为教学服务

物品是教学的物质保障,幼儿园对物品的管理目的在于更好地搞好教学工环境,使教师能够心情舒畅、专心致志地完成教学任务。幼儿园物品管理人员要多了解教学,掌握教学的实际需要,从而做到想教学之所想、急教学之所急。

2.勤俭节约

要精打细算、不铺张、不浪费,当好"管家"。要严格执行物品管理制度,使全园教职工都形成艰苦奋斗、勤俭办园的行为习惯。采购员采购物品时要货比三家,尽量多为幼儿园省钱。有些物品可反复使用,如纸张画完画后,还可用来折纸。

3.逐步走向社会化

随着机构的调整,幼儿园的许多问题可以通过社会来解决。如物品的采购,可以通过电话联系,让商家提供上门服务;或者利用现代电子商务,进行网上采购,这样既节省了开支,也杜绝了不正之风的出现。

四、幼儿园事务工作管理

事务工作管理的内容包括许多方面,主要有招生编班工作、生活制度与作息时间的制定与编排、资料档案管理等。

1. 招生编班

招生编班工作具有较强的时间性。按照《规程》规定,幼儿园一般"每年秋季招生,平时如有缺额可随时补招"。招生数量与年龄通常依据本园规模和各方面条件确定。在当前市场经济背景下,幼儿园应考虑社会需要的多样化,积极挖掘自身的潜力,采取措施,发挥优势,满足当地社区和家长的需要。应贯彻相对就近入园的原则,做好当地招生工作。主要步骤如下。

首先,拟定招生布告,说明招生园名,介绍本园的基本情况、服务范围、特色等,说明招生人数、班级、招生年龄范围、招生日期,包括报名日期、发放通知日期等。园所要在地区或招生范围内张贴布告,供家长选择。

其次,组织招生报名工作。准备好报名单,由家长填写,招生时可了解幼儿的一些简单情况;发放体检表,要求家长带幼儿到指定医院体检,对体检合格的幼儿发放录取通知单。

再次,按录取名单编班,建立新生入园名册。班额要参照教育行政部门的有关规定并结合幼儿园实际情况决定。一般地,3岁以上年龄的幼儿是以1岁为限编班,也可以混合年龄编班;3岁以下则多以半岁为限编班。要建立全园幼儿名册及新入园幼儿个人资料,如健康卡、幼儿个人基本情况资料及幼儿家庭情况资料等。

对幼儿园现有班级要做好升班工作。对班级幼儿发展资料及班级资料要分类归档。如因需要调整更换班级保教人员,必须做好交接班工作。交接班的保教人员要对班级整体以及每个幼儿的身心发展情况、能力习惯、个性特点等方面及时作交代,注重相互沟通,了解掌握情况,以便师生之间尽快相互适应,顺利开展保教工作。

要做好开学前的各项准备。如必要的教具物质材料,包括幼儿生活用品、教师办公教学用品、各种表册等,还要清点班级的各种用品。

2. 生活制度和一日作息时间表的制定与编排

在编排生活制度和一日作息时间表时,要在考虑园所班级数、场地等实际条件的基础上,根据幼儿年龄特点加以制定。作息时间一般要根据季节加以调整。幼儿一日活动的安排要科学合理,动静结合,室内外结合,集体活动、小组活动与自由活动要交替进行,活动的安排要有利于教育方针的贯彻和游戏活动的开展。

3. 档案资料建设

过去,幼儿园不太重视档案资料的建设。幼儿园档案资料是行政管理中一项十分重要的工作。档案资料是办园的文件资料,有利于领导和管理人员不断积累经验、摸索规律,保证工作的连续性,提高管理水平;教职工的业务档案可以帮助我们系统考察其文化、业务水平,有利于教职工队伍的建设。档案资料管理要建立相应的制度和措施,要充分发挥档案资料的作用,既要重视它的保留价值,更要重视它的应用价值。

幼儿园档案资料建设的内容包括:① 人事档案,如幼儿名册、教工名册、上级部门下发的文件、向上级部门上报的文件表册、本园各年度或学期的各种工作计划与总结、园会议记录及工作检查记录、人员考勤记录、园务日志、园所历年大事记等等。② 职工业务档案资料,如保教工作笔记,专题报告,发表或未发表的论文,教师创作的教材、玩具,以及评价与奖励资料等等。③ 图书、玩教具资料等。④ 分类档案,包括保健工作档案、财会档案、财产资料表册等。

档案多,如果管理不善,会给工作带来许多不便。因此可以采取分层管理的办法,即将档案分出层次,由各个不同管理层次的人员分别管理。如幼儿园人事文书及职工业务档案,由园长管理;教研组长和班长管理近期的和日常的教养计划、总结,以及相关的会议资料等,如班务会议、教研会议记录。对这些工作应按照保教工作的阶段性，按期加以整理汇总，编排归档。

图书、玩教具资料的管理可以配备专职或兼职人员，将资料分类存放，并建立图书资料的收发、借还制度。

4.其他事务性工作

幼儿园事务性工作还包括许多琐事，其中，有一些工作是季节性的，如防寒、防暑等。另外，还包括要建立值班制度，如排好值班表等。

五、幼儿园教职工的福利待遇工作管理

幼儿园应根据本园实际条件，尽可能搞好教职工生活福利工作，要积极创造条件，帮助减轻职工家庭负担，方便职工生活，稳定情绪，使他们有更多精力投入工作。如解决职工用餐，有的园没有职工食堂，可与附近社会单位联系入伙或联系送餐服务；帮助解决和妥善安排职工子弟入学问题；还应考虑职工上班路远，在排班上适当提供方便；另外对住房困难的，也应在可能的范围内给予一定的帮助。

园长和教学主任要及时了解教职工的生活困难，努力帮助解决，从而调动教职工的工作积极性。

思考与练习

1. 幼儿园物质环境创设的一般要求是什么？
2. 在幼儿园财务管理中应该注意哪些事项？
3. 为什么要注重资料档案建设？如何做好这项工作？

第三节　幼儿园膳食管理

膳食管理是幼儿园总务工作管理中的重要组成部分，总务部门必须与卫生保健部门协作配合，做好这项关系到幼儿健康的工作。

一、健全管理网络，形成民主管理和监督机制

成立专门的膳食领导小组，自上而下包括园长、专职保健老师、班级保教人员、会计、食堂负责人及家长，层层分管，职责清晰，分工明确，加强对膳食管理的监督，从而不断地改进膳食管理工作。每学期定期召开工作会议，修订与完善各项膳食制度，并把各项制度装订成册，定期与不定期地对膳食制度执行情况进行检查。也可成立由领导、教师代表、保育员代表、家长代表组成的伙委会，每月召开伙委会会议，对本月膳食情况进行总结与反馈。伙委会要督促各项操作制度和卫生制度的执行；经常下班了解幼儿膳食情况和幼儿进餐情况，听取各方面意见；要定期研究改善幼儿伙食，使幼儿吃好，健康发育；伙委会还应责成财会人员定期向家长公布膳

食账目,配合家长的监督。每月对有关人员的工作进行逐层考评,激励与规范幼儿园的膳食工作。班级保教人员在膳食工作中,应努力营造良好的进餐氛围。幼儿进餐时,保教人员要做到不催、不急、不责,掌握幼儿的进餐量、进餐速度、进餐的特殊性(幼儿对哪种食物过敏,拒绝哪种食物,吃中药的幼儿有哪些禁忌等)。保教人员要针对所掌握的情况,对个别幼儿进行个别教育与照顾。

二、严格食堂管理,确保膳食质量

幼儿园膳食质量的好坏与食堂人员的工作有着密切的关系,抓好膳食质量主要是要做好"三把关"工作。一是把好卫生消毒关:食堂人员每天严格根据食堂卫生消毒操作要求做好各种消毒和记录,重视消毒实效,防止再次污染。二是把好验菜关:每天的膳食原料都要由固定的供货商送货上门,对送来的食品一律要进行验收,分别由教师代表、营养员、保健老师负责过目,分管领导不定期验收,保证每天的食品新鲜又保质。三是把好加工烹饪关:由于幼儿咀嚼能力、吞咽功能差,要求在加工食物时应对原料进行精加工,便于幼儿进食。幼儿免疫力差、抵抗力弱,因此还应把安全工作放在第一位,严格执行《食品卫生法》,做到食物生熟分开,不做凉拌菜,不吃隔夜菜,不吃不洁食物,不吃腌制食品,以确保膳食的优质保证。

三、严格执行饮食卫生要求,实行卫生"五四制"

搞好幼儿膳食,必须重视各项工作的操作制度的建立与执行,规范操作环节。要严格遵循卫生部、商业部有关饮食卫生规范要求的"五四制",即由原料到成品实行"四不"制度;成品存放实行"四隔离";用具实行"四过关";环境卫生采取"四定"办法;个人卫生做到"四勤"。做到责任到人,措施到位,如由专人按需采购食品,不买变质食物;由专人验收食物的质与量,建立验收制度;库房由专人管理,建立出入库账目;主食品验收后入库,库存不宜过多;粮油、糖等食品按需领取;膳食烹制后,由专人检验质量等。

园领导和保健医生要深入伙房了解膳食状况,检查督促炊事人员认真执行制度,及时发现问题,并给予切实的指导。管理膳食一定要严格细致,避免因工作疏忽可能给幼儿的健康和安全带来的危害。

四、为幼儿提供合理的营养膳食

幼儿期是身体发育成长的关键时期,孩子能否在幼儿园里健康成长,关键在于幼儿园是不是能够每天为孩子提供合理的膳食。《指南》明确指出,"成人应为幼儿提供合理均衡的营养,满足幼儿生长发育的需要"。因此,为幼儿提供合理的营养膳食,是幼儿园膳食管理中最基本也是最重要的工作。幼儿园只有做好膳食管理工作,才能保证幼儿获得足够的营养,促进幼儿身体健康成长。要想圆满地完成这一工作,需要注意以下几点。

(一) 制定食谱,平衡膳食

膳食管理首先要计划膳食。参照《中国孕期、哺乳期妇女和0—6岁儿童膳食指南》,为幼儿提供谷物、蔬菜、水果、肉、奶、蛋、豆制品等多样化的食物,均衡搭配。根据中国营养学会推荐的每日膳食中营养素供给量的标准,以膳食营养调查结果为依据,以食物金字塔理论为指导,制定出适合本地区当前的营养平衡食谱。通过制定食谱,使幼儿能够从每日膳食中得到符合标准的各种营养素,保证其生活需要,同时也便于有计划地供应幼儿的膳食。如何制定合理的食谱? 主要应依据以下原则。

第一,选择营养价值较高的各种食物,通过合理搭配,使幼儿能够得到足够的热量和营养量,满足其生长和活动的需要。

第二,幼儿每日摄人的食物中所含蛋白质、脂肪、碳水化合物之间要有合理的比例,应各占热量的 12％—15％,25％—30％,55％—60％。

第三,幼儿每日所需蛋白质中,动物蛋白质与植物蛋白质应各占 50％。

制定食谱时,首先要参考伙食标准,以确定八大类食物的合理进食量,进行营养摄入量的计算,再按早餐、午餐、晚餐及两点各占热量的 25％、35％、30％、10％左右的比例分配在三餐两点中。要结合当地饮食习惯、季节和市场供应情况选择八大类食物,科学搭配,制定出带量食谱。

食谱的制定还要干稀搭配,荤素搭配,粗细调剂和甜咸搭配,应少让幼儿吃甜食、煎炸、烧烤和腌制食物。根据这些考虑,将各种食物以主副食形式合理地安排在一周五天的三餐两点中,使之成为一份营养平衡的周食谱。食谱应每周更换一次。

(二) 计量制作,烹制合理

幼儿伙食要注意计量制作,每日依幼儿实际出勤人数计算当日副食品用料的分配量进行烹调制作。要注意掌握幼儿每餐实际进食量和对食物的兴趣。

五、认真做好膳食分析,充分发挥膳食评价的作用

膳食分析的目的在于了解幼儿每人每日从膳食中摄取的热量和各种营养素的数量与比例是否能够满足其生理需要。定期进行膳食调查分析,掌握幼儿营养状况和发育水平,及时发现问题,采取适当措施,改进幼儿膳食营养状况。

膳食分析可从以下方面入手:各类食品摄入总量的分析——分析每日各类食品摄入量是否平衡,食谱安排是否合理;各类营养的一日摄入量分析——将谷类营养素与供给量作比较,了解是否达到营养的需要;热量、营养素来源的分析及营养素比例的分析——如分析蛋白质来源于动物食物、豆类食物、谷类食物及其他植物性食物的比例,分析蛋白质、脂肪、碳水化合物的比例是否适当等。

此外,还可以进一步结合膳食分析调查和幼儿定期体格检查,对幼儿的营养状况作出评价,为幼儿膳食计划的制定与营养状况的改善提供依据与指导。

膳食调查和评价工作由保健医生或保健员负责,应定期向园领导和伙委会汇报调查结果。同时园领导也应深入食堂加强检查督促。领导亲自过问,一方面可了解膳食状况,检查督促炊事人员认真执行制度,及时发现问题并给予必要的指导,同时可提高炊事人员的工作积极性。

案例

××幼儿园一周营养食谱

	星期一	星期二	星期三	星期四	星期五
早餐	小花卷 香肠炒鸡蛋 清炒土豆丝 木耳粥	南瓜发糕 酱猪肝 海米西芹包菜 鸡汤面	千层饼 卤蛋 小炒萝卜丝 五彩拌汤	蔬菜卷 蒜蓉肉肠 鲜菇油菜 凤凰玉米羹	红薯饼 小花卷 小炒莲菜木耳 肉丝菠菜豆腐汤
早点	牛奶 腰果	酸奶 蛋酥卷	牛奶 小面包	牛奶 石头饼	酸奶 米多奇
午餐	金银米饭 海带小酥肉 黄瓜炒三丁 白菜炖豆腐 棒骨汤	菠菜面条 什锦鸡丝卤过油肉 双脆时蔬 冬瓜排骨汤	红豆米饭 土豆炖牛肉 大烩菜 银耳雪梨汤	炸酱面 番茄土豆炖茄子 娃娃菜烧豆腐 白萝卜消食原汤	米饭 冬瓜炖排骨 地三鲜 蒜蓉生菜 番茄蛋花汤
午点	火龙果	苹果	香蕉	蜂蜜梨汤	橘子
晚餐	蔬菜饼 滑熘鸡片 白萝卜榨菜丝 南瓜小米粥	腐乳卷 糖三角 鸡汁娃娃菜 丸子汤	蔬菜炒煎饼 青椒炒鸡蛋 黑米粥	豆沙包 蒜蓉焖双花 虾皮紫菜汤	鲜肉包子 清炒茴子白 红薯粥

思考与练习

1. 下列不属于幼儿园教师工作职责的内容是( )。

    A. 观察了解幼儿,制定教育工作计划

    B. 知道调配幼儿膳食,检查食品安全

    C. 创设良好的教育环境,合理组织教育内容

    D. 与家长保持经常联系,共同完成教育任务

2. 应该给小班幼儿提供哪种类型的玩具材料?( )

    A. 种类多,体积小

    B. 数量多,体积小

    C. 数量多,体积大

    D. 种类多,体积大

3. 幼儿园膳食管理的基本要求有哪些?

4. 幼儿园膳食管理中的"五四制"指的是什么?

5. 请根据所学知识,并查阅相关资料,为幼儿园制定一份幼儿园一周食谱。

第七章 幼儿园安全工作管理

思维导图

学习要点

◇ 安全工作在幼儿园工作中的地位及重要意义
◇ 幼儿园安全工作管理应遵循的基本原则
◇ 幼儿园安全工作管理的具体内容和方法

导 语

　　幼儿园的安全工作是各项工作的重中之重。本章从两个方面阐述了幼儿园的安全工作的重要性,旨在使幼教工作者明确幼儿园安全工作是保护幼儿的生命、保证幼儿全面发展的重要内容,要高度重视幼儿园的安全工作及管理。在学习的过程中要结合幼儿身心发展的特点,注重对幼儿进行安全教育,使幼儿从小养成安全生活必需的习惯和态度,为幼儿一生可持续发展打下良好的基础。

第一节 幼儿园安全工作概述

　　幼儿园的安全工作是幼儿园一切工作顺利开展的前提,涉及整个幼儿园的教育教学活动及一日生活的各个方面。幼儿园又是集体教养机构,每个幼儿的安全都至关重要。

一、幼儿园安全工作的地位及意义

(一)幼儿园安全工作的地位及对安全问题处理的依据

1. 幼儿园安全工作的地位

　　《纲要》中明确指出:"幼儿园必须把保护幼儿的生命和促进幼儿的健康放在工作的首位。"由此可见,幼儿园安全工作应放在各项工作的首要位置,而这一地位的形成可以从以下几个方面加以证明。

　　首先,幼儿园是对幼儿实施教育的专门机构。它所教育的对象一般来说是3—6岁的幼儿。幼儿的特点是年龄小、好动、有强烈的好奇心,但是他们的体力有限,知识经验缺乏,不能对危险的事情做出正确的判断,也不能预见行为的后果,难以保护自己。

同时,幼儿园又是众多幼儿集体生活的场所,幼儿的安全至关重要。幼儿园作为集体保育和教育的机构,必须对幼儿的安全负责,保证幼儿在园的安全。

其次,随着社会的发展,对幼儿园的任务提出了越来越高的要求。家长不再满足于孩子仅仅能吃得好、长得壮,而希望孩子在幼儿园能受到良好的教育。幼儿园安全工作的好与坏,在很大程度上影响着教育的质量,关系到每个幼儿是否能够健康成长,甚至关系到每个幼儿的生命安全,它牵动着千家万户家长的心。幼儿园一定要把安全工作放在各项工作的首要位置。

再次,幼儿园教育是整个幼儿教育的核心。幼儿园教育作为基础教育的重要组成部分,担负着为人才培养奠基的光荣任务。幼儿园教育水平的高低直接影响着整个社会的幼儿教育水平。幼儿园教育水平能否真正得以发挥,取决于幼儿园安全保障工作是否到位。

幼儿园的根本是安全,只有在安全的基础上才能谈教育、谈多种模式。只有安全,孩子们才能开心地在幼儿园成长。幼儿园的安全工作关系着幼儿园的任务能否很好地完成,关系着幼儿教育的质量。要想使幼儿园办成社会满意、家长放心的教育场所,安全工作就必须放在首要的位置。

2. 幼儿园安全问题处理的依据

幼儿园安全问题的处理,主要依据中华人民共和国教育部《中小学幼儿园安全管理办法》和《学生伤害事故处理办法》两个文件。

《中小学幼儿园安全管理办法》是专门针对中小学、幼儿园作出的安全管理规定,对人民政府有关部门的安全管理职责、对校园周边和校内安全管理、对安全教育等方面作出了全面的规定,重在加强管理,预防发生安全事故。一旦发生了学生伤害事故,则要依据《学生伤害事故处理办法》的规定,对学校、学生和其他有关主体的责任进行认定与事故处理,重在事故的及时妥善处理。

《中小学幼儿园安全管理办法》与《学生伤害事故处理办法》为学校、幼儿园的安全管理工作提供了全面的依据和法治保障。

(二) 幼儿园安全工作的意义

幼儿园教育担负着促进幼儿全面发展的重任。维护幼儿的生命安全是每一位教育工作者的重大责任和义务。因此,安全工作是幼儿园管理的一个重要的方面,为了保护幼儿的生命,保证幼儿的健康,安全工作在幼儿园工作中具有极其重要的意义。

1. 幼儿园安全工作保证幼儿身心全面发展

幼儿园安全工作的对象是正在发育和成长中的幼儿。幼儿正处于生长发育的关键时期,他们生长发育迅速,但是身体尚未发育完善,容易受到伤害;幼儿适应环境的能力又不强;加之,幼儿身体结构形态还没有定型,其行为习惯与个性也处于正在逐步形成的过程中。幼儿园必须建立必要的安全措施,科学合理地安排幼儿的一日生活,保证幼儿一日在园的安全。幼儿园的安全工作应做到幼儿没有感到压抑或受到伤害,并在自然而然的状态下使幼儿得到应有的保护。

同时,进行安全常规的培养,从而形成良好的安全生活的习惯和态度,促进幼儿身心健康、和谐、全面地发展。

2. 幼儿园安全工作保障教养工作正常有序地进行

安全工作在幼儿园这一特殊条件下有着特殊的使命。幼儿园是集体保育和教育的机构。幼儿园保证幼儿的人身安全和心理安全是前提。实施集体保育和教育必须注重安全工作,创设完善的环境,采取必要的安全措施,使在集体中生活的幼儿尽量避免意外事故的发生,保证全体幼儿的生命安全,保障幼儿园教养工作在正常有序的条件下进行,是提高工作效率和教育质量的有效途径。

二、幼儿园安全工作管理的原则[①]

(一)预防为主,防患于未然

幼儿园很多事故,除了少数不可预测的突发事件外,其主要还是因当事人责任心不强而造成的,使大家充分认识到自己肩负的责任重大。事先预料可能发生的危险,对各项工作要做到细微之处,并积极采取必要的防范措施,杜绝事故的隐患,加强责任心和使命感。在提高认识的前提下以预防为主,避免不必要的事故的发生。这是幼儿园安全工作管理的首要原则。

预防为主不是一味地消极预防,要采取积极的措施,注意对幼儿进行安全教育,养成安全生活必需的习惯和态度,防患于未然。

在《中小学幼儿园安全管理办法》中已明确指出:小学、幼儿园安全工作最重要的目的就是预防各类安全事故的发生,即"安全第一,预防为主"。为此,《办法》还确定了"积极预防、依法管理、社会参与、各负其责"的安全管理方针。

(二)组织有序,和谐自然

各项活动的组织应做到充分、合理、井然有序,这是稳定幼儿情绪很重要的因素。幼儿情绪不稳,易波动。如果活动组织无序,就会出现秩序混乱的现象,从而使幼儿的情绪受到影响,产生浮躁的心理。这容易造成不安全因素的隐患。

(三)提供充分的活动时间与空间

为了使幼儿避免危险,教师应注意为幼儿提供较充足的活动的时间,让其在富足的时间中安排自己的活动。要尽量扩充幼儿活动的空间,把好的、大的房间让给孩子,保证幼儿充分的活动。

(四)教育与信任并重,处理好"管"与"放"的关系

"管",即教师应教育幼儿了解行为规范,严格按照要求和规章制度办事,加强管理与指导;"放",即不过分限制幼儿身心发展的需求。

因为幼儿好动、好奇、好模仿,有极强的探险精神,这给幼儿园的安全工作管理带来一定的难度。事实上,在幼儿园的实际工作中为了幼儿的安全而限制幼儿的活动,减少甚至禁止幼儿自由活动的现象十分多见。这种做法无疑有悖于幼儿教育的原理,不利于幼儿身心健康的发展。

正确的做法是:幼儿园应该教育与信任并重,使幼儿掌握安全常规,培养自我保护能力和安全意识。与此同时,以活动促发展,促进运动和协调行为能力的提高。正确处理好"管"与"放"的关系,使幼儿不感到压抑或受到伤害,在自然而然的状态下得到应有的保护,而不是硬性限制,单纯禁止幼儿的自由活动,因噎废食是安全之大忌。

? 思考与练习

1. 幼儿园安全工作的地位及意义是什么?
2. 幼儿园安全工作管理的原则有哪些?
3. 为什么班级教师对幼儿进行安全管理与教育要"管""放"并行?

---

① 张燕.幼儿园管理[M].北京:北京师范大学出版社,1997.

第二节 幼儿园安全工作管理的内容及方法

一、建立完善的幼儿园安全管理制度

让幼儿幸福、快乐、健康、安全是幼儿园和所有家长的美好愿望,要实现这一愿望,必须有严格的管理措施。在《规程》中明确规定了幼儿园安全,从制度保障、安全标准以及安全意识方面都作了明确的规定,对幼儿园园长及教师有明确的安全职责。

(一)建立健全规章制度,构建平安幼儿园所

幼儿园内幼儿发生的意外伤害,许多是因为机构内各项规章制度不健全、工作人员安全意识不强、安全措施不到位造成的。因此,幼儿园要建立健全各项安全制度,确立"安全第一责任"的思想。

首先,幼儿园应成立由园长牵头的专项工作领导小组,园长负责,副园长分管,班组长具体落实。实行"层层把关,防范第一,定人定岗"的安全工作管理模式;按照"谁主管,谁负责,谁在岗,谁负责"的原则,将各项安全管理工作细化分解,具体责任到人,如幼儿安全接送制度、安全管理制度、交接班制度、园舍安全检查制度、大型集体活动安全制度、安全事故考核制度、安全隐患排查报告制度、重大事故报告制度等,以及突发事件应急预案、防食物中毒预案、预防楼梯间拥挤伤亡事故工作预案、消防应急预案等。

各岗位与幼儿园签订《安全管理责任书》,组织学习《安全工作制度》细则,明确规定各个岗位安全工作的内容、各自责任范围、各个环节要注意的问题和工作要求,营造全园人人都有安全防范意识、人人都有监督岗位、人人都知晓安全防范措施、人人都是安全卫士的良好氛围。

幼儿园要高度警惕和防止幼儿溺水、跌伤、烫伤、触电、煤气中毒、食品中毒、走失等事故的发生。为了便于落实,在制度的制定上结合本园的实际,力求严格周密、具有可操作性的特点,完善制度管理,为幼儿园的安全教育管理奠定良好的基础。

其次,具体分工,明确职责,把各项工作落到实处。

幼儿园安全管理工作可以分成后勤综合治理安全、食堂管理安全、教育教学活动安全、卫生保健安全四大部分,责成部门主管领导担任各组安全工作组长。例如:后勤由后勤副园长担任组长,食堂管理由伙食管理员担任组长,教育教学活动由教学副园长担任组长,卫生保健由保教主任和各教研组长为各组的安全负责人,明确各自的职责。

同时,对每一个工作岗位的教职工给予明确的安全工作责任分工,如班长岗位安全工作职责、保育员岗位安全工作职责、安全检查维修人员工作职责、保健医生安全工作职责、食品采购员安全工作职责、门卫安全工作职责等,做到时时有人抓,处处有人管,避免推卸责任现象的发生。

园领导不仅要注意宣传教育,将各项制度公布上墙,加强群众监督,还应对制度执行情况进行定期检查和经常性督促指导。一旦发现问题不要隐瞒,立即向有关人员报告,及时采取措施加以解决,避免意外事故的发生,同时认真分析问题的原因,注意防微杜渐,把安全隐患消除在萌芽状态。

最后,要定期召开安全工作会议,落实安全责任和自查自纠责任,做到年初有计划、年中有小结、全年有总结,进一步完善幼儿园安全工作的网络机构。齐抓共管,为全园师生营造一个安全、安静、和谐、健康的学习和工作环境,努力构建平安和谐的幼儿园所。

案例

校车安全事故

据新京报网报道,2019年6月18日上午8时许,辽宁省凌源市××幼儿园园长兼司机荣某某在接孩子去幼儿园时,将一名4岁男童马某遗忘在车内,车上有2名幼儿园老师,当日下午16时许,发现马某在车内已死亡。

【评析】

这件事反映了幼儿园园长本身安全职责不到位,安全意识不强,导致教师也无安全意识,值得深思。

(二) 重视安全工作,提高安全意识

幼儿园安全工作涉及全园各个部门,园领导要加强对全园教职工的职业道德教育和安全教育,提高全园教职工的安全意识。牢固树立"安全第一"的思想,高度重视安全工作,形成全园重视安全工作的局面。全园教职工要把幼儿安全问题置于头等重要的位置来抓,对幼儿园安全工作有足够的重视,要增强教职工对工作的责任感、使命感,强化安全意识,认真细致地做好安全保护工作。要克服麻痹思想,避免意外事故的发生,做好预案。这是一项长期而复杂的工作。

幼儿园除了少数不可预测的突发事件外,很多事故主要还是当事人责任心不强,安全意识淡化造成的。让大家明确认识到安全工作是人命关天的大事,安全工作人人有责,认识到自己肩负的责任重大,使教职工在思想上对安全工作高度重视,引以为戒。领导要经常检查督促,杜绝事故的发生,这是一项长期而艰巨的工作。

案例

教师擅离岗位之后①

一天中午,某幼儿园中班的大部分幼儿都睡着了,还有个别幼儿没睡。这时,值班教师便到别的班去倒开水,并聊了一会儿。待她回班后,发现一名幼儿头部红肿。问其原因,是刚才教师外出后,他在床上玩耍,不小心摔伤的。教师赶忙帮幼儿揉了揉,便安抚他睡了觉。下午当家长接孩子看到幼儿伤情时,非常生气,要求领导解决处理。

【评析】

幼儿园是对幼儿实施保育和教育的机构。该教师在工作期间擅离岗位,是造成幼儿摔伤的主要原因,是事故的主要责任人。同时,还应在全园加强职业道德教育,严格岗位职责,杜绝类似事件的发生。还应指出的是,该教师对幼儿摔伤后的处理是不科学的。按照幼儿卫生保健常识的要求,如果摔伤后,只采用简单的揉一揉的方法,不但没有效果,还可能引出不良后果。因此,教师掌握必要的保育保健知识是非常必要的。同时,幼儿园也应有明确的制度,规定在幼儿受伤后保教人员必须及时带幼儿就诊,防止更严重的后果。

---

① 李志宇,谢志东.幼儿园法律问题案例评析[M].北京:知识出版社,2002.

(三) 建立幼儿接送制度,防止走失[1]

1. 加强门卫工作的管理

首先,幼儿园应选择做事仔细、有责任心的门卫,负责管理园所的大门。园所的大门应只在接送时间对外开放,其余时间一律关上,防止幼儿溜出园外。非接送时间接幼儿的家长,应出示证件,进行登记。到幼儿园办事的外来人员应认真做好登记,严禁身份不明、无正当事由、推销商品等社会闲杂人员进入园内。

其次,加强对门卫的管理,认真监督门卫人员执行门卫工作制度的情况,并经常检查门卫的来客登记、盘问制度的落实情况,以确保幼儿园正常的教学秩序,保证幼儿园的安全。

2. 建立班级的交接班制度

各班应建立严格的交接班制度,保教人员在工作期间不得擅自离开幼儿,教师在带领幼儿进行活动前后都应清点幼儿人数,防止幼儿独自离开集体。

3. 建立并严格执行接送制度

为了幼儿的安全,幼儿园应建立严格的接送制度,要求幼儿的接送者必须是幼儿的父母、祖父母或固定的接送人。如果临时改变接送人,应提前与教师打招呼,并带接送人来园与教师相认。除此之外的一切外人,都不得接走幼儿。

教师应认真执行以上规定,每次应把幼儿亲自送到家长手中。把好教室的门,防止幼儿擅自离开教室。

案例

提高警惕不松懈

据云南网报道,2017年11月2日下午4点半左右,一名中年男子来到云南昭通彝良县角奎镇一幼儿园,自称受家长委托帮忙接孩子,并能准确说出孩子的姓名,因为是从未见过面的陌生人,当时2名幼儿园教师格外警惕,及时识破该男子的行为,孩子没被接走。

【评析】

此事件暴露该幼儿园进出门管理制度还不完善,陌生人能随便进入,但也反映出教师的防范意识和能力很强,孩子的安全得到了保障。

二、创建安全的幼儿园环境

幼儿园要为幼儿准备温暖、舒适、安全的学习和生活的环境。评价幼儿园环境首要的、最基本的条件就是要合乎安全。只有安全的设施、设备、用品,才能确保幼儿的健康成长。

(一) 幼儿园的物质条件要符合幼儿年龄特点,符合国家确定的安全标准[2]

国家教委、建设部、卫生部多次联合或单独发布文件,对此作了有关规定。《城市幼儿园面积定额》《托儿所、幼儿园建筑设计规范》《托儿所、幼儿园卫生保健制度》《幼儿园管理条例》《幼儿园

---

① 万钫.幼儿园卫生保育教程[M].北京:北京师范大学出版社,1999.
② 徐帮学.幼儿园课程设计与幼儿发展评价实用手册[M].长春:北方妇女儿童出版社,2003.

工作规程》等都在幼儿园的园舍设施、教具玩具、生活用具的建设和配备上,要求符合国家的安全标准,符合幼儿发展的特点,符合保育、教育的要求。因此,幼儿园物质环境的安全应注意以下四个方面。

1. 幼儿园的园舍、设施、设备应是安全的

① 幼儿园应设在居民区,清洁、安静、无污染,不靠近河塘及交通要道,周围环境安全,园舍基地应选择地势平坦、场地干燥坚实、易于排水的地段,要有足够的用地面积。

现在幼儿园的建筑一般都是楼房,楼房不易过高,最好不超过四层。建筑以南向或东向为宜,这样有利于室内采光。为了便于儿童上下楼和保证安全,楼梯每一踏步不宜高于12厘米,踏步的深度约26厘米。楼梯的坡度不宜大于30度。楼房的楼梯应有扶手、平台要有护栏。楼梯栏杆高度不得低于120厘米,每个栏杆的间距不得大于11厘米,中间不设横向栏杆[①]。材料应安全、无毒、不开裂、不掉色、无放射源、无气味。班级的安排应是:小、中班设在楼下,大班设在楼上。

幼儿园的家具、设备在材料的性质、款式、大小等方面都应适合儿童的生理特点,无论何种质地,边角都要做成圆角,没有锐利的棱角,杜绝导致外伤的各种因素。活动室内的家具宜摆放在角落或靠墙的位置,家具的数量以满足日常生活和幼儿活动的需要为宜。家具要牢固,没有尖角和裂缝。门上不宜加弹簧,以免碰伤。

桌椅要适合就座幼儿的身材,安全、坚固。

为了幼儿的安全以及便于幼儿自己整理被褥,床不宜太高。一般为30—40厘米。儿童用床四周应有栏杆,必须坚固结实。床与床之间应留有过道,以便教师能够照顾到每个幼儿[②]。

定期检修房屋内外墙、门窗、地板、天花板、楼梯、栏杆等,加强对各类用房的保养与管理,保持房屋和各种设备的整洁完好,给幼儿提供一个安全的物质生活环境。

② 幼儿园的场地要平整,大型运动器械要安全、适用、坚固、耐用。运动器械之间的位置要摆放合适,避免过分拥挤。大型玩具要安装牢固,设施、设备要指定专人定期检查、维修、保养,防止年久失修发生意外。大型运动器械的使用应有专门的保护措施,如下面铺垫软垫或沙土,以确保幼儿的安全。

学前儿童体育活动场地以草地或泥地为宜,必须清洁平坦,不得留有任何会给儿童带来损伤的异物,如玻璃、石块、碎砖、木桩等。体育活动场地和游戏场地雨后要迅速排水,场地内也不得留有积水。

③ 幼儿园要按消防部门的要求配备足够的消防设施,有足够的走火通道。电灯及电源插座应安装在幼儿接触不到的地方,严禁幼儿自行开关电灯、电扇、电视机等。如有电线老化的现象,要及时处理,避免幼儿触电或发生其他伤害。热水瓶、火柴、刀、剪、图钉等应放在幼儿拿不到的地方。不得采用明暖气管,冬季用火炉取暖要设护挡,以免幼儿烫伤。

④ 每个学期初幼儿园对房屋、场地、大型玩具、用具等使用情况进行全面检查,消除不安全因素。学期末检查维修房屋、场地、家具、用具及水电,为下学期开学做好准备。

每班的教师在每学期的开学初,应对教室里的每个角落进行全面检查,彻底排除不安全因素。教室里物品的摆放,先考虑到是否安全,然后做到科学、合理、有序。平时不用的插座,尽量用玩具柜、床铺挡住,以免幼儿用手触摸,发生危险;平时常用的插头、插座要告知幼儿,并提醒

① 王普华.幼儿园管理[M].北京:高等教育出版社,2005.

② 徐帮学.幼儿园课程设计与幼儿发展评价实用手册[M].长春:北方妇女儿童出版社,2003.

幼儿不动它们。教师要为幼儿创设一个温馨、安全的生活、活动环境。控制环境中不安全因素,将班级内的不安全因素降至为零,事先预料到可能发生的危险,加强防范,保证幼儿在教室里的安全。

2.教具、玩具、生活用具的配备及管理

(1)玩具的安全

儿童离不开游戏,游戏离不开玩具,玩具对于儿童的全面发展有着积极的促进意义。玩具是幼儿每天都要使用的,应该避免玩具给儿童带来的伤害。从玩具的购置、使用到保管都应首先考虑保证幼儿的安全。

① 玩具的购置应注意[①]以下几个方面。

首先,应结实耐用。因为,幼儿园的玩具使用的人数多,容易破损的玩具不仅造成经济损失,而且会影响儿童的活动,甚至对儿童的肌肤造成潜在的危险。

其次,不含有毒物质。禁止利用有毒材料制作玩具,如含有未充分缩合的酚和醛的酚醛塑料、加入有毒增塑剂的聚氯乙烯塑料等都不能用作玩具材料。除此之外,由于儿童喜欢将玩具放入口中,玩具所涂颜料含有的铅、汞、砷及其他有毒物质都必须低于有关卫生指标,一般还应在有色颜料的上层涂抹 2—3 层透明胶,以形成牢固的保护薄膜,而颜料和透明胶漆都必须无臭无味,不溶于唾液、胃液和水。

再次,安全可靠。玩具的表面要光滑,特别是木制的玩具更应注意,以防刺伤幼儿。布制玩具的填充物要选用无毒、质软的材料。对儿童身体容易产生危害的玩具应禁止使用。有的玩具性能不适合幼儿,如玩具钢珠手枪、喷水手枪等,对幼儿的眼睛会直接造成威胁,幼儿园不应购买。有的玩具由于使用后破损,出现锐利的棱角而构成危害,必须经过修理才能使用。有的玩具会产生噪音,损害幼儿的听觉,应避免使用。有的玩具体积过小,幼儿易误吞,教师应提醒幼儿注意并采取有效措施。用口吹响的玩具,如口琴、口哨、喇叭等,不宜在幼儿园使用。塑料袋、薄质织物袋不宜当玩具,以防幼儿将其套在头上,口鼻被紧裹而造成窒息。玩具的大小、轻重应适合幼儿使用。

根据上述卫生要求,在购置玩具的时候应在种类繁多的玩具中认真挑选,一般首选塑料玩具,其次亦可选金属、木制及橡胶玩具。

② 教会幼儿玩玩具的方法,尤其是户外大型玩具,应让幼儿掌握游戏常规。对于需要成人指导才能玩的玩具,一定要在教师的指导下进行,如一些需插电的电动玩具等。

③ 注意玩具的维修和保管。如定期给玩具消毒,对残旧的玩具要及时修理或丢弃。对大型户外玩具要经常检查、清洁,如沙池,要定期清理,避免某些尖锐物体刺伤幼儿。

(2)文具的安全

幼儿使用的画笔、铅笔、蜡笔及绘画颜料等,不能含有毒物质。笔杆上所涂颜料应不易脱落,透明胶漆膜应不溶于水和唾液。

(3)着装的安全[②]

① 幼儿衣着选择的主要原则:幼儿服装要具备舒适、方便和安全的功能。

安全是指服装的扣子、带子等不会导致意外事故。幼儿避免穿太长的裙子、太大的衣服,以免影响幼儿活动,且易绊倒,发生意外。

---

① 徐帮学.幼儿园课程设计与幼儿发展评价实用手册[M].长春:北方妇女儿童出版社,2003.
② 谢秀丽.幼儿园工作管理[M].广州:广东高等教育出版社,2000.

② 教师不能穿太短、太窄、太长的裙子，以及太高的高跟鞋，以免当幼儿发生意外时，影响教师及时的救助。

（4）药品、有毒物品要妥善保管①

① 药品的保管。建立严格的药品保管制度。药品要放置在固定位置，内服药、外用药要严格分开，并贴上标签，专人保管，不给幼儿接触的机会。

② 安全用药。给儿童服药前，要仔细核对姓名、药名、剂量、用法，切勿拿错药或服过量。并督促幼儿吃完，要做好交接班记录。

③ 消毒剂和杀虫剂。妥善保管消毒剂和杀虫剂等有毒物品。要放到幼儿够不到的地方。不得让幼儿使用或帮老师拿消毒剂和杀虫剂。不要用带有其他口服药品的空瓶去装有毒药品；不要让幼儿接触有毒药品和盛有有毒物品的容器，以免发生意外。

在消毒时，要注意降低消毒剂的浓度。使用杀虫剂时，要让幼儿暂时离开喷洒杀虫剂的环境。

化妆品颜色鲜艳，常诱使幼儿品尝它的滋味，以致中毒。要妥善保管化妆品，勿让幼儿拿到手。

（二）要创设良好的精神环境

除了创建安全的物质环境以外，幼儿园还应当重视心理环境的创设。重点关注和谐的班级氛围、平等鼓励的师幼关系和互帮互助的家园关系的创设，使幼儿情绪安定、心情愉快。让幼儿感到"幼儿园和家里差不多""老师像妈妈"，减少分离的焦虑；在发生危险时，保护孩子是首要任务。只有这样，才能保障儿童受保护的权利，满足幼儿安全的需要②。要充分认识到心理环境对幼儿的影响有时比物质环境的影响更为深刻，要根据幼儿的情绪和行为表现反思、调整和改进心理环境。

从创造教育的角度看，积极健康的精神环境，其重要的标识是能使幼儿产生心理安全感；能使幼儿的好奇心、创造动机和兴趣等心理需要得到满足。心理学研究表明，当幼儿产生了心理安全感和获得了心理自由时，最有利于创造性的发展与表现。教师对幼儿多支持、多肯定、多接纳、多表扬、多鼓励、多关注、多信任，以及多给他们自由、多让他们自主是形成融洽、和谐、健康人际关系的必要条件，积极健康的师生关系也是幼儿获得心理安全和心理自由的基本保障。

《纲要》中也明确指出，"教师的态度和管理方式应有助于形成安全、温馨的心理环境；言行举止应成为幼儿学习的良好榜样"，教师应"以关怀、接纳、尊重的态度与幼儿交往"。

三、确保幼儿一日活动中的安全

幼儿在园生活一天，随时都有可能发生意外，注重一日活动各环节的安全，保证幼儿高高兴兴来园，平平安安回家。

（一）组织好幼儿的活动

1. 幼儿一日活动的形式应多种多样

教师在制定教育计划、设计教育活动时，既要注重幼儿的整体发展，又要注意幼儿的安全。避免为了安全而过多限制幼儿活动，要让他们在幼儿园里感到安全、快乐、温暖，健康、快乐地游戏、学习和成长。

幼儿一天的活动设计，应尽量体现以下要求③：

---

① 人民教育出版社幼儿教育室.幼儿卫生学［M］.北京：人民教育出版社,2002.
②③ 徐帮学.幼儿园课程设计与幼儿发展评价实用手册［M］.长春：北方妇女儿童出版社,2003.

① 亲切愉快的来园活动;

② 生动、有趣的体育活动;

③ 动手、动脑的学习活动;

④ 自由自在的游戏活动;

⑤ 科学文明的生活活动;

⑥ 丰富多彩的艺术活动;

⑦ 安全、整洁的离园活动。

2. 每次活动前要做好充分的准备工作,向幼儿提出活动的具体注意事项

每次活动之前都要事先做好充分的准备,重视幼儿活动组织中的安全问题。给幼儿提供充足的活动时间和空间,及时向幼儿提出活动的具体注意事项,加强幼儿活动的常规培养,形成和谐有序的环境氛围。

时间、空间以及组织不力都是幼儿活动中的不安全因素。给予幼儿的时间不够,仓促匆忙地结束,容易造成意外。足够的活动空间可以避免因拥挤、幼儿之间互相碰撞而发生意外。在活动中因教师组织不力,秩序混乱也容易发生意外。

3. 合理配备足够的保教人员,避免因幼儿过多,保教人员照看不过来而发生意外伤害

在各种活动中,保教人员要全面细致地照顾全体幼儿,不得擅离职守。确保幼儿在保教人员的视线范围内活动。幼儿睡眠时保教人员必须来回进行巡视。

4. 建立幼儿园接送制度,防止走失,防止冒领

园门应规定开关时间。交接班或组织幼儿外出时应清点人数。

(二) 保教人员应注重幼儿一日生活中的各环节的安全,仔细观察、准确预见,发现危险因素,及时做出果断处理①

1. 防止小物品进入体内

小物品一般是指直径不足 2 厘米且圆滑的物品,如花生米、黄豆、米饭粒、珠子、棋子、小瓣橘子等。由于这些物品很小,幼儿带在身上不易被发现,玩耍时如果误将其放入口、鼻、耳中,会造成异物进入体内,给幼儿带来伤害或危险。这就要求教师在对幼儿进行教育的同时,对幼儿进行必要的检查。检查可在一日中的某些环节进行,例如入园晨检、午睡前等。也可随时检查,发现苗头及时解决。

进餐时要提醒幼儿不要说笑、打闹,小儿哭闹时不要勉强喂食,以防窒息。

2. 室内、外都应防跌伤

当幼儿进行户外自由活动及有组织的活动时,由于各种原因,可引起跌伤。因此,要求教师在组织幼儿进行户外活动前,应检查器械和活动场地,清除活动场地上的砖头、石块、碎玻璃、树枝等,然后检查幼儿的衣服是否符合活动时的要求,如挽起过长的裤腿,裤腿过宽可用皮筋扎住,提醒幼儿提裤子、系鞋带等。幼儿玩攀爬、滑梯等大型玩具时要注意保护。

跌伤不仅发生在室外,在室内也时有发生。在活动区游戏时常因拥挤而发生绊倒跌伤,争抢玩具发生摔伤;甚至幼儿坐在椅子上,向后仰或向前仰也会发生摔伤后脑勺或摔伤下巴、碰破嘴唇的现象。因此,教师应使活动区尽量宽敞、少障碍物,并且细心观察发现危险的苗头时,应及时制止。

此外,在盥洗室内也应注意幼儿的安全,防止幼儿跌倒、滑倒,造成事故。

----

① 万钫.幼儿园卫生保育教程[M].北京:北京师范大学出版社,1999.

3. 防烫伤

给幼儿的水和饭都必须降温后再端进教室。暖壶应放在幼儿拿不到的地方,避免幼儿直接接触,造成烫伤。寄宿制幼儿园在给幼儿进行盥洗时,应注意倒热水的方式以及水温,以免不慎烫伤幼儿。

4. 及时发现睡眠中出现的问题

幼儿蒙头睡觉或在被子里玩弄物品,有时也会导致危险,保教人员在幼儿睡觉的过程中也要注意观察幼儿。

四、加强对幼儿的安全教育

幼儿不可能生活在没有任何危险的世界中,经常对幼儿进行安全教育并非让他们整日提心吊胆,而是使他们逐渐积累生活经验,懂得危险,注意安全。使安全知识最终转化为安全行为才是教育的根本,才是最有现实意义的。古人云:授之以鱼不如授之以渔。结合幼儿的年龄特点,利用一切机会,对幼儿进行安全方面的教育,教会他们自我保护的技能和方法,是幼儿园安全工作的重要内容之一。因此,在班级保教管理中,应进行适当的安全教育,提高幼儿的安全意识,增强其自我保护意识和能力,提高心理素质和应变能力。

(一)教师应了解幼儿安全教育的目标,同时制定相应的计划

首先,对幼儿进行安全教育,要了解安全教育的总目标,做到方向明确,措施得力。

幼儿发展领域目标中的关于自我保健的总目标是:形成初步的自我保护意识,积累安全与健康的必需的常识,初步了解运动、卫生、安全与自身的关系[①]。

在此基础上了解幼儿发展的年龄目标。因为不同的班级,年龄目标是不同的,应有针对性地进行教育。

1. 小班自我保护的年龄目标

① 不远离成人,不接受陌生人的东西,不跟陌生人走;

② 不接触危险的物品,不去危险地方;

③ 懂得玩大型器械的方法与规则,上下楼梯时不拥挤;

④ 不乱吃东西,不将异物放入口、耳、鼻中;

⑤ 身体不适时知道主动告诉成人,知道打针、吃药能治病、防病。

2. 中班自我保护的年龄目标

① 知道自己的幼儿园,父母的姓名,家中电话、住址,与家人失散时懂得找民警帮助;

② 不玩危险游戏,注意保护自己不受伤害,遇到危险时知道躲避与求救;

③ 不吃不清洁的食品,知道保护自己的身体器官;

④ 配合成人要求治病与防病。

3. 大班自我保护的年龄目标

① 认识常见的安全标志,知道遇到危险时简单的自救办法;

② 初步了解自己身体各部位的功能,知道简单的保护方法;

③ 了解简单的防病知识,知道通过卫生、运动来增强体质。

---

① 徐帮学.幼儿园课程设计与幼儿发展评价实用手册[M].长春:北方妇女儿童出版社,2003.

其次,在安全教育目标的指引下,制定具体的安全教育活动计划。使幼儿园的安全教育工作有目的、有计划地进行,贯穿于幼儿园整个教育教学活动的始终。不搞形式主义,不盲目行事,使幼儿园的安全教育按部就班地进行。

(二)对幼儿进行的安全教育内容

1. 让幼儿遵守幼儿园的安全制度

幼儿园有一系列的安全规章制度,要让幼儿了解这些常规的规章制度,经常性、多渠道地教育幼儿遵守幼儿园的各项规章制度。进行安全常规的养成教育,帮助他们从小养成安全生活所必需的行为习惯和正确的态度。例如:教育幼儿不能自行离园,不得随便到其他班去;遵守秩序,出入各教室及上下楼梯时不要拥挤、打闹或推拉;不爬护栏、楼梯扶手、小床等;运动、游戏时要遵守游戏规则;不做有危险的活动或游戏等。

案例

由碎玻璃扎手引起的伤害事故[①]

幼儿园教师李某带着幼儿在户外自由活动时,一名幼儿独自悄悄跑到院墙拐角偏僻处玩耍,不慎被闲置的玻璃铝合金框架的碎玻璃扎了手。老师发现后立即通知保健医生送到医院治疗,共缝合了8针。

【评析】

幼儿被碎玻璃扎手,是因为在幼儿园里放置危险设施,幼儿园应负主要责任。另外,在户外活动中教师一定要让幼儿在自己的视线范围内。保护幼儿的安全是我们的责任和义务,工作中一丝一毫的马虎都有可能埋下事故隐患。

2. 在幼儿园活动中的安全教育

在幼儿园的活动中,时时提醒幼儿要注意安全。首先要熟悉自己周围的人文环境,然后教会幼儿正确使用学习用具和各种玩具的方法。建立必要的常规,让幼儿在活动中学会有序地取放工具材料,养成良好的常规习惯。

① 新生入园,老师首先就要想办法让幼儿熟悉老师、同伴及幼儿生活的环境,以减轻幼儿的孤独、恐惧心理。

② 幼儿每使用一种新玩具、学习用具,教师必须先教给幼儿正确使用的方法,掌握使用规则然后再使用,保证活动中幼儿的安全。

例如,幼儿用剪刀前,教师应讲清如何使用剪刀,并讲清不允许拿着剪刀对着同伴说话和玩的原因。正确的做法是:将剪刀交给别人时,要把剪刀的尖端握在手掌心,将剪刀把柄递出去,以防止刺伤别人。剪刀用完要合好,放回原处。不拿着剪刀、棍棒等危险的东西乱跑等。

③ 注意活动场地的安全。例如:活动场地要有足够的光线;户外游戏时,要整理好衣、裤,系好衣扣和鞋带,避免活动时绊倒发生危险;活动时不远离集体;走路奔跑时要注意四周,学会躲闪。

除特殊活动外,园内不允许奔跑,尤其不能猛跑猛停,推拉碰撞。室内不奔跑、冲撞;户外活动不到危险的地方玩,不做危险的动作。

---

① 李志宇,谢志东.幼儿园法律问题案例评析[M].北京:知识出版社,2002.

④ 组织幼儿外出活动时,要有足够的随行老师,行进中保证至少一前一后有两名老师照顾幼儿。告诉幼儿要紧跟前面的小朋友,不掉队、不随便离队。

⑤ 使用户外活动器械要遵守正确的运动技能和方法,遵守活动的规则,不做任何危险的动作。如,爬攀登架时要抓住护栏,不互相推搡,要有次序地进行。

注意幼儿在活动中必要的保护和指导,严禁幼儿做出任何危险的特技动作。

案例

教师对活动管理不周导致意外

某大班幼儿由教师王某一人带领到户外活动,幼儿陆某站在李某的背后,两人均在队尾,趁队伍行走拉开距离时,两人嬉闹,李某被陆某摔倒,致使李某左股骨中段斜形闭合性骨折。

【评析】

教师对活动管理不周;李某、陆某未听从管理,违反幼儿园纪律是引起这次伤害的主要原因。

3. 交通安全教育

① 通过各种形式指导幼儿认识常见的交通标志,掌握交通规则。

② 要教育幼儿遵守公共交通秩序。不闯红灯,不在街上乱跑,过马路要走人行横道,横穿马路不慌张,注意看清有无来往车辆。不在马路上停留玩耍、追逐打闹、踢足球等。

③ 在乘车的时候,要注意指导幼儿掌握乘车规则,如头、手不能伸出窗外,不能在车内打闹、跑动,抓牢扶稳,车停稳后按顺序上下车,不相互推挤等。

④ 教育幼儿注意幼儿园内的交通安全,如上、下楼梯要靠右走,不推挤。除特殊活动外,园内不允许奔跑,尤其不能猛跑猛停,推挤碰撞。

4. 教育幼儿认识生活中潜在的危险和可能的伤害

幼儿知识经验不足,常常意识不到他们周围存在的危险。让他们了解在家庭、幼儿园和社会公共场所存在着潜在的危险,使他们知道在什么情况下将会发生什么危险,怎样做能避免危险的发生或者减少危险的程度。除此之外,还要教给他们预防意外事故发生的应急措施。

① 懂得水、火、电的危险[①]。每个班应贴出一张走火通道示意图,并组织幼儿熟悉通道及消防和紧急事故电话。幼儿园应预先拟定紧急状况疏散计划,并让幼儿实际演习,以应付失火、地震等紧急状况。可通过比赛(游戏)的方式进行,教师听见紧急信号后迅速带幼儿离开教室集中到室外空地(操场等)。这种练习可每学期举行一次。

通过多种途径向幼儿展示水、火、电对人的用途及对人的危害。认识身边常见的标志,如禁烟、禁火、有毒等;懂得水、火、电的危险。据统计,1—4岁儿童发生溺水,首先以误入水中淹溺为主,其次是游泳时溺水。因为儿童平衡及自救能力差,误入水中无自救能力,容易溺水。教育儿童在距水边较近的地方玩耍时,一定要注意安全。教育儿童防火、用电的基本知识,如不玩火、不摆弄电器。在室外遇到雷雨,不要在大树下避雨,尤其不要在高山孤树下,以免被雷击,并注意躲

---

① 麦少美.学前卫生学[M].上海:复旦大学出版社,2005.

开被刮断的电线等。

② 教给幼儿一些生活小常识,避免可能造成的伤害。孩子年龄小,知识贫乏。因此,教师应在日常生活各个环节教给幼儿一些生活小常识。

例如,刚接了开水的杯子,因为烫手不能马上去端;小物件、小饰物不要衔在口里玩,以免吞进气管里;小颗粒玩具不要放进鼻孔和耳朵里玩,以免塞住鼻孔和耳朵;小手指不要放在门缝里,以免压伤手指;电插座有电,不要去摸,以免触电;不采食花、草、种子,以免误食有毒植物;上下楼梯要一个接一个,不要拥挤,不要在楼梯、过道上玩耍;不要站在秋千前后,看别人荡秋千等。

③ 不接受陌生人的东西,不跟陌生人走等。

5. 教给幼儿粗浅的自救知识

《纲要》中明确规定幼儿应"懂得身体健康很重要,了解人体主要器官的功能,学习保护器官和学习必要的安全知识,培养安全意识,掌握初步的自我保护技能"。

很多事实证明,当发生意外事故时,如当事者具有救护、自救的知识,能冷静、沉着、迅速地采取急救的措施,往往能在很大程度上争取时间,减轻事故造成的损失,减少人员的伤亡。因此,在幼儿园安全教育工作中,应提高幼儿自我防备和救护的能力,教给他们自救的粗浅知识。知道简单的自救方法,会拨打急救电话,寻求成人的帮助等。例如,突遇火灾、煤气泄漏、烧烫伤,以及迷路走失等怎样处理。

保护身体五官,如保护自己的眼睛,不用脏手揉眼,保持正确的看书姿势,看电视的时间不要过长、距离不要过近。不把玩具、玻璃球、钱币等小东西放在口、鼻、耳中。

保护身体各器官,如保护自己的胃,不暴饮暴食,不吃不干净的食品;保护大脑,保证充足的睡眠;积极参加体育锻炼,在活动中注意安全等。

保持愉快的心情,与同伴友好相处,不生闷气,不乱发脾气,活泼开朗,勇敢自信等。

总之,幼儿园要重视和加强对幼儿的安全防护教育,让幼儿在长期的潜移默化的教育氛围中增强安全意识,学一些安全知识,学会自我保护,培养应变能力。使安全工作管理既达到保证幼儿安全的目的,又增长了幼儿安全防护的能力,这才是幼儿园安全工作管理的真正目的。

(三)幼儿园安全教育的方法

安全知识最终转化为安全的行为才是教育的根本,才是最有现实意义的。

下面介绍几种常用安全教育的方法。

1. 环境教育法——通过浅显易懂的环境创设让幼儿感受安全教育的知识

环境创设是幼儿园最直观的教育方法。让幼儿在环境中潜移默化地受到熏陶、感受安全教育。

可以通过有趣的图片、漫画、标志符号、照片、宣传画等布置安全宣传栏或墙饰。在活动室周围和楼梯、过道两旁贴上安全标记图,用来经常提示幼儿,如小心触电、当心危险、上下楼梯按指示箭头行走、不推挤以免碰撞。再如,"过街要走人行道""知道红绿灯和交通标志""不能玩火,不能玩电""不从高处往下跳,不爬窗户""不跟陌生人走,陌生人敲门我不开""遇到火警、生病和坏人应该打什么电话"等。

还可以利用大量的废旧物和玩具、资料,创设"警察岗亭""公共汽车""救护中心""消防大队"等区角,让幼儿在角色游戏中模仿扮演,从中感悟到交通安全规则、火灾或生病急救的报警电话和抢救方法。

2. 活动体验法——通过开展丰富多彩的主题活动让幼儿体验安全防护的技能

活动是幼儿教育的主要渠道,通过开展一系列安全主题活动,让幼儿亲身经历体验整个过程,增加感受,增强安全意识,提高自我保护能力。

比如,遵守交通规则,请警察叔叔给小朋友介绍交通规则,认识交通标识,懂得红灯停、绿灯行的常识。还可以开展"注意饮食卫生"主题活动,通过讨论"路边不卫生的小吃能吃吗""自来水的生水能喝吗"使幼儿懂得要吃清洁、卫生、安全的食物,让幼儿初步感知饮食卫生安全的重要性,养成良好的饮食卫生的习惯,增强自我保护意识。

再如,开展"发生火灾怎么办?"的主题活动,通过观看录像、图片,使幼儿初步感知火对人们的帮助和害处,通过模拟逃生的游戏,使幼儿了解安全自救逃生的常识,学习保护自己。还可以开展"保护自己办法多""小小安全员"等类似主题活动,增强幼儿自我保护能力,让幼儿亲身体验安全自救的方法和技能,增强安全防护意识。

教师可以通过一系列的安全教育,来提高幼儿的安全意识和心理素质,加强应变能力。

案例

安全活动体验

为了保护幼儿的生命安全,提高幼儿的自我保护意识,2019年7月2日,河北廊坊经典启蒙幼儿园进行了"防诱拐安全演习",演习中特意邀请志愿者家长们扮演"陌生人",测试孩子们的防范意识和自我保护能力。

【评析】

通过活动让幼儿亲身体验,增加幼儿的安全防护意识,提高自我保护的能力。

3.趣味游戏法——通过生动有趣的游戏活动强化幼儿安全自救的技能技巧

游戏是幼儿园的主导活动,也是幼儿最感兴趣的活动,是幼儿园最有效的教育方式。我们要充分利用游戏这一主导活动,让幼儿在轻松、愉快的气氛中,得到安全自救技能的训练。

比如,通过游戏"找娃娃""离群的小鸡"等活动,教育幼儿不要随便离开集体,要和大家在一起。如果走失,要胆大、心细,记住父母的姓名、工作单位、电话号码、家庭住址及周围明显的建筑特征。激发幼儿脱险自救的情绪,促使幼儿想出一些脱险自救的具体方法。利用角色游戏"红绿灯"让幼儿了解交通规则,外出要跟随大人,不能在马路上玩耍,避免交通事故的发生。

让幼儿在看似游戏性质的表演中获得最为深刻的感性认识,在他们的头脑中,从小树立安全第一、生命最可贵的自我保护意识。将自我保护的内容融入游戏之中,使幼儿在轻松、愉快的气氛中巩固生活的技能。

又如,在情景表演游戏"你知道该怎么办吗"中创设一些情境:"你一个人在家,有个陌生人敲门你该怎么办?""夏天很热,容易中暑,你该怎么办?""发现厨房有煤气的味道应该怎么办?""如果你的手划破了怎么办?"……引导幼儿设想出各种各样自救自护的方法并进行演习。还可以在娃娃家中放置电话,让幼儿在游戏中练习拨打电话,巩固他们对"110""119""120"等特殊电话号码的认识。

同时,组织幼儿讨论哪种方法更好,让幼儿懂得采用最有效的自我保护措施,培养幼儿遇事不慌、临危不惧、机智勇敢的品质,提高幼儿自我保护的能力和心理素质。

4.日常渗透法——抓住一日生活常规中各个环节渗透安全教育的方法

幼儿一日生活的各个环节都是安全教育的最好时机,如晨检、午餐、散步、盥洗、户外活动、自由活动等。幼儿教师、保育员、保健员、厨师等都应成为安全教育员,时时抓住机会对幼儿进行安全教育。

晨检:保健员要注意检查幼儿口袋是否带尖锐的器具或小珠子之类的东西入园,以防自由活动或午睡时戳伤或异物塞进耳、鼻、口等。午餐:保育员要注意提醒幼儿餐前要洗手,以防病从口入;吃饭时不要说话、玩耍,以防噎着、烫伤。户外活动:教师在组织幼儿走出活动室前要提醒幼儿整理好衣帽、鞋带,上下楼梯要靠右走;活动时要注意控制活动量,不狂奔乱跑,不因活动量失控而摔伤、跌伤;告诉幼儿玩大型玩具时不越规、不拥挤、不倒滑滑梯、不猛摇摇篮等,以免发生不测。自由活动:教师要时时关注幼儿,玩玩具时不相互甩、抛、扔;不攀爬栏杆、窗户,以免发生不必要的安全事故。

5.随机教育法——抓住日常生活中教育的契机随机进行教育

安全教育不仅要在集体活动中集中进行,还要在日常生活中随机进行,应渗透在幼儿的日常生活中。随时观察幼儿的一举一动,利用各种教育活动,抓住幼儿日常生活中瞬间发生的偶发事件、典型事例,有针对性地对幼儿进行安全教育,来提高幼儿的自我保护能力,也不失为安全教育的好方法。只要做个有心人,时时把幼儿的安全放在首位,就一定会为幼儿营造一个安全、温馨、快乐的生活乐园。

如,可以针对幼儿对电器好奇的心理,及时发现幼儿有动开关、电线的举动时,抓住这一举动,有针对性地对幼儿进行安全教育。结合常识活动,进行一些通电小实验。使幼儿了解电、电器的危险性,教育幼儿不要乱摸乱掀电源开关、插座、电线、电器等,让幼儿知道哪些东西有危险,会伤害身体,不能乱摸,使幼儿懂得既要玩得自由开心,又要注意安全。时时处处提醒关注幼儿安全,保护幼儿生命。

6.家园互动法——家园密切配合进一步深化幼儿的自我保护教育

对幼儿的安全教育单靠幼儿园的教育是远远不够的,应该家园合作,统整各方资源,形成教育合力,促进幼儿的发展。这就需要家庭与幼儿园密切配合,强化幼儿的自我保护意识,培养幼儿的良好生活习惯,深化自我保护教育,并长期坚持。

家长平时应尽量让幼儿做些力所能及的事情,培养幼儿的自理能力,使幼儿学会照顾自己的基本生活,如鞋带松了会自己系好,天气冷了会自己加衣服等。家长应加强幼儿生活习惯的训练,如吃饭不嬉笑、打闹,避免异物进入气管,并有意识地让幼儿独立处理一些问题、困难,使之掌握适应自身生理或心理变化、周围环境变化的应变能力,做到遇事不慌,从容应付。

同时,家长来自不同的工作岗位,从事着不同的工作,教师要充分发挥家长这一教育资源,丰富安全教育的内容和形式。在让幼儿区分安全与不安全事情时,可请家长与幼儿共同寻找。"众人拾柴火焰高",这样可以提供多方面的安全材料,丰富幼儿园的教育内容。

总之,幼儿园的安全教育是个长期而复杂的过程,除了以上介绍的几种方法之外,教师可以在教育教学活动中积累经验,从中找到适合自己幼儿园的行之有效的方法,从而更有效地促进幼儿园安全工作的顺利进行,保证幼儿在园的安全。

❓ 思考与练习

1.如何创建安全的幼儿园环境?

2.教师应怎样确保幼儿一日活动的安全?

3. 对幼儿进行安全工作的内容有哪些?

4. 结合下面的案例,试分析造成事故的原因及幼儿园安全工作的重要性。

某大班中午午睡前,教师在活动室督促幼儿收拾整理游戏材料。先进去的几名幼儿在过道玩,一幼儿一不小心撞到地上,其他幼儿赶紧告诉当班老师。教师立即检查,发现其没有外伤,两只胳膊也能动,幼儿没有异常反应,便安抚其入睡。交接班时,由于教师疏忽,未曾将情况交接给下午班的教师。幼儿起床时,下午班的教师发现该幼儿穿衣服时抬不起胳膊。教师翻开衣服发现右肩处红肿,教师随即将幼儿送进医务室。保健大夫检查后,建议马上到附近医院拍片检查。经检查,该幼儿锁骨骨折,医生作了处理。教师将幼儿领回幼儿园并通知其父母。父亲来园后,询问情况,将幼儿领回。第二天,家长找到幼儿园,提出让幼儿园赔偿的要求。

5. 结构化面试题:

近年来,在各地由于幼儿教师的疏忽,幼儿安全事故时有发生,对于这种现象,你怎么看?

第八章　幼儿园环境创设与管理

思维导图

学习要点

◇ 幼儿园环境的含义
◇ 幼儿园环境创设及管理的意义
◇ 幼儿园环境创设及管理的原则
◇ 幼儿园环境创设及管理的内容与方法

导　语

《纲要》明确要求:"幼儿园应为幼儿提供健康、丰富的生活和活动环境,满足他们多方面发展的需要,使他们在快乐的童年生活中获得有益于身心发展的经验。"《幼儿园教师专业标准(试行)》中也明确提出,幼儿园教师必须具有"环境的创设与利用"的专业能力。因此,幼儿教师应具有为幼儿创设符合幼儿身心发展水平和需要的幼儿园环境的能力,让幼儿园的每一个平方都发挥教育功能。

第一节　幼儿园环境创设及管理的意义、原则

一、幼儿园环境的含义

广义的幼儿园环境,是指幼儿园教育赖以进行的一切条件的总和,它既包括人的要素,又包括物的要素;既包括幼儿园内的小环境,又包括与幼儿园教育相关的园外的家庭、社会、自然的大环境。《纲要》正是将幼儿园教育置于终身教育的大范围中,用大教育观来界定幼儿园环境的,只有把幼儿园小环境与社会大环境结合起来,才能真正反映社会的特点和要求,让幼儿园教育焕发出时代精神。

狭义的幼儿园环境,是指幼儿园内幼儿身心发展所必须具备的一切物质条件和精神条件的总和,包括幼儿园所有室内外活动设施设备,如房舍、庭院、走廊、活动室、绿地等显性的物质环境,也包括幼儿园文化,如幼儿园的传统、幼儿园的人际关系、情感氛围等隐性的精神环境。

在幼儿园里将幼儿所能接触之处、感受之处都列为教育环境,将幼儿游戏、认知、生活、语言、情感等各方面内容有目的、有意识、有计划地渗透在教室、卧室、走廊、墙面、活动区等地方,使其形成一个整体的教育环境。例如:在幼儿园的楼梯上,粘上不同颜色、不同方向的小脚印,便于幼儿区分上下楼的方向和位置,形成有序的常规;在卫生间粘上小动物洗手、刷牙的示意图,提醒幼儿讲卫生,学会洗手、刷牙的方法;在活动区,设计一些标志,用来告诉幼儿物归原处,养成良好的习惯;在走廊拐角,摆放各种植物、小动物,便于幼儿观察,培养观察力。在平时的活动中,将幼儿活动时的表现拍成一组组照片记录下来,将他们自己的作品和照片张贴在教室里的专栏墙或家长联系栏上,幼儿来园或离园时,都会兴奋地拉着家长的手来看,家长的欣赏给孩子带来了极大的满足感和成就感,培养了孩子的自信心。

可见,幼儿园环境并不是一个简单的空间和设备设施,而是一个重要的教育要素和教育手段,具有潜移默化地促进幼儿内在发展的巨大教育功能。《纲要》明确指出:"环境是重要的教育资源,应通过环境的创设和利用,有效地促进幼儿的发展。"新《规程》也明确提出:"幼儿园应当将环境作为重要的教育资源,合理利用室内外环境,创设开放的、多样的区域活动空间,提供适合幼儿年龄特点的丰富的玩具、操作材料和幼儿读物,支持幼儿自主选择和主动学习,激发幼儿学习的兴趣与探究的愿望。"

《指南》中提出:"要珍视游戏和生活的独特价值,创设丰富的教育环境,合理安排一日生活,最大限度地支持和满足幼儿通过直接感知、实际操作和亲身体验获取经验的需要。"这也就意味着,幼儿园环境应当是适宜幼儿发展的环境,即在环境的创设和利用中要突出幼儿作为学习主体的积极性、主动性和对环境的操作、探索、控制作用,幼儿才能通过与环境的互动进行自我建构和实现自主发展。因此,对于幼儿园来说,创设适合不同年龄幼儿身心发展需要的环境,是其课程改革和园本课程建设的重要内容。

二、幼儿园环境创设及管理的意义

幼儿园环境创设及管理就是按照科学原则,准备和运用一定的材料对幼儿园环境进行装饰和布置,投放玩具、材料,以及制定在教师指导下或自由与环境相互作用的规则,以促进幼儿与环境的互动,使幼儿心理得到健康发展。

(一) 有利于幼儿个体全面、充分的发展

幼儿园环境的创设及管理,有利于利用环境对幼儿进行生动、直观、形象和综合的教育,让幼儿参与环境创设并利用丰富的环境对幼儿进行全方位的信息刺激,激发幼儿内在的求知欲,让幼儿在环境中直接得到一种情感体验和知识的启迪,从而促进幼儿的全面发展。在幼儿园创设的活动环境或自然环境中,幼儿可以根据自己的兴趣、爱好、特长及能力水平自选喜爱的活动,自选各种材料,任思维和想象自由驰骋,轻松自主,不受局限,获得充分的活动机会,并体验成功及活动过程的愉快;在教师有目的创设的环境中活动,增进幼儿交往,发展幼儿的社会性和健全人格;在与材料、环境的交互作用中,孩子们主动发现、创造玩法,积累经验,体验成功。在活动区这个小天地里,孩子们有探索、有感受、有交流、有表达。教师和幼儿共同创设的环境、制作的材料既丰富了幼儿的活动内容,也激发了幼儿欣赏美、感受美、创造美的能力。正可谓"环境即教育,教育在环境"。

(二) 有利于开发幼儿的创新潜能

幼儿心理学告诉我们,环境对幼儿的认知具有激发性,能使幼儿处于积极的探究状态。幼儿

园的环境为幼儿提供了参与、实践、发现、探究的机会和条件,幼儿在自主选择、自主活动中动手尝试和探究,提高了动手能力、思考能力、创新能力。某教师为了开展项目活动"泉州木偶",在教室的前面挂了几个神态各异的提线小木偶。由于木偶具有形象逼真、色彩艳丽、活动自如的特点,关注木偶角的孩子越来越多,引发了参与活动的极大兴趣。他们自发地将自己家里的提线小木偶、布袋玩偶等玩具带到木偶角相互交流、玩耍。随着木偶角的木偶种类和数量的增多,孩子们的兴趣越来越浓,提出的问题也越来越多:"为什么有的木偶身上有很多条线,有的木偶手上有两根棍子,有的像一个袋子一样呢?""木偶是怎么做出来的?""小朋友也可以做木偶吗?"孩子们提出的问题表明他们在知识和技能方面有了新的需求,有了更强烈的探究欲望。在与环境的互动中,幼儿思维的主动性、创造性被调动起来了,幼儿潜在的创造力得到了开发。

三、幼儿园环境创设及管理的原则

幼儿园环境创设的原则是指教师创设幼儿园环境时应遵循的基本要求。这些要求是根据幼儿教育的原则、任务和幼儿发展的特点提出来的。幼儿园环境创设与管理必须遵循以下基本原则。

(一)环境创设及管理的教育性原则

幼儿园环境是幼儿园课程的一部分,在创设幼儿园环境时,应使环境创设的目标与幼儿园教育目标相一致。

1. 幼儿园环境创设及管理要有利于教育目标的实现

幼儿园教育目标是促进幼儿的全面发展。为了保证环境的教育性,必须让环境的每一部分都有利于幼儿体、智、德、美各方面的和谐发展。比如,在进行春天季节的教育时,幼儿园教室、走廊、墙壁都布置春天的景象,教师和幼儿一起布置的嫩绿色的柳条像丝线一样垂下来,几只燕子在柳条上飞过,小草、小花做得栩栩如生,窗台上的瓶子里有几只小蝌蚪游来游去……在这样一幅春天的图画里,小朋友们学唱春天的儿歌、感受春天的美丽、开展认识春天的综合游戏活动等等,认知、情感、社会性等各方面都得到综合发展。另一方面,要充分挖掘、利用环境内在的教育因素为教育目标服务,如利用草坪、植物角认识大自然,利用建筑区的积木形状、园舍建筑的形状去认识几何图形等。环境创设要有利于培养幼儿良好的个性品质,还要有利于幼儿形成良好的卫生习惯。比如设置幼儿园的厕所和盥洗室应相邻,有利于幼儿形成便后洗手的习惯;设置低矮的玩具柜、图书架有利于幼儿养成自己收拾物品的习惯。

2. 依据幼儿园教育目标,对环境设置作系统规划

要注重环境为幼儿园教育目标服务,充分体现环境创设及管理的教育性原则,必须注重幼儿园环境创设的目的性、计划性。在制定学期、月、周、日及每一个主题活动计划时,当教育目标确定后,教师应充分考虑到为了达到这些目标,需要有怎样的环境与之配合;现有的环境因素中,哪些因素对教育目标的实现是有用的,可以利用,哪些环境因素根据教育目标要求是要重新创设的;哪些活动材料是要重新投入的;需要幼儿家长配合做哪些工作;可利用哪些社区资源,等等。教师应将这些列入教育计划并积极实施。

(二)环境创设及管理的幼儿参与性原则

教育者要认识到幼儿园环境的教育性不仅蕴含于环境之中,而且蕴含于环境创设与管理的过程中,要有让幼儿参与环境创设的意识。《纲要》指出教师应"引发和支持幼儿与周围环境产生积极的交互作用"。环境创设的过程,是幼儿与教师共同参与、合作的过程。教师不能把精力放

在"我想怎样布置""我想怎样创设"上,而应该将精力放在"我怎样启发、引导、支持幼儿参与""幼儿怎样参与""我能最大可能地提供什么样的条件"上。教师应根据大、中、小班幼儿的实际情况,制定适宜的参与目标,使每个年龄段的幼儿都能参与到环境创设中来。如同样是引导幼儿为秋天的"树妈妈"添叶片,小班幼儿可以用手掌印画,中班幼儿可以捡落叶粘贴,大班幼儿可以自己制作——用牛皮纸卷成树干、树枝,用挂历纸或包装纸制作落叶。幼儿参与设置的环境尽管粗糙,但每一个小饰物都融入了他们的情感与智慧,更易于他们接受。教师为了能帮助幼儿成为创设环境的主人,应积极地引导幼儿参与到主题确立、内容设计、资料收集、材料准备、制作与装饰等活动中。如准备创设"美丽的春天"的主题环境,教师先在一大张报纸上涂上蓝天白云。孩子们开始热烈讨论,决定用画、剪贴、制作的形式以分工合作的方法来完成。内容确定后,幼儿开始制作"美丽的春天",有的幼儿用雪糕棍、蛋糕盘,通过剪、贴、粘表现出了回飞的大雁;有的幼儿用泡沫塑料剪出鱼的形状,再套上梨的包装袋,成了一条条鲜活的大鲤鱼;有的幼儿用牛奶瓶盖通过拼、粘组成了可爱的小鸡、美丽的花朵、滑稽可笑的猫和老鼠、大眼睛的蜻蜓和蝴蝶……作品完成后教师再组织幼儿讨论,引导幼儿将作品巧妙地组合在一个整体中,使每个幼儿都感受到成功的喜悦,体验到合作的乐趣[①]。

（三）环境创设及管理的开放性原则

开放性原则是指创设幼儿园环境,不仅要考虑幼儿园内环境要素,同时也要重视园外环境的各要素,两者有机结合,协同一致地对幼儿施加影响。利用开放的教育环境对幼儿进行教育,是教育者应该树立的大教育观。《规程》中提出:"幼儿园应当充分利用家庭和社区的有利条件,丰富和拓展幼儿园的教育资源"。《纲要》也提出:"幼儿园应与家庭、社区密切合作,与小学相互衔接,综合利用各种教育资源,共同为幼儿的发展创造良好的条件"。幼儿园不能关起门来办教育,那种脱离园外环境的园内封闭式的教育成效有限,充分利用自然资源、家长资源和社区的教育资源,是环境创设开放性原则的体现。例如,幼儿园可经常组织幼儿到社区参观,进行实践活动。如幼儿对商店早有一定的认识,知道商店里有很多货物、购物要用钱等,但缺乏较全面的系统的认识。于是,组织幼儿带着"货物是怎样摆放的"、"怎样标价"、"怎样购物"等问题参观百货商场,通过实地观察、实践,学习解决问题的办法。随后,问题的答案在班上环境创设中得到充分的体现,根据货品的类别开"食品店""玩具店""服装店""美食街"等,各种逼真的自制物品琳琅满目,并被标上价钱。幼儿自由分配角色,有售货员、收银员、顾客、保安等,热热闹闹地开展游戏,将日常生活搬进了教室,丰富了主题环境[②]。

幼儿园要把与家庭、社区结合的活动纳入幼儿园环境创设及管理过程之中。这方面的例子很多:家长们有不同的职业,可以动员他们利用职业的特点和便利条件,为孩子们搜集安全、卫生、有意义的废旧材料,支持和丰富孩子们在幼儿园的探究和游戏活动;家长们有不同的知识和专业背景,可以成为知识和技术的资源,为幼儿园的教育提供咨询和帮助;带领幼儿参观附近市场、社区等等。更为重要的是,幼儿园可根据本园情况摸索出一整套策略和做法,在幼儿园、家庭、社区之间形成长期、稳定的合作关系。

（四）环境创设及管理的动态性原则

环境的动态性原则是指环境的创设要根据教育和幼儿发展需要不断发展变化;在不断更新

① 王淑芳.利用废旧材料创设特色环境[J].宁夏教育,2005(5).
② 张少珍.创设为主题活动服务的环境[J].教育导刊,2005(7).

环境的过程中,为幼儿创设适宜的发展环境,提供更多参与和表现的机会与条件。

对动态的事物感兴趣是由幼儿的心理和生理特点所决定的,幼儿总是喜欢通过自身的运动了解环境、参与环境。因此,我们必须为幼儿提供动态的环境,让他们有机会去接触变化的事物,观察事物之间的联系及其变化过程。例如,在创设帮助幼儿认识四季变化规律和特点的班级环境时,教师可采用留、变、添、减的方法动态地改变环境。如果要动态地表现季节的变化,教师让幼儿用皱纹纸折出迎春花、桃花粘贴在树干上以表示春天来了;随着气候转暖,让幼儿取下迎春花和桃花,补上叶子、添上桃子,表示夏季树叶茂盛、花儿结果;到了秋天,再让幼儿把绿叶换成黄色、红色、棕色的叶子,在秋风中飘落满地;到了冬天,光秃秃的枝头上落满雪花。这样,四季的景色在幼儿的参与下不断地变化。另外,在各个活动区域,教师可根据每个活动主题的不同随时添加、更新操作材料。如在科学活动区域中,教师从不同的教育目标出发,精心设计并慎重选择、更新投放的各类材料,如橡皮泥、积木、海绵、布、乒乓球、螺丝钉、磁铁等多种材料,新的材料和环境会不断激发幼儿产生好奇,促使幼儿积极主动地与不断变化的物质环境发生作用,进行有目的的探索。在这个过程中,幼儿通过自己动手参与创设变化的环境并使用不同的材料开展活动,与同伴相互合作,不仅掌握了一定的技能,而且发展了观察力、思维能力、语言表达能力及合作能力等。

(五)环境创设及管理的资源利用原则

资源利用原则是指环境的创设应考虑幼儿园自身的经济条件,因地制宜,巧妙利用和改造现有资源。

各类幼儿园在环境创设及管理中,都应当充分挖掘现有环境资源的作用,如幼儿园楼顶、平台、栏杆、墙根、屋角、阳台、楼洞、门厅、柱子等这些容易被人忽视的场所,可根据幼儿园教育活动的需要,巧妙地利用它们自身的特点进行相应的改造和设计,使其成为教育环境的一部分。如变固定的柱子为动态的火车头;变单功能的平台为多功能的活动区;把一部分墙壁贴上瓷砖,作为绘画墙任幼儿自由写、画;将寝室的单层床改为推拉床或折叠床,从而有效地节省空间,扩大幼儿的活动区域;将楼道内防火栓的小门设计成一台消防车的外形,既起到美化环境的作用,又提高幼儿的防火意识,等等,使所有的环境资源都能够得到有效的开发和利用,更好地为幼儿的探究性学习服务。

幼儿园还应在环境创设中渗透环保教育,积极引导幼儿利用废旧材料参与环境创设。例如,利用废旧材料自制飞碟、小毽子、小踢球、溜溜球、拖拉车滚瓶等多种室外活动体育器材;用废纸、泡沫等物品制作成西瓜、番茄、饼干、汤圆、鸡蛋糕、油条、香蕉、草莓、汉堡包等食品投放到"小超市";用旧海绵碎布缝制成小熊、小兔、小狗等动物投放到"娃娃家";用旧纸板、手套制作成教学活动材料,用饮料瓶制作成洒水工具等,为幼儿提供丰富的自选材料和自主活动的机会。这样不仅节省了幼儿园经费开支,而且幼儿在废物利用的过程中易于转变、生成一系列自发自主的环保探索活动。

所有的幼儿园都应当发扬艰苦奋斗的精神,勤俭办教育,都应当结合本地区、本园所、本班级的特点和实际需要,就地取材、废物利用、一物多用。例如,图书架主要是放置图书,供幼儿阅读的,可取几根木条,做成可以放书的许多小格,钉在墙上,幼儿易拿易放,又不占地方,墙边再放几把小椅子,幼儿看书也方便。此外,根据本园需要,就地取材,一物多用,也能够少花钱,多办事,办好事。有的山区盛产竹子,利用它可以做一些积竹、高跷,供幼儿玩游戏;农村幼儿园用三合土铺的活动场地,就比水泥地省钱又安全。

（六）环境创设及管理的安全性原则

安全和卫生是幼儿园永恒的话题。要使幼儿在适合他们健康成长的环境中生活,安全、卫生是重要的条件,幼儿园环境创设必须服从于卫生和安全的要求,以保证幼儿身心健康发展。因此,创设环境时,教师必须顾及幼儿身心两方面的安全。一是心理安全,这意味着在幼儿园精神环境创设中能让幼儿深切地感受到教师是很关心和爱护他的,他在幼儿园是安全的、受欢迎的、受尊重的。二是身体的安全,除必须注意活动室光线、色彩、温度、湿度、通风等条件外,在设置物质环境时,要坚决杜绝设施、设备、玩具、教具、操作材料等存在的不安全因素,《指南》指出:"引导幼儿注意活动安全。如:为幼儿提供的塑料粒、珠子等活动材料要足够大,材质要安全,以免造成异物进入气管、铅中毒等伤害。提供幼儿专用安全剪刀。"比如:大型器械的安装要牢固,并时常检修;活动地面要软,可铺一些地毯或草坪;玩具、学习材料等不宜过小,要不易破碎,要保证无毒、无害,方便清洗;室内家具应尽量圆角,避免尖角、粗糙;电源开关、插头应安装在幼儿够不着或不容易接触的地方并且要加上防护罩等。幼教工作者还要意识到3—6岁的幼儿生活经验较少,自我保护意识不强,不能判断环境中的不安全因素,因此,幼儿园全体教职员工要时时、处处地把安全放在首位,要树立安全教育意识,经常性地开展各种活动,寻找寓教于乐又能提高幼儿的自我保护意识的方法和途径。

思考与练习

简述幼儿园环境创设及管理的原则。

第二节　幼儿园环境创设及管理的内容及方法

一、物质环境

广义的物质环境是指对幼儿园教育产生影响的一切天然环境与人工环境中物的要素的总和,包括自然风光、城市建筑、社区绿化、家庭物质条件、居室空间的安排、室内装潢设计等。

狭义的物质环境是指幼儿园内对幼儿发展有影响作用的各种物质要素的总和,包括园舍建筑、园内装饰、场所布置、设备条件、物理空间的设计与利用及各种材料的选择与搭配等。

《幼儿园教师专业标准(试行)》中明确提出,幼儿园教师必须"创设有助于促进幼儿成长、学习、游戏的教育环境""合理利用资源,为幼儿提供和制作适合的玩教具和学习材料,引发和支持幼儿的主动活动"。

下面主要介绍部分狭义的幼儿园物质环境的创设及管理的主要内容及方法。

（一）幼儿园墙饰的创设及管理

幼儿园内的墙面布置是幼儿园环境创设中的重要因素之一,墙饰的作用不再仅仅是装饰和美化环境,而是多功能的整合,成为幼儿观察、认知和表达的场所,对幼儿的学习和发展起着积极的作用。

幼儿园墙面布置应以幼儿为主体。基于此原则,有的幼儿园在规划墙饰时把平面和立体布置结合起来,把墙壁布置划分为高、中、低三个层面,最低部分(1.2米以下)为幼儿互动区,属于幼儿的空间,主要以幼儿作品为主,让幼儿发挥想象,参与创设;中间部分为师幼互动区,教师根据幼儿现有水平和需要搭建大平台,引导幼儿参与;最高部分为教师和家长互动区,是家园联系的桥梁、教学活动展示的平台,以方便家长参与。

幼儿园墙面的布置要配合教育内容,体现一定的教育目标,同时也要使墙面成为幼儿的经验、想法表达、表现的空间,注重幼儿与墙饰的互动。比如,配合"美丽的家乡"的主题,老师让幼儿去观察自己家乡的特征,收集家乡的各种物品,如高山、大海、古迹的图片、特产等,和小朋友们一起布置成一组"美丽的家乡"的墙饰,还可以在墙上留出地方让孩子自由画出家乡,或用橡皮泥、纸、布等材料做出表现家乡的作品,在吸引幼儿关注家乡的同时,更为幼儿探索家乡、表达家乡,起到了暗示、示范作用。孩子们想方设法用各种材料和形式把他们眼中的家乡增添到墙饰上去。

另外,墙面的布置还要注意形象、色彩、形式、空间等造型要素之间的和谐,给人以美感。墙面布置要与室内的家具、地毯、窗帘等在色彩上协调一致,一般应以柔和的色调为宜。墙面不宜布置过满,应留出空白,不致使人产生拥挤、杂乱的感觉。幼儿进行集体活动时经常朝向的墙面,不应做过多的布置,以免分散幼儿的注意力。

幼儿园的墙饰还应是开放的、动态的,不是固定不变的,幼儿可随着学习活动的变化、知识经验的增长,对墙面环境进行充实、组合。例如,在大班"水"的主题中,上方为一条蓝蓝的小河,鱼儿在水里畅游,从小河上伸出一个箭头,指向一个正在喝水的小朋友,另一个箭头指向正在喝水的小牛,第三个箭头指向洒满雨露的小树。这个墙面环境既生动,又有知识性,展示了水的作用。几天后,小朋友发现有的机器也需要水,水可以起冷却作用,于是老师和小朋友又找来了一幅工人叔叔给机器加水的照片。此后,墙面上又增加了好多箭头,指向节约用水的标志,不往水里乱扔东西的标志,等等①。

(二)幼儿园活动室环境创设及管理

活动室是供幼儿室内游戏、进餐、集体教育活动的用房,是幼儿园园舍的主体。幼儿园应合理规划活动室空间,为幼儿与环境的有效"互动"建立必要的空间基础。活动室环境的统筹安排、精心设计、艺术布置,可以形成视觉开阔、风格明快、富有童真的格局。

在一个活动室的环境规划中,教师要考虑活动室、寝室、走廊的整体安排,将现有的设备如橱柜、玩具柜、桌椅、钢琴、空调等摆放在最佳、最能发挥作用、最节省空间、最利于幼儿活动的位置。室内设施用具的放置应有固定位置,便于幼儿使用,有利于幼儿良好生活习惯的养成。教师还可对活动室空间进行立体式的重构,用玩具橱、屏风或围栏等隔成多个可移动的小房间。小房间可配置各种居家型的"门窗",布置成开放性的"超市"、漂亮的"美容院""展览区""隐蔽角"和"自由活动区"等。这样的空间调整,既给幼儿带来了新鲜感和亲切感,激发了幼儿活动的强烈兴趣,又在环境布置中发掘或导入各种"活"的要素。

活动室布置的活动区设备和活动材料应降低到与幼儿视线基本平行的高度,使幼儿能置身其中,亲自使用各种活动设备,利用活动材料进行游戏和创作,与活动室环境形成有效交流和"互动"。《规程》中明确提出"幼儿园的设备设施、装修装饰材料、用品用具和玩教具材料等,应当符合国家相关的安全质量标准和环保要求"。这使环境设置从单纯的装饰物,变为具有真正教育意义和能够"互动"的教育环境的组成部分,也使幼儿的教育活动主体地位得以真正实现。

---

① 王春燕.关于幼儿园环境创设——墙面布置的问题[J].教育导刊,2004(2,3).

（三）幼儿园功能室布置

在幼儿园活动中，有时需要有相应的情景来激发幼儿相互交流、互动，而班级所在活动室的区域不能满足这种需要，这就需要有较大的专用活动室来容纳一个班上所有的幼儿同时活动。为此，幼儿园可在原有园舍建筑条件和经济条件允许的基础上，挖掘空间潜力，创设面积较大、功能集中的专用活动室，如促进幼儿潜能开发的健脑室、科学活动室、多功能游戏室、多媒体教室、棋类室；促进幼儿动手能力、想象力、创造力发展的手工制作室、木工室、大型建构室、玩沙室；发展幼儿感知觉，促进其身体机能协调发展的感觉统合运动室；让幼儿模拟生活场景，发展其自立和合作能力的生活工作室、小社会活动室等。不同专用活动室需要不同材料和设置，这些功能室的创设可满足幼儿多元智能发展的需要，极大地拓展幼儿的活动空间，可以满足幼儿不同层面的发展需要，成为幼儿的"第二个班级"。

（四）户外活动环境的创设及管理

户外活动为幼儿提供了身心开放的游戏场所，深受每个幼儿的喜爱。一般来说，幼儿在园一日活动中，户外活动时间不得少于两个小时。户外活动环境是否营造得充满童趣、童真，户外游戏材料的提供是否符合安全、卫生要求，则是户外活动能否正常进行的有力保证。幼儿园应遵循"合理利用，充分挖掘"的原则，依照高低、凸凹、软硬、曲直等不同的地形，创设各种不同的区域：运动健身区，包括大小运动器械设备区、平衡区、跳跃区、攀岩区、30 米跑道等；探索发现区，包括科学探索长廊等；沙水区，包括游泳池、戏水池、玩沙池、泥巴区等；观察饲养区，包括鸽子笼、鱼池、小动物饲养房等；生态自然区，可创设成农家小院、河边小憩场所等自然环境；集体活动区，为幼儿提供集体做操、集体体育活动、各种体育游戏的场所，等等。多种区域的创设使不大的户外空间多姿多彩，蕴含各种教育目标，让幼儿在自身多种感官与实物的交互作用中获取经验，增强自主学习的能力。如，教师在幼儿园花园的草地上建了一个小小的观察活动区，让孩子们拥有探索的环境，在这个区域里放一些放大镜、小铁锹，还在花台边沿放许多的沙子等，孩子们在这个活动区域里发现并开始观察蚯蚓，在引导孩子们观察的同时，教师指导孩子把自己对蚯蚓产生的疑惑和发现记录下来，开展"认识蚯蚓"的主题活动。

（五）主题活动环境的创设及管理

围绕幼儿园环境为教育目标服务的原则，幼儿园计划的每一主题活动都各有其侧重点，各有其主题思想，具有特定的教育目标。实施主题教育活动时，根据需要，主题活动环境的创设必须围绕其主题思想、教育目标，凸显其教育内涵。

首先，每一个角落都布置、投放相关的主题内容，这将会拓展幼儿对主题的关注范围，并充分发挥环境的教育功能。例如，在中班"交通工具博览会"主题活动中，教师将活动室空间区域划分成海、陆、空三大部分，分别展示相应的交通工具，使整个环境看起来十分丰富，充分展示了主题内容。其次，在教室角落、区域开辟主题游戏场景。比如，在大班"商品一条街"主题活动中，设置"超市""服装店""水果店""书店"等游戏区域，投放自制材料或半成品，让幼儿通过角色扮演、情景活动等，进行与主题相关的游戏。又如小班"扮家家"主题活动目的在于培养幼儿对家人的爱，所以，在环境创设中，教师注意贯穿这一"爱"字，收集"全家福"照片，捕捉记录幼儿的语言，剪辑幼儿的美工作品等，以"我爱我家""我最喜欢的人""说句甜甜话"等有趣的栏目，将活动室变成一个充满关爱和温馨的大家庭，让幼儿置身于爱的世界，在耳濡目染、潜移默化中与教育环境互相交融，得到身心的发展①。

---

① 张少珍.创设为主题活动服务的环境[J].教育导刊,2005(7).

二、精神环境

精神环境,也叫人文环境,是指个体所处的和谐的人际关系和文化氛围。建立融洽、和谐、健康的人际关系是营造积极健康的精神环境的核心。苏联教育家马卡连柯说过:"所有的人,所有的事物和现象都在教育着儿童,但其中最重要的是人与人之间的关系。"《纲要》中指出:"建立良好的师生、同伴关系,让幼儿在集体生活中感到温暖,心情愉快,形成安全感、信赖感。"《幼儿园教师专业标准(试行)》中也明确提出,幼儿园教师必须"建立良好的师幼关系,帮助幼儿建立良好的同伴关系,让幼儿感到温暖和愉悦""建立班级秩序与规则,营造良好的班级氛围,让幼儿感受到安全、舒适"。因此,幼儿园为幼儿创造一个平等、宽松、理解、激励的人际环境和精神氛围是幼儿能轻松愉快地生活、积极主动地学习的基本条件和重要保证。

(一)营造融合共生的教师人际环境

幼儿教师作为创造幼儿园文化的中坚力量,其在工作中所形成的各种不同的人际组合构成了复杂的人际关系,包括同班教师之间、不同年龄班教师之间、教师与园长之间、教师与管理人员之间等关系,必然会形成特定的人际文化,毫无疑问,这种教职员工之间的人际文化会时刻影响幼儿园文化的生成。

在幼儿园,园长是"一园之魂",作为幼儿园的管理者,应在实际工作中理解每一位教师的心理需要,真心为全体教师营造一个和谐、温馨的人际环境,帮助他们改善人际关系,用情感手段激励教师热爱幼教事业,热爱幼儿,以真诚的语言给予教师教育和教学上的指导和帮助,客观公正地评价每一位教师。同时,还应考虑促成教师个人的需要与事业的需要获得统一。考虑到幼儿教师工作比较辛苦,假期可组织教职员工外出参观,让大家在轻松愉悦的气氛中开阔眼界,增强集体凝聚力。为了增进情感交流,幼儿园还可开展"为职工贺生日"的活动,园长记下幼儿园每一位教师的生日,在生日当天,园长亲切地向教师道一声"祝你生日快乐!"并送上一份生日礼物。看似小小的一件事,却包含着园长和教师之间无法用语言表达的真挚情感。情感的传递,换来的是教师无私的奉献、幼儿快乐的成长和家长满意的微笑[①]。

在幼儿园的教育活动中,最直接面对幼儿、幼儿身处其中的教师人际环境是保教人员之间的关系。保教人员之间的团结、友善、和睦以及敬业爱园的精神,体现在每一细小的行为上,体现在幼儿身边,会给幼儿树立一个良好的榜样。例如,早晨,保育员会很早来到班上,忙碌地打扫;教师来了,赶紧帮保育员的忙。上课了,保育员又为教师贴教具、撕纸条,他们合作得非常愉快。孩子看在眼里,记在心上,通过自觉和不自觉的模仿、观察、学习,潜移默化,渐渐地会调节自己的行为,去帮助别人。

(二)建构平等和谐的师幼人际关系

良好的教育必须以尊重、理解、支持的精神环境作为保障,以平等的师幼关系为基础。教师要创设一个使幼儿内心感到"安全与自由"的环境。从心理学角度来讲,当幼儿有畏惧感时,他们的学习欲望就会降低,本应发展的想象力和创造能力被抑制了。尊重是和谐师幼关系的核心,它要求教师做到尊重幼儿已经形成和拥有的一切,包括知识经验、能力水平、个性风格、劳动成果,甚至是"错误"。教师应让幼儿在一个健康、和谐、相互信任的精神环境中自由、自信地开展活动。

---

① 汝茵佳.幼儿园环境与创设[M].北京:高等教育出版社,2006.

《指南》中给出教育建议:"营造温暖、轻松的心理环境,让幼儿形成安全感和信赖感。如保持良好的情绪状态,以积极、愉快的情绪影响幼儿。以欣赏的态度对待幼儿。注意发现幼儿的优点,接纳他们的个体差异,不简单与同伴做横向比较。幼儿做错事时要冷静处理,不厉声斥责,更不能打骂。"

教师在与孩子交往过程中尽量表现出支持、尊重、肯定的情感态度和行为。这是建立师幼间积极关系的基础,也是进一步培养幼儿良好社会性行为的基本条件。老师尽量理解幼儿的各种情绪情感的需要,善于对幼儿做出积极的行为反应,尽量采用多种适宜的身体语言、动作体态语等,以无声胜有声的方式来表示对幼儿的关心、爱抚或不满等。例如,幼儿在游戏活动中因想探索声音的奥秘而敲碎了玻璃杯,不知所措,害怕地看着老师。老师这时要关心地看看孩子是否受伤,面带微笑地及时收拾好玻璃碎片,摸摸他的头轻声说:"轻轻敲,声音会更好听,秘密更好找。"幼儿会因成人的关爱和宽容而受到鼓励,更加自信地陶醉于他的探索之中。

教师以民主的态度对待幼儿,允许幼儿表达自己的想法和建议,不压制幼儿,不命令幼儿,使幼儿能积极主动、大胆、自信。例如,教师在指导幼儿进行探究操作活动时,应改变"检查者"的角色,把精力从"检查幼儿是否疯闹了,玩具是否掉了,东西是否乱了,幼儿是否按规定的做了,幼儿是否发生矛盾了"等问题转移到指导幼儿的探究和操作活动上,关注幼儿的兴趣所在和探究行为的发展过程,正确判断他们的发展水平。使幼儿从教师"检查"的束缚中摆脱出来,从而给幼儿创设一个轻松、自由、安全的心理环境。

(三)形成互助友爱的同伴交往环境

幼儿园的同伴交往对幼儿园和谐精神环境的创设具有重要的影响。幼儿虽小,但已是独立的个体,学会在集体中与人相处,并逐渐形成待人处世的态度,学会社会交往的技能。幼儿同伴关系是指幼儿之间在共同生活、共同游戏中建立起来的相互协作关系,是幼儿社会化不可缺少的重要内容。因此,教师应着力引导幼儿学会处理与同伴之间的关系,学会与同伴分享、合作、助人、遵守规则等,培养幼儿的社会交往能力,培养幼儿具有良好的道德品质和行为习惯。

例如,在游戏时玩具要共享,幼儿要懂得征求同伴的意见,要学会欣赏同伴等。教师可帮助幼儿寻找游戏伙伴,鼓励幼儿多交新朋友,及时表扬在游戏中主动与同伴合作的幼儿,增强幼儿的自信心和积极、愉快的情感。当幼儿发生争执时,教师要引导幼儿寻找交往失败的原因和正确解决矛盾的方法,帮助幼儿形成正确的交往态度和行为,让幼儿在和谐的环境中,学会处理和解决一些问题,克服胆怯、害羞心理,学会自主、谦让、协作,培养幼儿积极的人际交往情感。

(四)构筑尊重互补的家园人际环境

幼儿家长和教师分别是家庭和幼儿园两大环境的施教者,同为教育主体,在幼儿园环境的创设中,家长是重要的参与者与建构者,因此教师应充分利用家长资源,和幼儿家长之间营造一种相互尊重和平等合作的人际环境。教师在家园共育中的定位不应该是"教育家长",而应该是相互学习、相互支持。教师可通过家园墙报、家园联系栏、家长会等形式,促进家园双方交流互动,帮助家长树立正确的儿童观与教育观,引导家长积极参与幼儿园主题活动,并虚心听取家长意见,吸收有益可行的建议。教师与家长建立的共融、合作、友好的关系为提高幼儿教育的一致性和有效性提供了保障,也为幼儿心理的健康发展提供了良好的精神环境。

(五)合理安排活动空间与时间

活动时间与空间的安排是影响幼儿园精神环境的重要因素。传统的幼儿园时间安排不够科学,空间分配不够合理:在学习活动时段几乎所有孩子都在班内,其他空间被闲置;过渡环节繁多,幼儿等待时间过长,既浪费时间又影响发展。针对这些问题,可进行三方面的调整。一是空间使用的规划。班级的空间被合理地规划为多个活动区域,既有适合小组或个人的活动区域,也有供集体活动使用的较大空间。这样,在一天的活动中幼儿总可以找到适合自己学习、探究的空间。二是时间的弹性安排。可尝试打破以往整齐划一的作息时间,只在入园、午膳、午休、离园等环节规定统一时间,其他时间段教师可依据实际需要灵活把握,这样既能保证幼儿有规律的生活,给幼儿秩序感、安全感,又能根据教育需要、幼儿兴趣、活动情况或特殊事件做适度调整。三是调整晨间活动安排。打破晨间活动时的班级界限,允许幼儿自主进入各活动空间。这不仅有利于幼儿学习与人交往,同时有助于培养他们的自主精神与自律能力,户外环境和功能室的教育功能也得到了充分挖掘和利用[1]。

思考与练习

1. 请你判断下列各题的正误:

(1) 幼儿园的环境创设是指幼儿园墙面布置及活动室布置。(   )

(2) 幼儿不具备对环境的选择、适应、改造等能力,决定了幼儿对环境具有广泛的接受性和依赖性。(   )

(3) 春天到了,为了让幼儿认识春天,老师精心准备了一幅春天的图画挂在墙上,指导幼儿观察画中的景物,这种教育方法很有效。(   )

(4) 幼儿园内的环境创设的主体是幼儿和教师,并不需要家长的配合。(   )

(5) 幼儿园应尽量给幼儿提供一个纯洁的发展环境,少让幼儿接触良莠并存的社会。(   )

(6) 经济条件差的幼儿园,创设环境时必须考虑资源利用的原则。(   )

2. 讨论:评价幼儿园环境创设的好坏可以列出哪些具体标准?

3. 参观一所幼儿园,对其环境的创设与管理提出建议。

4. 请运用环境创设与管理的知识设计一个活动室的布置图,注明年龄班、活动区的名称及各种活动材料的配置情况。

5. 什么是幼儿园环境?为什么幼儿园教育中要强调创设良好的幼儿园环境?请联系实际说明。(2017年下半年教师资格考试真题)

---

[1] 陈绍宣,林鹭.浅谈适宜幼儿发展环境的建构[J].幼儿园教育教学,2005(10).

第九章　幼儿园组织文化建设与团队建设

思维导图

学习要点

◇ 幼儿园组织文化的概念、特征、结构、内容
◇ 幼儿园组织文化建设的原则、方法
◇ 幼儿园保教队伍建设
◇ 幼儿园领导班子建设

导　语

美国学者最早于20世纪70、80年代提出了组织文化(企业文化)的概念。人们发现企业管理模式以及文化的不同对企业管理和经营业绩产生重要的影响。任何一个组织都会形成自己独特的文化,如企业有企业文化,社区有社区文化,幼儿园有幼儿园文化等;任何一个组织也都希望建立一支团结协作的工作团队。通过本章的学习,你将了解到什么是幼儿园组织文化,如何进行幼儿园组织文化建设;同时,帮助你了解幼儿园园长、保教人员应具备的任职资格及选聘的要求,以及如何建设好一支由领导班子及保教人员组成的幼儿园工作团队。

第一节　幼儿园组织文化建设

当前,竞争日益激烈,幼儿园的管理必须走向优化。幼儿园文化建设是近年来超越幼儿园常规化管理的新课题。加强组织文化建设可以展示幼儿园独特的个性,树立有特色的品牌形象,从而提高其综合竞争力。可以说,谁拥有了文化的优势,谁就拥有了竞争的优势、发展的优势,幼儿园组织文化将成为幼儿园第一核心竞争力。

一、幼儿园组织文化的概念与特征

(一) 幼儿园组织文化的概念

幼儿园组织文化是指幼儿园在其长期发展过程中形成的,为其组织成员普遍认同并遵循的共同价值观、精神信念及行为方式的总和。它一经形成,便成为幼儿园全体员工所共有和遵循的普遍文化,对全体保教人员产生深远持久的影响。

一所幼儿园独特的园训、员工特有的工作方式、团队精神、有特色的家园活动、严谨的规章制度,甚至物质环境中惯常采用的某一种颜色,都可以体现出这所幼儿园特有的组织文化。

(二)幼儿园组织文化的特征

1. 意识性

组织文化的意识性又称无形性。大多数情况下,组织文化是一种抽象的意识范畴,是内隐的而不是外显的。幼儿园组织文化所包含的共同价值观、精神信念及行为方式是组织内一种群体意识现象,渗透于幼儿园组织的方方面面。当然,这种意识性特征并不否认它是可以被表述出来的,它往往外化为幼儿园独特的规章制度、组织成员一致的和一贯的行为方式以及园所的物质设施等。

2. 凝聚性

良好的组织文化通过建立共同的价值观和寻找观念共同点,不断强化教职工之间的合作、信任和团结,使之产生亲近感、信任感和归属感,它能够激发组织成员的士气,实现文化的认同和融合,在达成共识的基础上,使幼儿园具有一种巨大的向心力和凝聚力。

3. 软约束性

幼儿园组织文化是幼儿园组织的"软约束"力量。幼儿园组织是由各种要素构成的,把这些要素组合起来,除了要有一定的组织形式以及"硬性"的规章制度以外,还应具有一种软性的凝聚力和约束力,但这种软约束力量往往不像法律、法规那样具有强制性。通过柔性的引导,营造幼儿园内部合作、友爱、奋进的文化心理环境、协调和谐的人际氛围,自动地调节员工的心态和行动,并通过对这种文化氛围的心理认同,潜移默化地内化为幼儿园的主体文化,使幼儿园的共同目标转化为成员的自觉行动,使群体产生最大的协同合力。

4. 独特性

正如世界上没有两片完全相同的树叶一样,每一个组织都是独特的。不同的组织,其独特的历史、沟通模式、制度和运作程序、使命与愿景,这一切统合起来构成了组织独特的文化。也只有具有独特性的组织文化才是有生命力的。

5. 相对的稳定性和可塑性

一个组织,其组织文化并不是与生俱来的,而是通过组织生存和发展过程中逐渐总结、培育和积累而形成的。组织文化一旦形成,则保持相对的稳定性,不会因为园所规模或个别干部和员工的去留而发生变化;同时,业已形成的组织文化也并非一成不变,它可以通过人为的努力而向某一个方向改变和不断发展完善。

二、幼儿园组织文化的结构与内容

(一)幼儿园组织文化的结构

幼儿园组织文化的构成要素是多种多样的,如园容园貌、园徽园服、工作方式方法、规章制度、习俗、精神风貌、价值观念等等,概括起来,主要可以归纳为三个层次:物质层、制度层、精神层(见图 9-1)。

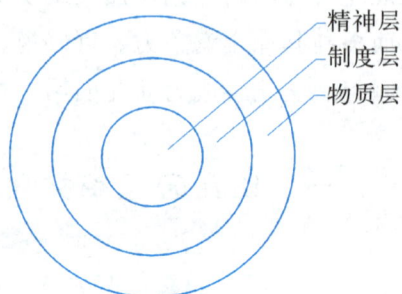

精神层
制度层
物质层

图 9-1 幼儿园组织文化的结构

1.物质层

物质层是组织文化中最直观的部分,位于组织文化的表层,它包括幼儿园工作场所、办公设备、建筑设计、造型布局、社区环境、文体活动等可以被人们直接看到、感受到的物化部分。

例如,某航空航天单位附属幼儿园在幼儿园环境的造型布局上,巧妙使用飞机、火箭等造型和图案,凸显幼儿园办园特色和优势力量,有效传递出该园注重对幼儿科学探索精神培养的组织文化。

2.制度层

制度层是组织文化的中介层,指具有本组织文化特色的各种规章制度、道德规范和员工行为准则等的总和。幼儿园制度层文化是幼儿园管理的最重要的手段,它反映了一所幼儿园特有的管理思想和管理风格。有的幼儿园在规章制度中力图体现对教师的人文关怀,重视对教师的进修、科研的支持,体现出"以职工为本"的幼儿园精神;有的幼儿园以刚性的规章制度、职责规范管理幼儿园,崇尚竞争和淘汰,从而追求管理效能的最大化。

3.精神层

精神层是组织文化的源泉,在整个组织文化的结构中,处于最深层,是组织文化的核心和灵魂,主要是指组织成员长期形成并共同接受的思想意识活动,包括价值观念、组织精神、组织哲学、道德规范、思维方式等。它是一所幼儿园本质的、个性的、精神风貌的集中反映,是幼儿园发展的内在的不竭动力,决定着整个幼儿园组织文化的性质与状态。一所幼儿园是否形成了比较成熟的组织文化,衡量的标准就是组织文化的精神层是否形成。

(二)幼儿园组织文化的内容

幼儿园组织文化主要包括精神文化、制度文化、行为文化、物质文化和形象文化五个方面内容。

1.精神文化

精神文化是幼儿园组织文化的内核。它主要是指幼儿园全体员工所信奉的价值观和组织精神,这种精神信念成为幼儿园组织成员的集体意识,是他们行动的指导原则。

(1)幼儿园组织的价值观

幼儿园组织的价值观就是幼儿园组织内部管理层和全体员工对教育教学、管理、服务等活动的看法或基本观点,它包括幼儿园组织存在的意义和目的、组织中各项规章制度的必要性和作用、组织中不同岗位上人们的行为规范等[1]。幼儿园组织的价值观的不同,形成了它们不同的组织文化的内容和愿景,因此管理者应特别注意对核心价值观的选择与培育。

(2)幼儿园组织精神

幼儿园组织精神是指幼儿园组织为谋求生存和发展,为实现自己的价值和社会责任,经过长期培育形成的一系列反映群体意识的信念,是幼儿园组织的精神支柱和精神动力[2]。幼儿园组织精神是幼儿园组织文化发展到一定阶段的产物,是幼儿园组织文化的集中体现。

例如,上海某幼儿园在"课改"过程中将其所努力建设的幼儿园组织文化提炼定格为"三实":朴实——教育的本质理念应是朴实无华的、有一定规律的(这是我们的教育理念);真实——教育实践来自生活,回归真实才是最有生命力的,孩子需要在真实的体验中学习、成长(这是我们的价值追求);扎实——教育工作所追求的应是扎扎实实的日积月累(这是我们的行为准则)。"三实"的提出,凸显了该园的办园理念与价值追求,确立了其主流价值观[3]。

① ② 王普华.幼儿园管理[M].北京:高等教育出版社,2005.
③ 何幼华.幼儿园管理创意设计[M].上海:华东师范大学出版社,2006.

2. 制度文化

幼儿园制度文化首先表现为文本化的各种规章制度,这样的制度既有国家颁布的教育方针、政策、法律、规章,也有政府主管部门制定的各类章程、规则、指示、要求等,还有幼儿园结合自身实际而制定的大量有关教育教学、科研、工作、学习、日常管理等规章制度。

在制度文化建设方面,管理者应积极倡导以人为本、尊重人的权利、满足人的需要、促进人的发展的新理念。注重"以园为本",增强"园本"意识,即变过去的外控式管理为自主式管理,坚持人本与科学的融合,建立以科学管理手段为途径,以发展人的主体性,促进人的全面和谐发展,提升人的生命价值为根本目的的制度文化体系,这样的制度文化才是为组织成员所认同并遵循的,才是有生命力的。

> **案例**
>
> 某幼儿园园长在巡班时,看到郑老师穿着露脐装、披散着头发,便当面对郑老师说明其行为违反了幼儿园规章制度,要其立刻改正并接受处罚。而郑老师只是撇了撇嘴说:"罚就罚吧,今天有个约会,下班再换就来不及了。"而私下里,郑老师也对其他人说:"不就提前换了一会儿衣服嘛,有什么大不了的,真是小题大做,拿着鸡毛当令箭!"此类现象在幼儿园并不少见,请你对该园的管理及制度做出评价。
>
> 【评析】
>
> 制度是幼儿园的"法",是幼儿园各项工作正常运转、良好工作秩序建立的保证。制度的合理性、执行的严格性、教师的认同感都会影响制度的贯彻和落实。因此,幼儿园的制度文化建设应立足本园、以人为本。首先,在制度建立之前,让所有教师参与制度的建立,明确制度建设的意义;其次,所有教师应该树立"没有规矩不成方圆"的意识,严格按照既定的规章制度开展日常工作,对遵守制度的教师员工进行适时奖励,同时惩罚违反规定的人员;第三,作为园长要注重运用领导艺术解决问题,在以身作则的同时,加强沟通技巧的学习。

3. 行为文化

行为文化主要是组织活动和组织成员行为规范的体现。例如,员工是否具有时间观念,是否能够建立和谐、融洽的同事关系,对待家长的态度是否热情周到,对待幼儿是否有耐心和爱心,部门之间是否团结协作等。它是幼儿园园风、精神面貌、人际关系的动态反映,是以动态形式存在的组织文化。

幼儿园组织的行为文化具体包括三个方面①:一是要建立与社会法律相一致的行为文化;二是要建立与社会道德相一致的行为文化;三是要建立与本组织特色相一致的高品位文化。这三者构成了组织行为文化的内容体系,缺一不可。

4. 物质文化

物质文化是幼儿园中由人的活动所创造的、体现着一种精神价值的物质群,比如说,某种风格的建筑群、园服、文化装饰、雕塑壁画、教学设备等,这些以物质形态存在的文化设施既是幼儿

---

① 阎水金,张燕.学前教育行政与管理[M].长春:东北师范大学出版社,2003.

园保教活动的场所,又外在地体现着幼儿园的价值追求。对幼儿园物质材料的选择、组织、布局和调控,总是带有一定的文化内涵。不同时期、不同地域、不同国家、不同民族乃至不同的幼儿园都不尽相同,从而形成本组织独特的物质文化。

5. 形象文化

幼儿园的形象是幼儿园的教育教学能力和特征在社会公众心目中的反映,是社会公众对幼儿园的总体评价。需要特别注意的是,在当前越来越激烈的幼儿园生存、发展竞争中,教师和幼儿是学校形象的实际代言人,因此,管理者一定要重视师幼的形象塑造和行为引导,要求教师以敬业、乐业、专业的职业形象,幼儿以遵守公德、团结乐群的幼儿形象,向社会展示幼儿园的形象。

三、幼儿园组织文化建设的原则

1. 以人为本原则

人是组织文化生成的第一要素。以人为本,是幼儿园组织文化建设的第一原则。发展要依靠人,发展是为了人。组织文化建设中要强调尊重人、理解人、信任人和关心人。

这就要求管理者在建设幼儿园组织文化的各项举措中,要体现出对教职工、幼儿的人格的尊重,让他们在和谐、融洽的氛围中工作、学习、生活、发展。只有遵循了以人为本的原则,幼儿园的组织文化建设才能深入人心,才能得到员工的自觉接受和认同。

2. 内容与形式相统一原则

幼儿园组织文化具有意识性,属于意识形态的范畴,但它又要通过幼儿园或职工的行为和外部形态表现出来,这就容易形成表里不一致的现象。建设幼儿园组织文化必须首先从职工的思想观念入手,树立正确的价值观念和组织精神,在此基础上形成幼儿园形象,防止搞形式主义,言行不一。

一方面要反对只顾内容,不顾形式的现象。如果只注重组织内在精神的建设,会使员工感到组织文化建设深奥、枯燥,远离自己的工作生活,并不利于组织观念的认同和内化。精心设计的园徽、园服、"员工生日会""员工、亲属大联欢"等形式多样的活动会使组织文化建设让广大员工看得见、摸得着,会为组织文化建设锦上添花。另一方面,更要反对只顾形式、不顾内容的现象。一些幼儿园只重视外在形式的塑造,花费巨资进行形象设计,却不注重组织成员思想、行为的培育,从而使组织文化建设不能深入、长久、有效地开展下去,只能流于形式,最终导致组织文化不能在幼儿园的管理中发挥灵魂作用。

3. 普遍性与特殊性相结合原则

幼儿园组织文化建设一方面要注重与社会主流价值观、组织精神的要求相一致,即具有一定的普遍适用性,如以社会主义核心价值观为统领、对中国优秀传统文化的继承和发扬等;另一方面,由于组织文化的独特性特征,在进行幼儿园组织文化建设时,管理者还要注重结合本园历史背景、师幼特点、物质环境特点等特性,有意识地在组织文化建设中体现出本园个性,防止千篇一律,没有特色。

4. 不断创新原则

虽然组织文化一旦形成,就具有一定的稳定性,但它并不是一个封闭的系统,它要求不断与外界进行信息、能量和物质的交换。幼儿园组织处在一个不断变化的环境中,不能固守一种固定文化表现形式,既要保持其文化的本质与精髓不变,又要不断创新它的表现形式,充实新的文化内容,这是组织文化获得巩固和发展的必然要求。可以说,创新是幼儿园组织文化建设的生命力所在,是幼儿园组织文化得以持续发展的内在要求和不竭动力。

四、幼儿园组织文化建设的具体方法

(一)榜样法

榜样法是指通过树立、宣传典型人物、先进模范的事迹,发挥党员的模范带头作用,对好人好事进行直接表扬,为广大员工提供直观的学习榜样的方法。在提炼和设计出幼儿园的组织文化并进行宣传之后,有一部分人能够直接认同并接受下来,并用理念做指导,自发产生相应的行动。幼儿园就要不失时机地把这部分先进分子树立为榜样,充分利用其示范效应,使组织理念形象化、直观化,从而使更多的人理解并认同组织理念。

(二)激励法

激励法指运用各种激励手段,激发员工动机,以营造良好氛围、塑造组织精神的各种途径与方法。管理者可以从以下四个方面入手,做好员工的激励工作。

1. 赞许

赞许即以当面称赞、书面表扬等形式,对员工符合组织价值观的行为给予肯定,以强化其行为动机。采用这种方式时应注意:一是赞许的时机和场合,应能为本人所接受,为他人所理解;二是赞许的内容应实事求是,有根有据,方能令人信服;三是赞许的程度要恰如其分,不可拔高、夸张、渲染;四是赞许使用的频率不宜过高,否则会降低其激励的效果。

2. 奖励

奖励可以是物质的,也可以是精神的,或物质、精神奖励并用。奖励要根据论功行赏的原则,慎重、准确、公正地进行。

案例

"奉献卡"的效应[①]

某园获得上级单位的表扬,全园教职工精神振奋,工作更加积极主动,甚至出现不少同志自觉加班加点的可喜局面。但是,也有一些教师认为:现在是市场经济,加班加点就应该给报酬。

园领导班子分析了园内现状,认为教师的要求虽然合理,但在园内经济不景气的情况下,还不能满足这样的要求。同时,园领导认为:在幼教工作中还应该鼓励教师爱岗、敬业,提倡奉献精神。于是他们给每位教职工设计了一个"奉献卡",请教职工本人把自己加班奉献的时间和内容如实填写在"奉献卡"上,园长在每月小结会上向全体教职工通报加班情况,年底园内给予适当奖励。

开展这项活动后,乐于奉献的教师得到领导、老师们的认可,获得了精神满足,不太积极的同志受到"刺激",感到"奉献卡"上什么也没有,面子上也不好看,从而促进了工作的开展。

---

① 张燕,邢利娅.幼儿园管理案例及评析[M].北京:北京师范大学出版社,2002.

3. 参与

让员工适时参与一些重要活动或幼儿园的管理决策,会提高员工的主人翁精神和归属感。参与有多种形式,如让教师出席重要会议,并鼓励他们在会上发言;鼓励教师和园长一起讨论他们的目标与计划,允许他们表达意见、提出报告等等。

4. 竞赛

竞赛也是激励员工的一种有效方式。开展竞赛应注意:一是要事先公布竞赛目标及具体规则;二是评定标准要具有可测性和可比性;三是竞赛的结果要公布;四是许诺的奖励要及时兑现。应当强调的是,整个竞赛过程要体现客观、公平的原则,才会有好的效果。

(三)教育法

教育法指通过各种教育、宣传、组织学习、开会传达等形式,对组织文化的内容与目标进行灌输的方法。管理者运用教育法进行组织文化建设时,一方面要注意做好正面的灌输教育,另一方面也要注意做好员工的自我教育,如可以通过总结研讨会的形式,让参与的员工在郑重而热烈的讨论中进行批评与自我批评,找出与他人的差距,认识自身的优点和不足,这样的自我教育会使员工更加乐意接受组织价值观。

> **案例**
>
> ### "从身边事例议起"园本文化活动的创意设计①
>
> **一、设计背景**
>
> 有着近五十年办园历史的上海市本溪路幼儿园,以"我的本溪我的家""人人是窗口,个个树形象""做幼儿园主人,做自己主人"等阶段目标为引领,在"本溪"文化建设中逐渐形成了"诚信为本,道德自律;敬业为荣,奉献为上;崇尚学习,潜心研究;永不满足,超越自我"的"本溪精神"。多年来,正是"本溪精神"潜移默化地引导着本溪人的行为,不断激励着本溪人创建了知名学前教育品牌。
>
> **二、设计目的**
>
> 通过"从身边事例议起"这一活动,使"本溪文化"的抽象理念与教职工的具体行为形成嫁接,使教职工在身边的事例感染、影响、激励之下,在互相学习、互相启发、互相提醒中获得对"本溪文化"的高度认同,并将其外化为行动,落实到自己的一言一行,落实到工作的每一个环节,使"本溪文化"真正落实。
>
> **三、实施步骤**
>
> 1. 学——组织学习本溪历史、讲述传统故事,使本溪人了解和理解以"本溪精神"为主流价值导向的"本溪文化"。
>
> 2. 看——通过看自己和看身边人,发现并收集与"本溪文化"相适应的典型事例。
>
> 3. 写——鼓励教职工将事例中的突出亮点写成案例。
>
> 4. 议——通过对典型事例的分析、解剖和议论,将事例所反映的内涵与"本溪文化"进行比较,谈谈自己对事例的认识和理解,找出事例背后所隐含的精神所在。

---

① 何幼华.幼儿园管理创意设计[M].上海:华东师范大学出版社,2006.

5.提——通过汇总大家的认识,将事例提炼成"本溪精神"的拓展内容和实际要点,并在全园达成共识。

6.做——通过教职工的实践,将理念与行为紧密联系,进一步弘扬园所文化,让"本溪文化"真正落实。

四、实施效果

"从身边事例议起"活动的开展,使教工感到"本溪文化"的理念不是空洞的,是真实的、具体的、有生命的,幼儿园文化建设不是被动的,而是自我教育、自我完善的主动活动;使园领导体会到小事虽小却能见大,对小事的议论要比理论的说教更有效,更能促使员工在真实的情境中受到教育和感化,有利于幼儿园文化的认同和内化。

(四)感染法

感染法即运用一系列的文艺活动、体育活动和读书活动等,培养员工的自豪感和向心力,使之在潜移默化的过程中形成集体凝聚力,体现"春风化雨""润物无声"的效果。

例如,幼儿园开设"生日温馨吧""倾听互动屋""才艺比拼台""非常好搭档""快乐大家庭"等活动,让员工换位体验、产生移情共鸣,从而建立和谐融洽的同事关系、家庭关系、师幼关系,增强了员工的归属感和集体荣誉感,间接地促进了幼儿园价值理念的认同与内化。

案例

一个园长的做法①

我园历年来不忘以情感人。我觉得,有时精神上的关怀比物质上的奖励更有意义。记得1999年9月10日的早晨,当我捧着一束束鲜花在园门口迎接每位老师到来的时候,她们别提有多么的兴奋与激动。今年9月7日,是我园某老师的生日,她是享受我园统一为员工们搞"过生日,送鲜花,送蛋糕"待遇的第一个。当鲜花、蛋糕、贺卡送到她的教室时,意外的惊喜使她激动地跑到园长办公室与我们紧紧拥抱。有句话说得好:"管人要管心,管心要知心,知心要关心,关心要真心。"这种真诚的关怀,真诚的情感投入,不仅增进了领导与老师们的友谊,同时极大地调动了她们教书育人的积极性。

总的来说,幼儿园组织文化建设的具体方法形式多样、不拘一格,管理者应该根据本园实际,选择一种或几种方法综合使用,并长期坚持下去,方能收到良好的效果。

思考与练习

1.什么是幼儿园组织文化?它有哪些特征?

2.请阅读以下案例,并回答问题。

① 钱霞.幼儿园的经营与管理初探[J].学前教育研究,2001(6).

林老师班上比较调皮的 A 小朋友将水杯里的水倒在了 B 小朋友的头上。林老师发现后,不由分说把 A 小朋友拉到一边罚站并狠狠地说:"你要是再用水浇别的小朋友,小朋友就再不和你玩了。"A 小朋友哭着承认了错误。

第二天早上,A 小朋友的家长怒气冲冲地带着孩子直奔园长办公室,反映昨天晚上孩子半夜发烧,说胡话,嘴里嚷嚷说:"没有小朋友和我玩了。"家长向孩子问明原因后非常气愤,认为昨天林老师惊吓了孩子,要求处分林老师。

园长听了家长的申述后,当场向家长表示歉意,并表示一定会把此事调查清楚,加强老师的师德教育。送走家长后,园长找到林老师,首先肯定她的工作成绩,同时指出幼儿教师只有责任心还不够,还应该对幼儿充满爱心。接着园长向林老师分析了昨天发生的事情,使林老师认识到对待调皮的孩子应该怎么做。园长对家长工作的耐心、对幼儿的爱心、对下属的关心,深深感动了林老师,林老师主动向家长道了歉,并下决心今后要改进教育方式,密切与家长配合。

(1) 案例中,园长在处理这件事情时,主要体现了组织文化建设的什么原则?

(2) 园长的做法主要体现了组织文化建设的哪个具体方法?

(3) 如何通过幼儿园日常工作进行幼儿园组织文化的建设?

第二节　幼儿园团队建设

人是管理的核心内容,也是管理中最有活力、最积极的因素。对人的管理已经成为现代幼儿园管理的根本任务。由两个以上具有共同目标的成员所组成的联合体就形成了一个团队,如班级、年级组、教研组、兴趣小组、工会,甚至一个幼儿园也是一个团队。建设一支团结奋进的高素质幼儿园团队,是幼儿园管理的重要任务和使命。

一、保教队伍建设

(一) 保教人员的任职条件

《规程》中指出:幼儿园按照编制标准设园长、副园长、教师、保育员、医务人员、事务人员、炊事员和其他工作人员。在第三十五条中明确了幼儿园工作人员应具备的基本要求:"幼儿园工作人员应拥护党的基本路线,热爱幼儿教育事业,爱护幼儿,努力学习专业知识和技能,提高文化和专业水平,品德良好、为人师表,忠于职责,身体健康。"

《规程》第三十七条指出:幼儿园教师必须具有《教师资格条例》规定的幼儿园教师资格,实行聘任制。第三十九条指出:幼儿园医师应按国家有关规定和程序取得医师资格;医师和护士应当具备中等卫生学校毕业学历,或取得卫生行政部门的资格认可;保健员应当具备高中毕业学历,并受过幼儿保健职业培训。

幼儿园要根据《规程》规定的任职条件严格选用保教人员,不能擅自降低标准或录用不具备相应资格的人员,对不履行职责者,应给予批评教育;情节严重的,应给予行政处分;构成犯罪的,由司法机关依法追究刑事责任。

(二) 保教人员的选聘与任用

1.选聘与任用的原则

(1) 因事用人原则

因事用人就是根据"事情"或职位任务的需要来确定组织机制和员额。这就要求管理者要根据幼儿园规模和性质,全盘考虑幼儿园的工作任务和所需设立的岗位及人员编制,进而明确各个岗位的工作内容与任职条件,选聘任用合适的人承担相应的保教工作。

(2) 用其所长原则

俗话说,尺有所短,寸有所长。每一个人都有自己的长处,也有自己的不足之处。幼儿园管理者首先要做到了解教职工的长处和优点,如每个保教人员的工作态度、性格特征、兴趣爱好、工作能力等等,然后从长处着眼,扬长避短,充分挖掘和利用教职员工的潜力,才能做到人尽其用,用其所长。

> **案例**
>
> #### 一个园长的用人心得①
>
> 每一位教职工都有自我实现的需要,但这种需要的满足不仅仅要靠个体的主观努力,更需要外界给予一定的动力,为其创设一个实现自我的环境。比如,我们注重用人之长,能根据每个人的特点适当调整岗位,使她们在适宜的岗位上更充分地展示自我,实现自我的价值。我们要求大家要做到:站起来能说,坐下来会写。经过实践,每个人在座谈会上都能够积极地发言,并能完成专题总结。许多教职工说:"以前我总认为自己没有能力做这些事,现在发现了自己的潜能。"

(3) 任人唯贤原则

任人唯贤就是指用人时只选德才兼备的人,只要他有才能,愿意为幼儿园发展贡献力量,就不应该考虑人情、关系等其他因素而选用他。"贤"是任用人员的最客观、最真实的标准,管理者要善于发现贤才、选用贤才。

(4) 充分信任原则

信任是对人才的最有力支持。幼儿园管理者要相信保教人员的道德品质、认可他们的工作态度、明白他们的工作方法、肯定他们的工作才智、信赖他们的工作责任感。管理者对保教人员既要委以职位,又要授予权力,使他们敢于负责,让他们明确自己的职责并忠于职守,做到遇事不推诿,大胆工作。

(5) 宁缺毋滥原则

幼儿园管理者如果明确知道某人不适合某个岗位,仍然加以选用的话,就等于在欺骗自己,可能不久之后就得重新选聘,误人误事。选用不胜任工作的人,会降低工作效率,并且影响其他人员的工作情绪。

2.建立保教人员任用的动态机制

人员任用应是一个动态过程。任何职位都不是终身的,而是流动的。能胜任则继续干,不能

---

① 陈淑珍.把以人为本的理念注入幼儿园的管理中[J].天津市教科院学报,2002(5).

胜任就要调整。建立保教人员任用的动态机制主要目的在于形成竞争和激励机制,避免论资排辈,为广大保教人员提供平等的施展才能的机会。主要可以做好以下两方面的工作。

第一,引入"鲶鱼",建立竞争机制。

当一个组织的工作达到较稳定的状态时,常常意味着员工工作积极性的降低,"一团和气"的集体不一定是一个高效率的集体,这时候就需要引入"鲶鱼",建立竞争机制。

案例

鲶 鱼 效 应

挪威人喜欢吃沙丁鱼,尤其是活鱼。尽管渔民总是千方百计地想让沙丁鱼活着回到渔港,可是大部分沙丁鱼还是在途中窒息而亡。但是,却有一条渔船总能让大部分沙丁鱼活着回到渔港,原来船长的秘密就是在装满沙丁鱼的鱼槽里放进了一条以鱼为主要食物的鲶鱼。鲶鱼进入鱼槽后,四处游动,沙丁鱼见了鲶鱼十分紧张,左冲右突,四处躲避,加速游动。运动所产生的免疫力使这些沙丁鱼活蹦乱跳地被运到了渔港。这就是著名的"鲶鱼效应"。

【评析】

引入"鲶鱼"是管理者激发员工活力的有效措施之一。幼儿园要不断补充新鲜血液,把那些富有朝气、思维敏捷的年轻生力军引入保教队伍中,甚至领导层。给那些故步自封、因循守旧、不思进取的员工带来竞争压力。必要时实行轮岗、待岗、竞争上岗制度,这样才能唤起"沙丁鱼"们的生存意识和竞争求胜之心。

第二,建立奖罚制度。

一方面,干部的任用要做到能上能下,如果达不到岗位要求,就要进行调整,选用符合要求的员工上岗;另一方面,要制定相应的奖罚制度。对尽职尽责、成绩优秀的保教人员给予一定的物质或精神奖励,以肯定他们的工作态度和成绩,使他们成为其他员工的表率;对工作中不能认真履行职责的员工进行适当的惩罚,以示警示。奖罚制度会给保教人员产生导向作用,达到奖勤罚懒、打破平均主义的目的,解决"干多干少都一样、干好干坏都一样"的问题。

(三) 教职工的培训与教育

幼儿园管理者不但要把好人才的入口关,还要通过对教职工的有计划的培训与教育,促进教师专业成长,提高保教队伍的素质。幼儿园管理者可通过以下六种途径对教职工进行职后培训与教育。

1. 教研活动

教研活动是保教人员结合教学所从事的研究活动。它与教学紧密相连,围绕教学而展开,既是教学的开始,又是教学的延续,也是对教学的分析、总结和评价。教研活动对于提高保教质量是一种有效而便利的方式,同时也是教师在职业务进修的重要手段。

教研活动的开展以园内教研组为单位,也可以以年级组为单位。教研活动内容丰富,可以学习研讨教育理论、方针政策、教学方法,可以进行集体备课,交流经验、沟通信息等。重在通过有组织、有计划的教研活动,转变保教人员的观念,增强研究意识,提高业务素养。

2. 观摩活动

观摩活动就是由一个或几个教师组织活动或上课,其他教师看、听,并进行评价分析,以达到相互学习、相互促进目的的教学交流活动。这种观摩活动可以推广优秀教师的保教工作经验,帮助上课教师发现保教工作的缺点和不足,促进上课教师不断提高保教工作质量;也可以让幼儿园管理者了解幼儿园当前保教工作的开展情况。观摩活动可以在园内展开,也可以联合区域其他幼教机构,开展跨园观摩研讨活动。

3. 专题讲座

幼儿园管理者可以根据当前幼儿园工作中的实际问题和需要,聘请专家、学者或经验丰富的教师进行专题讲座。专题讲座的一个特点就是具有很强的针对性,能够及时对保教人员工作中出现的具有共性的问题进行分析、探讨和解决。专题讲座不但可以解决保教工作中的问题,也可以进行新教育理念的学习、热点问题的探讨、新政策法规的宣讲,是幼儿园对保教人员进行培训与教育的主要途径之一。

4. 开展竞赛

幼儿园开展保教人员的职业竞赛,如三笔字、舞蹈、声乐等基本功竞赛或赛教活动,可以让保教人员直接相互学习,取长补短,还可以激发保教人员积极向上的精神。竞赛评比虽然不是直接的教育培训活动,但是促进了保教人员的交流和沟通,间接推动了保教人员业务能力的提升。

5. 以老带新

教师的成长需要经历一个较长的过程,需要一定时间和经验的积累。新任教师刚刚走出校门,实践能力较薄弱,缺乏经验,短时间内不能独立带班。通过经验丰富的老教师的言传身教和现场指导,可以缩短新任教师摸索的过程,从而较快熟悉保教工作,了解岗位职责,尽快适应工作环境。"以老带新"是一种传统而有效的青年教师培训形式。

6. 参与课题研究

课题研究是提高教师理论水平、积累教育经验、促进教师专业成长的有效途径之一。

当前许多幼儿园都参与或独立承担了不同层次的课题研究,在专家的指导下,幼儿园课题研究培育了一批具备一定研究能力的教师,教师发现问题、分析问题、解决问题的能力日益提高。在这种氛围下,教师积极参与到幼儿园课题研究中来,已经不仅仅是研究问题,更是在与同行和专家合作的基础上,接受培训和教育的一条重要途径。

二、领导班子建设

(一) 园长的任职条件与岗位职责

1. 园长的任职条件

1996年颁行的《全国幼儿园园长任职资格、职责和岗位要求(试行)》中对幼儿园园长任职资格作了如下具体规定:

① 拥护中国共产党的领导,热爱社会主义祖国,认真贯彻国家的教育方针。热爱幼儿教育事业。

② 示范性幼儿园和乡镇中心幼儿园园长应具备幼儿师范学校(含职业学校幼教专业)毕业及以上学历,有五年以上幼儿教育工作经历,并具有小学、幼儿园高级教师职务。其他幼儿园园长应具备幼儿师范学校(含职业学校幼教专业)毕业及以上学历或高中毕业,并获得幼儿园教师专业考试合格证书,有一定幼儿教育工作经历,并具有小学、幼儿园一级教师职务。

③ 获得幼儿园园长岗位培训合格证书。

④ 身体健康,能胜任工作。

2. 园长的岗位职责

① 贯彻执行党和国家有关幼儿教育的方针、政策以及教育法规、规章,坚持正确的办园方向。

② 负责教职工的思想政治工作、职业道德教育,组织文化、业务学习;维护教职工的正当权益,关心并逐步改善教职工的生活和工作条件;发挥教职工代表大会在幼儿园民主管理中的作用,调动和发挥教职工的主动性、积极性和创造性。

③ 主持幼儿园的保教工作。领导和组织安全保卫、卫生保健工作,贯彻有关的法规和规章,确保幼儿在园安全、卫生和健康;领导和组织教育工作,贯彻执行国家幼儿园课程标准,促进幼儿身心和谐发展。

④ 领导和组织行政工作,包括工作人员的考核、任免和奖惩及园舍、设备和经费管理等。

⑤ 密切与家长和社区的联系,向家长和社区宣传正确的教育思想和科学育儿知识,争取家长和社区支持幼儿园工作。

(二)园长的任命与聘任

园长的任命和聘用权属于幼儿园的创办单位。由地方政府设置的幼儿园,由市、区(县)教育局直接任命或聘任,或经由市、区(县)教育局同意,由幼儿园教职工代表大会选举推荐,报教育局批准任命;由非地方人民政府设置的幼儿园,可以采用公开招聘、人事主管部门推荐任命,并将所聘任园长的资料报教育行政部门备案。

幼儿园园长实行任期制,每届任期 2—4 年,可连任。任期满后,主管部门可根据平时对幼儿园的工作督导检查,教代会对园长的评议和任期目标实现的情况进行综合考核,做出连任或离任的决定。

如果园长在任期内要求辞职,必须向主管部门提出书面申请,经批准方可离职。园长在任期内不胜任工作或严重失职、犯法,主管部门有权免除其职务,必要时追究其责任。主管部门对于任内成绩突出的园长也应表彰奖励。

(三)幼儿园领导班子的建设

领导班子是为实现领导活动由若干成员组成的领导集体。这个集体掌管着组织的大政方针,对一个组织的整体活动起着决定性作用。领导班子是幼儿园的管理中枢,好的班子才能带出好的保教队伍,带出好的工作作风,才能凝聚人心、提高管理效能。

幼儿园领导班子规模一般不确定,根据《全日制、寄宿制幼儿园编制标准(试行)》规定:3 个班以下的幼儿园设 1 人;4 个班以上的幼儿园一般设 2 人;10 个班以上的寄宿制幼儿园可设 3 人。

1. 建设结构合理的领导班子

领导班子不仅需要有良好的个体素养,更需要有优化的结构组合,这样才能群策群力,进行优势互补,发挥集体领导的作用。影响幼儿园领导班子结构的因素主要有年龄、知识、能力和个性等。

(1)年龄结构

形成合理的年龄梯次结构是优化领导班子结构的一个重要因素。不同年龄段的干部有着不同的阅历,因而有着不同的优势。年纪大的领导干部经验丰富,善于深谋远虑,能全面、周到地观察和考虑问题,但容易因循守旧;年轻干部文化层次较高,有热情、有冲劲,敢于打破常规,具有改革勇气、探索意识和创新能力,但实践性略差,经验欠缺。所以,在领导班子配备中要注意形成合理的年龄梯队,实现不同年龄段领导的有机组合,有利于发挥各自的优势,扬长避短,也有利于形成新老交替的良性循环。

（2）知识结构

幼儿园工作涉及面很广,包括保教、行政、后勤、卫生保健等多方面。一个人很难对这些领域都很精通,所以领导班子的成员就要根据各自的知识结构和特长进行分工。例如,园长要具备综合管理的知识和经验,而各个副职应该具备某一方面的专业知识。

（3）能力结构

幼儿园领导班子应具备的能力包括自学能力、观察能力、思维能力、表达能力、科学决策能力、组织协调能力、改革创新能力等。事实上,每个人的能力不可能在各个方面都突出,总是各有所长,所以在优化组合中,要坚持能力互补的原则。一个能力结构合理的领导班子,既需要统揽全局、高瞻远瞩、善于决策的帅才,也要有较强的实践能力、操作能力,能身先士卒,以身作则的将才。能力结构合理的幼儿园领导班子,才是多功能、高效率的领导班子。

（4）个性结构

在配备领导班子时,还应综合考察干部个性结构的合理性,使班子成员的个性互相补充,协调一致,团结共事。既要有雷厉风行、敢打敢拼的成员,也要有处事严谨、周到细致的成员,做到刚柔相济。班子一把手的性格气质,是搞好班子团结的重要因素,一把手必须有虚怀若谷的胸怀,既能果断处事,又不独断专横,不揽功、不诿过,坚持原则,公正无私,使其领导下的所有成员都能在平等、宽容、团结、和谐的环境中奋发进取;副职要有识大体、顾大局、不计较个人得失的优良品格,既能贯彻好班子集体做出的决定,又能独当一面、创造性地开展工作,使班子成为具有凝聚力和战斗力的集体。

2. 建设团结协作的领导班子

只有团结协作的幼儿园领导班子才能充分发挥领导班子的集体智慧,才能带领全体员工实现幼儿园的目标。如果领导班子不团结、意见不统一、搞分裂,集体做出的决策就很难得到执行,会极大地削弱领导班子的管理功能。

（1）领导班子团结的主要标志

① 班子成员的办园思想比较统一,有共同的奋斗目标。

② 成员之间有强烈的认同感与归属感。

③ 成员没有分裂为互相对立的小集团。

④ 班子中发生的矛盾,能够内部自行解决。

⑤ 班子成员对班子中的主要领导者持肯定和支持的态度。

⑥ 班子中的主要领导有威信和影响力,能有效地协调班子的团结。

（2）促进领导班子团结的方法

① 班子成员之间要相互体谅、相互尊重。特别是一把手要善于在工作上动之以情,晓之以理,避免工作方式的粗暴和简单化,要注重不同个性的思想,力求春风化雨。不论在何种场合要多维护班子集体的权威性,多鼓励人、激励人。

② 班子成员之间要学会沟通。这是实现领导班子团结的一个重要方式。在高速发展的现代社会,学会沟通、增强人际关系和职工中的亲和力,是一项重要的素质。班子成员平时在各自的岗位上忙忙碌碌,工作常有交叉,难免存在一些误会和摩擦,及时坐下来加以沟通,彼此坦诚相见,消除误会是非常必要的。

③ 领导班子要分工明确,有职、有权、有责。班子成员各司其职、各担其责,才能避免遇到荣

誉归于自己、遇到问题相互推诿,也减少了班子成员之间的误会和摩擦。

④ 园长要起模范带头作用。园长是幼儿园领导集体的核心,其思想和行为直接影响着整个班子的决策,园长要能率先垂范,带头执行领导班子做出的决定,才能取得班子成员和教职工的认同和信任。

3.建设学习型、创新型的领导班子

当今社会是一个学习型的社会,学习已经成为一种生活方式。管理大师彼得·圣吉认为,在现代组织中,学习的基本单位是团体而不是个人。

幼儿园领导班子更要按照"干什么学什么""缺什么补什么"的原则,不断加强政治理论、文化专业、现代科技、领导科学、政策法规等内容的学习,提高领导班子的理论素养、领导水平和实际工作能力。

幼儿园领导班子要把学习理念贯穿于学习、工作和生活之中,让学习成为个人和班子发展的基础。把学习摆到重要的位置,强调共同学习、整体提高。制定相关的长远学习规划,建立相应的学习机制,并能持之以恒,在幼儿园起到引导表率作用。

幼儿园领导班子不仅要善于学习,还要勇于创新。创新是学习的最终目的。第一,创新不是凭空而来的,它是一种以知识为基础、以科学为根据的创造性劳动,建立在学习的基础之上;第二,对创新活动要进行激励,通过激励,唤起班子成员的创造欲,充分发挥其想象力和创造力;第三,创新是一种风险性活动,要有宽松和谐的环境,允许失败。

因此,幼儿园领导班子要不断加强学习,做到在学习中创新,在创新中学习,这样才是一个充满活力、生命力、凝聚力、战斗力的领导班子。

? 思考与练习

1.幼儿园主要通过哪些途径对保教人员进行职后培训与教育?

2.讨论:如果你是园长,你将建设一支什么样的领导班子? 如何做?

第十章 幼儿园公共关系管理

思维导图

学习要点

◇ 公共关系的兴起与发展
◇ 幼儿园公共关系的含义
◇ 幼儿园公共关系的原则
◇ 幼儿园公共关系管理的途径与方法
◇ 幼儿园家长工作与社区工作内容

导 语

公共关系学是一门研究组织与公众之间相互传播沟通的行为、规律和方法的学科。伴随着人们对公共关系的普遍认识,它已越来越成为现代组织参与社会竞争的重要手段。幼儿园要想求生存、求发展,必须重视学习、应用公共关系的知识与技巧。本章将简要介绍公共关系的产生、发展历程,分析幼儿园公共关系的对象、原则,阐述幼儿园公共关系的内容、管理方法等。

第一节 公共关系概述

公共关系作为一门新兴的研究领域,一出现就受到了人们的关注。它是现代社会的产物,明显带有现代社会文明的"胎记"。它已经广泛应用于社会经济生活的各个领域。但是,公共关系也有一个从萌芽到成熟,从低级到高级的发展过程。我们研究它、了解它,将它注入幼儿园管理过程中,是为了更好地为幼儿教育服务。

一、什么是公共关系

公共关系是指一个社会组织通过传播、沟通等手段与其相关公众之间形成双向交流的管理活动。使双方达到相互了解、相互适应和共同发展的目的。

理解这一含义,需要掌握四个要点:

第一,从主体与客体的关系来看,公共关系是一个组织与公众之间的双向关系。

第二,从它的实施手段来看,公共关系主要通过传播与沟通等手段实施。

第三,从它的职能来看,公共关系是一种管理活动。

第四,从它的目的来看,公共关系是为了实现组织与公众的共同发展。

这一定义较为科学、严谨地表述了公共关系的基本要素及其本质属性[①]。

二、公共关系的作用

公共关系是一种内求团结、外求发展的经营管理艺术。其职能的发挥必定会对社会、组织及个人产生重大的影响,这就是公共关系的作用。

(一)塑造形象

在现代社会条件下,各个组织必须在公共关系战略指导下,将组织的信息向社会发布,以增进组织与公众之间的了解、信任和支持,在社会公众中树立良好的组织形象。树立良好的组织形象容易使组织得到公众的肯定和支持,使公众产生信赖感,增加员工的归属感和成就感,便于吸引人才和留住人才,有利于组织的生存与发展。对于幼儿园来说,公共关系的目的应是在广大家长、社区中树立一个良好的服务者与教育者的形象。它具体包括员工形象、服务质量、保教质量、环境形象、园所风貌等各种形象要素。这里面包括有形形象和无形形象。

1. 有形形象

有形形象指组织的外在特征和风格,通过人们的感官能直接感受到的形象,如幼儿园的绿化环境、园舍设施、保教质量等。外在的特征可以使人一目了然,产生鲜明的印象。

2. 无形形象

无形形象指组织的内在特征和风格,通过人们记忆、思维而形成的组织深层的形象,如幼儿园的精神面貌与凝聚力、员工的服务意识与态度等。一个组织要建立良好的社会形象,既要重视有形的外在形象,也要重视无形的内在形象,两者都不可偏废。

(二)协调关系

公共关系作为组织与公众沟通的桥梁,发挥着协调沟通的重要作用。公共关系的协调功能一般包括内外两个方面。

1. 组织内部关系的协调

组织内部的关系协调,一般涉及三类:一是管理层与员工之间的关系协调;二是组织内部各职能部门之间的关系协调;三是员工之间的关系协调。公共关系必须协调好领导者之间、职能部门之间、领导者与被领导者之间、员工与员工之间的关系,努力创造理解、合作、团结的良好氛围,及早消除不满和成见,帮助进行意见和情感交流,营造一种互相支持、互相信任、互相谅解的工作环境,培养员工对组织的认同感,增强组织的向心力,取得最佳管理效果。

2. 组织与外部关系的协调

组织与外部关系的协调主要包括顾客关系、上级关系、同行关系、社区关系、媒介关系等。组织与外部的关系如果处理不当,会直接威胁到组织的生存和发展。因此,应积极发展对外关系,与社会公众建立广泛的联系,扩大组织的知名度,认真倾听公众的意见与要求,争取社会各界对组织的支持与帮助,广交朋友,创造"人和"的环境,为组织发展打下良好的基础。

---

① 张怀宇.公共关系学[M].北京:中国时代经济出版社,2007.

思考与练习

1. 请结合你所学的知识,谈一谈幼儿园公共关系有什么作用?

2. 案例分析题:

一位公关部经理曾这样说道:公关工作好比一名青年追求伴侣,可以用很多种办法,大献殷勤是其一,但这是推销,而不是公关;努力装饰自己的外表,讲究谈吐举止,这是其二,不过这也不是公关,而是广告。如果这位青年进行精心的研究与推敲,制定出周密可行的计划,并且认真履行,以良好的成绩来得到称赞,并通过他人之口将对自己的优良评价传扬出去,这就是公共关系了。

从这段话中,你认为公共关系的含义是什么? 你怎样理解它?

第二节　幼儿园公共关系的对象、内容与原则

一、幼儿园公共关系的含义

幼儿园公共关系是幼儿园为实现教育及管理目标,有组织、有计划地运用各种传播手段与内、外部沟通联系,在幼儿园与幼儿及家长之间、幼儿园与员工之间、幼儿园与外部公众之间建立和发展相互了解、信任与支持合作的关系,以提高幼儿园管理质量,塑造幼儿园良好形象和创造最佳教育环境为目的的社会实践活动。

这个定义至少包含以下三层意思。

第一,幼儿园公共关系是幼儿园与幼儿及家长、幼儿园与员工、幼儿园与外部公众之间的关系,其中,幼儿园是主体,幼儿、家长、员工、外部公众是客体。

第二,幼儿园公共关系是传播活动,是一种双向的信息交流。幼儿园可以通过传播活动扩大组织对社会的影响力,建立良好的社会形象,而幼儿、家长、员工则可以通过信息交流实现自己的目标与要求。

第三,幼儿园公共关系具有管理职能。作为主体的幼儿园是一个控制系统。它能根据信息反馈调整幼儿园内部的行为及其规范,以利于与其客体的交流与合作。它所追求的目标是幼儿园与其利益关系的双赢。

二、幼儿园公共关系的内容

1. 与教职工的关系

① 妥善处理物质利益关系,如工资收入、福利待遇等。

② 重视教职工的精神利益,充分信任教职工,促进感情交流,培养集体观念和团体精神,激发教职工的自豪感,增强教职工心理上、精神上的满足感。

③ 尊重和信任教职工中"非正式群体领袖",重视他们反映的各种情况,让这些"非正式群体领袖"担负一些比较重要的职务,争取他们的合作和支持,借助他们做好与其他员工的信息交流工作。

④ 注重与新教职工沟通感情,激发他们热爱幼教工作的热情。

⑤ 关心困难员工的思想动态及生活,解决他们的难题,等等。

2. 与股东的关系

① 尊重股东的权益,满足他们参与幼儿园管理,了解保教质量和发展信息的要求。

② 加强企业与股东的信息交流与沟通,及时向股东如实报告幼儿园的各种信息。

③ 鼓励股东为提升幼儿园品质出谋划策等等。

3. 与幼儿及家长的关系

① 树立"一切为了孩子,为了孩子的一切,为了一切孩子"的观念。

② 提供优良的保教质量和服务。

③ 尊重幼儿的权利,保护家长的利益。

④ 成立家长学校,向家长传授幼儿教育的知识,宣传正确的教育观、儿童观。

⑤ 建立家园联系机制,做到家园合作,共同承担教育幼儿的责任。

⑥ 定期家访等等。

4. 与政府的关系

① 认真贯彻执行党的教育方针、各项政策,自觉服从各级政府的管理。

② 重视与政府管理部门的信息交流,增进双方的感情沟通。

③ 争取政府的政策支持、经济扶持等等。

5. 与社区的关系

① 树立居民意识,做热心居民。

② 帮助小区职工解决子女入托问题。

③ 承担社区公共事务,参与社区公益活动。

④ 搞好环境保护,美化社区环境,利用社区的资源为幼儿园服务。

6. 与新闻媒介的关系

① 及时主动地向新闻媒介提供信息。

② 与新闻界人士建立友谊关系,邀请新闻界人士参观幼儿园,参加座谈会、研讨会、晚会、舞会、联欢会,促进了解,增进友谊。

③ 尊重新闻工作者,不提无理要求。

三、幼儿园公共关系的原则

公共关系既是一门学科,又是一项社会实践活动,任何组织在实施公共关系活动时,必须遵循共同的原则,幼儿园也不例外。

(一)实事求是原则

实事求是原则指组织在开展公共关系活动时,输入、输出信息必须做到真实、全面、公正。

100多年前艾维·李创建公共关系时,就提出了一个根本性的观念:"向公众说真话。"信任公众、依靠公众是搞好一切公关工作的前提。

幼儿园作为幼儿教育的机构,肩负着培育后代,造福人类的重任,更要注意坚持公共关系的真实性,如实向社会、向家长、向幼儿传达信息,树立良好的职业道德,这样,才能取信于家长,取信于社会。

案例

注重师德　言传身教

一家在当地知名度很高的幼儿园接到一个家长的投诉,说中一班的教师骂他的孩子是"猪脑子"。园长在了解了情况,证实家长所反映的情况属实之后,亲自带着这位教师上门向家长和幼儿赔礼道歉。同时,召开专题家长会,请家长就幼儿园服务意识与服务质量等问题提出意见与建议,在幼儿园教职工中开展了幼儿教师职业道德与教师言行规范教育活动,并借助本园的知名度向全市幼儿教师发出"树形象,净言行,美心灵"活动倡议,还邀请当地电视台与日报社作专题报道。

【评析】

这件事情发生后,幼儿园的处理看似有些小题大做,有人认为没有必要。但是,正由于幼儿园敢于向公众暴露自己的不足,敢于承认错误,改正错误,用真诚打动家长和社会,才挽回了不良影响。更为可贵的是,该园以此事为教育契机,将坏事变为好事,向广大幼教工作者提出警醒,起到了良好的教育作用,更加得到社会和家长的信任。

(二)持之以恒原则

一次出色的大型活动,可以产生较大的社会影响,提升幼儿园的知名度。然而,要使幼儿园有长远的发展,必须致力于长期的公共关系努力。"有事时有人,无事时无人"是公关活动的大忌。幼儿园的发展离不开家长、社区、社会各界的广泛支持,公共关系归根结底是与人打交道,持之以恒的公共关系能为幼儿园创造一个生存和发展的和谐环境。

(三)真情沟通原则

不论是与家长还是与上级主管部门打交道,以真情换真心是公共关系的基本原则,人是有感情的动物,在公关过程中,一定要注意以诚相待,做到公平、合作、敢于负责任,用真诚与情感打动对方,才能使对方产生信赖感。

(四)全员公关原则

全员公关原则指全体员工都要树立公共关系观念,关注并参与公共关系工作。

目前情况下,大部分幼儿园还没有专门的公关机构和专业的公关工作人员,因此,树立形象、培养公关意识更是每个幼儿园的教职工的职责,每个教职工都要注意自己的言行,对幼儿和家长负责,建立良好的公关状态,以维护幼儿园的利益。

案例

全员一致　塑造良好形象

一名家长带着3岁的男孩,到一所幼儿园实地考察,准备为孩子联系入托的事。在园长的陪同下,他们进入小班,看到幼儿园的孩子们正在开心地玩游戏,小男孩也不由自主地参与其中,园长和老师向家长介绍幼儿园情况时,突然,小男孩大声哭起来。保育员连忙上前,看到男孩脚下一片湿地,原来,男孩尿裤子了。保育员马上抱起男孩,找来一套干净的园服,先帮他清洗干净,再帮他换上裤子。小男孩又开心地和其他小朋友一起玩去了。保育员再将尿湿的裤子洗干净,交还给家长。这名家长随后就给男孩办了入园手续。

【评析】

公关工作仅仅是园长和少数几个人做是不行的,更不能只停留在口头宣传上,幼儿园每一名员工的每一个举动,每一句话语,都是公关工作的内容。这位家长正因为看到园长的热情、教师的接待和保育员的敬业,才选择了这个幼儿园。

思考与练习

1. 幼儿园公共关系的内容有哪些?

2. 园长应该怎样处理与内部职工的公共关系?

3. 结合以下案例,分析黄老师的教育行为:

性格文静的馨馨午睡时总是睡不着。为解决这个问题,黄老师耐心地告诉她天天午睡的好处。黄老师还联系家长,寻求家长配合,让馨馨在家里早睡早起,以帮助她养成良好的午睡习惯,可总是收效不大。

经过观察,黄老师发现馨馨不好运动,到午睡时仍然精神饱满,不觉疲倦。于是,黄老师调整策略。首先,让馨馨增加运动量,如户外运动后引导她跑几圈,跑完后发给金牌;让她和运动量大的小朋友一起游戏、玩耍。其次,舒缓馨馨的情绪,午睡时不催她,还在耳边轻轻地说:"没关系,如果睡不着就闭上眼睛躺一会儿吧!"等她睡着后,在她枕头下藏了一个小红花,等她醒来,给她一个惊喜。慢慢地,馨馨每天都能睡得很香了!

请评析黄老师的教育行为。

第三节　幼儿园公共关系管理的途径与方法

一、幼儿园公共关系管理的途径

开展幼儿园公共关系工作,一般主要有搞好内部公关、重视家长工作、开展社区服务、争取政府支持、借助媒体宣传等途径。它们既可以独立运用,也可以结合起来运用,如果使用得当,可以使幼儿园公共关系工作取得最佳成效。

1. 搞好内部公关

搞好内部公关,是幼儿园公共关系管理的重要途径之一。

幼儿园内部的员工,是幼儿园公共关系的核心,员工这个最有活力、最积极的因素,是幼儿园管理工作的关键。因此,鼓励员工努力做好本职工作,激励员工为幼儿园的发展作贡献,提高办园质量,是幼儿园公共关系的根本。

另外,要贯彻全员公关的原则,树立员工的形象意识和窗口意识,通过员工的形象来塑造幼儿园的良好形象。

案例

提高福利　留住人才

　　广东省一家私立幼儿园建了一幢教职工宿舍楼,住房政策是:刚毕业来幼儿园工作的教师享受一人一间住房的待遇,并且有配套设施,如厨房及厨具、卫生间及热水器、空调、彩色电视机,工作三年以上的教职工享受一人一套一居室套间,工作五年以上的享受二居室套间,结婚的教职工可享受三居室套间。

【评析】

　　广东省这家私立幼儿园实施这种住房福利待遇,是为了使教职工在享受这些优厚福利的同时,努力为幼儿园尽心尽力、奋发工作,客观上也促使了幼儿园社会效益与经济效益的不断提高。这种物质与精神关系的处理也是幼儿园内部公关工作的内容之一。

2. 重视家长工作

　　努力做好家长工作,取得家长的支持、理解和信任。家长是幼儿园公共关系的"播种机",要赢得家长对幼儿园工作的支持和认同,就必须重视家长工作。例如,就孩子的教育问题多与家长进行交流,让家长参与幼儿园的保教工作与管理,开展多种形式的家庭教育服务等。

案例

想家长所想

　　一个别墅区的小区幼儿园因为所属地域比较偏僻,居住区人口不多,幼儿园的生源不足。他们努力提高服务质量,在为家长、为幼儿服务方面做了大量工作。例如,为了方便家长接送,幼儿园购置了两台面包车,每天免费在市区交通方便的地点为家长接送幼儿;并提供灵活多样的托管方式——寄宿制、全托制、半日制、周末周日制;对生病不能来园的幼儿上门探望;逢幼儿生日,送上蛋糕和贺卡,等等。半年后,幼儿园的生源逐步增多,社会影响力也逐步增大。

【评析】

　　为家长和幼儿提供细致、方便的优质服务,既可以方便家长,又体现了幼儿园的品格。这些做法通过家长的口传播出去,可以取得较好的公关效果。

3. 开展社区服务

　　幼儿园在地域上总是依附社区而存在,它是社区的组成部分。幼儿园应主动为社区服务,帮助社区挖掘教育资源,协同社区做好早期教育工作,了解社区公众的教育需求,积极参加社区公益活动等,这些活动是幼儿园教育品格的体现,可以在社区公众中树立幼儿园的良好形象。

案例

提高园所知名度

　　某镇的幼儿园为社区成员之一,组织幼儿、家长、老师共同参与社区"家庭联谊会""我是文明人"等主题活动。同时以幼儿园为主,社区为辅合作开展的活动有:家长学校、教师志愿者活动、亲子活动;各类主题活动"关爱社区老人""跳蚤市场"。幼儿园与社区呈现出良好的互动局面,形成了"你中有我,我中有你"、不可分离的新型关系,真正达到了和谐发展及资源共享的新局面,为全面育人创造了良好的环境条件和氛围。

【评析】

幼儿园作为社区的组成部分,应提高自身的文明程度,为优化社区的文明质量做贡献,如美化幼儿园环境、提高幼儿园教师与工作人员的素质、培养幼儿良好的文明习惯等。幼儿园通过社区活动和园内教育活动的结合,可以同时为社区精神文明的发展服务,共创幼儿发展的良好社会环境。

4.争取政府支持

在市场经济体制下的幼儿园管理,已经面临着政策、经济等各类问题,单凭自身的力量难以提升幼儿园的品质和规格,在同行中的竞争力也会受到影响。因此,争取政府、社会的支持和帮助,通过政府的政策扶持、经济资助、法律保障,是幼儿园得到良好发展的重要因素。

5.借助媒体宣传

幼儿园要经常通过报刊、广播、电视、网络等媒介向社会宣传自己,向社会传达自己的教育理念、办园特色、工作成果等。

二、幼儿园公共关系管理的方法

公共关系管理的方法很多,这里介绍几种常用的方法:宣传、交流、展示、征询、服务等。幼儿园管理者应该较好地运用它。

(一)宣传

宣传是向公众说明情况,讲清道理,使公众信任并支持某项政策或行动的一种活动。幼儿园可以综合利用各种传播媒介、宣传工具,向公众传播信息,形成宣传攻势,能在较短的时间内形成有利于幼儿园的舆论。其优点是:信息覆盖面较广,有较强的渲染性,能迅速扩大知名度。

具体的宣传形式包括以下五个方面。

➢ 利用报纸、电台、电视等进行专题访问或新闻报道。

➢ 通过报纸、电视、设路牌等做广告。

➢ 开新闻发布会。

➢ 向家长、社区及其他公众印发宣传材料。

➢ 利用家长学校向家长及社区宣传早期教育理念及育儿知识等。

案例

加大媒体宣传 扩大知名度

一家在广东中山的港资幼儿园,每年六月都要在香港为毕业生举办隆重而活泼的毕业典礼。出席典礼的嘉宾有香港特区政府有关官员、幼儿园所在地政府官员、香港各幼儿园园长、毕业生及其家长等。典礼上,毕业生们头戴浅紫色的小博士帽,身穿同色的小博士服,一个一个接过由嘉宾、园长向他们颁发的毕业证书,脸上露出自豪、激动的笑容,小、中班的伙伴们用游戏和节目向他们表示祝贺。活动还请来了香港和中山电视台进行新闻报道。

【评析】

　　幼儿园以活动为契机,请来政府、社区、家长、媒体等公众群体,既联络了感情,加强了交流与沟通,又为幼儿园树立了良好的形象。

(二)交流

交流是以人与人之间的直接交往为特征的公共关系模式。它通过直接的人际交往,使幼儿园与公众的沟通直接化、情感化,建立起较为牢固可靠的人缘关系,有较强的灵活性和人情味。能使人感觉到真诚、信任。

幼儿园与公众交流,可采用以下多种多样的形式。

➤ 向上级领导、主管部门提出办园的设想与建议,争取他们的理解与支持。

➤ 看望、慰问生病的上级领导、园内员工、幼儿、社区老人,嘘寒问暖,传递温情。

➤ 成立家长委员会,让家长参与幼儿园管理。

➤ 设家长、员工接待制度,有针对性地交流看法,沟通思想。

➤ 建立家园联系册,交流幼儿健康、学习等情况。

➤ 通过座谈会、茶话会、宴会、舞会等形式与公众沟通情感,活跃文化生活。

➤ 走访社区、家长,了解他们的需求与建议。

➤ 逢年过节,邀请公众联谊,促进感情交流,等等。

(三)展示

展示是以举办社会性、公益性活动提高幼儿园形象的活动模式。

一是以节日庆典为由而展开,借机邀请有关公众做嘉宾,增进与各方面的交往。如"六一"庆祝活动、幼儿园周年纪念活动等。

二是以社区为中心开展活动。如参加社区运动会、参与社区文艺活动、开展亲子游戏活动等。

三是向幼儿家长及社区公众展示幼儿学习、生活的过程和取得的成果。如幼儿园半日开放活动、幼儿园游戏开放活动、幼儿园教育活动观摩等。

(四)征询

征询指组织以通过征求和询问内外公众对自己的意见和建议,了解公众想法为主要形式的公共关系活动。这类公关方式的主要功能在于为幼儿园管理活动提供科学依据、策略和方法,以及对有关情况进行预测,起到"智囊"的作用。

活动的形式有社会调查、接待投诉、设征集意见箱、走访家长及社区征集意见、座谈等。

这样做既可以了解社会、家长的心理需求,调节幼儿园管理机制,优化保教工作质量,又可以给公众留下心中有公众的良好印象,是吸引公众注意的一种手段。

(五)服务

幼儿园作为托幼机构,本身就有为社区服务、为家长服务的性质。因此,幼儿园通过扩大服务项目,增强服务意识,可以提高公众对幼儿园的认可度,树立良好的社会形象、品格形象。这是幼儿园应该重视的重要公共关系管理方式。

服务的方式应以考虑家长及社会的需要,帮助他们解决实际问题为出发点。以下列举一些常见服务方式。

➤ 提供方便家长的接送服务。

➤ 采取各种形式的托管方式:半托、全托、寄宿制、周末制、午托制等。

➤ 小区内居民享受优先入托政策。

➤ 困难户、低保户的优惠入托政策。

➤ 走向社会、走向街头的免费咨询服务。

➤ 向社区、企业提供文化事业服务、公益服务等。

思考与练习

1. 幼儿园在与外界交流中应注意哪些问题?

2. 幼儿园怎样开展公关工作?

第四节 幼儿园的家长工作

一、幼儿园家长工作的意义

《规程》指出:"幼儿园应主动与家长配合,帮助家长创设良好的家庭环境,向家长宣传科学保育教育幼儿的知识,共同担负幼儿教育的任务。"

幼儿与家长的血缘关系,家庭成员之间在时间与空间上密切接触,显示着家庭教育的不可替代性。因此,幼儿园更应发挥家庭教育的优势,向家长宣传科学的教育观念和正确的教育方法,争取家长对幼儿园教育目标、内容、方法的支持与配合。

另外,幼儿在幼儿园的时间是有限的,如果家长不能配合幼儿园教育,如幼儿园要求幼儿做一些力所能及的事,而家长害怕孩子累着,就代替他做。教育的连贯性打了折扣,那么幼儿园的教育就难以奏效。

再者,家长的宣传影响着幼儿园在公众中的声誉。

二、幼儿园家长工作的内容

通常幼儿园开展家长工作局限于建立家园联系簿,召开家长会,向家长进行开放活动等。这些工作十分必要,但又远远不够。

1. 向家长宣传幼儿园的发展规划、教育目标

发展规划和教育目标具有激励作用,让家长了解幼儿园的发展规划和教育目标,有利于家长对幼儿园整体发展的全面了解,理解幼儿园工作的具体做法,赢得他们的协助和合作。

同时,教师也应该向家长介绍幼儿园教育的原则、方法、形式,介绍幼儿学习、成长的身心发展特点,争取家长的支持和配合,共同教育好幼儿。

2.主动了解幼儿家庭教育情况,指导家庭教育

幼儿园应主动承担指导家长开展家庭教育,了解家长对子女教育的态度、内容和方法以及家长的文化水平,了解幼儿的健康状况、心理发展水平、生活习惯、兴趣爱好及在家的表现。有针对性地宣传科学育儿知识,引导家长树立正确的儿童观、教育观,向他们提出具体的教育建议,使家长教育与幼儿园教育趋于一致,实现同步教育。

3.发挥幼儿园的社会功能,为家长服务

幼儿园兼有教育性和社会福利性、公益性特点,为家长服务是幼儿园的双重任务之一,不得以营利为唯一目的,而应增强"顾客第一"的意识,要通过增强服务意识来提高生存与发展的质量。幼儿园应在教育好幼儿的前提下,尽可能方便家长,了解家长的需要和困难,采取相应的措施帮助解决,搞好服务。这样,既传递着幼儿园的办园理念、精神文明,也有利于幼儿园自身形象的塑造。

4.争取家长的支持,树立公众中的良好口碑

幼儿园要争取家长的支持与参与,协助园内的教育和管理,要注意征求家长的意见和建议,努力改进工作,提高保教质量,实现教育目标。

家长既是幼儿园的内部公众,又是幼儿园的外部公众。因此,幼儿园要注意通过家长工作,有效地利用这股庞大的社会力量,并通过他们影响其他公众,争取全社会都来关心幼儿园的工作,帮助解决幼儿园面临的困难与问题,改善办园条件,使幼儿园在社会各界的支持下,得到健康发展。

三、开展幼儿园家长工作的途径和方法

开展家长工作可采取个别联系和集体联系两种方式。个别联系便于深入细致地了解幼儿各类情况,针对性强,容易与家长形成情感沟通。集体联系便于系统地向家长宣传幼儿教育的有关知识。这两种方式可根据不同的情况和要求交替使用。具体方法有口头交谈、书面宣传与交流、会议制度、活动展示与活动参与、家长学校等。

(一)口头交谈

1.家访

家访包括经常性访问和临时性访问两类。经常性访问,指有目的、有计划地对全体幼儿家庭进行的周期性的访问;临时性访问,指为了解决突发事件进行的家庭访问。

① 访问前要与家长预约,选择家长方便的时间,过早、过晚、吃饭前后的时间都不宜访问。

② 访问时态度要热情诚恳,语言要客观实在,要认真倾听家长的想法与要求,要体现出对幼儿的关心和对家长的尊重。

③ 访问时间不宜过长,如果是向家长提出要求,要简单明了,便于家长答复。

④ 访问前要预定目标,访问后要详细记录。访问时,不要当着家长的面进行记录,以免影响家长如实反映情况。

2.谈话

利用家长接送幼儿的时间与家长进行交流,了解幼儿在家中的生活、学习、健康状况,并向家长简短汇报幼儿在园的主要情况,及时交换意见。

3.电话联系

如果不方便家访或无法与家长面对面交流,可用电话联系的方式进行。

（二）书面宣传与交流

书面宣传与交流包括专栏、联系手册、通信方式、问卷调查等。专栏的内容要丰富、简短,包括对幼儿教育知识的介绍、通知及家庭教育的经验交流等。家园联系册在幼儿园用得较多,教师每周末都会把要联系的内容及要求填写在联系手册上交给家长,下周一来园时,家长再把反馈的情况和意见写在联系册上,及时交流信息。特殊情况下,也可用书信的方式进行交流。征求家长意见,为了得到科学、客观的依据,可采用问卷调查的形式,一般能得到真实、客观的答案。建立家长信箱,也是收集家长意见、改进工作的好方法。

（三）会议制度

会议包括全园性家长大会、班级家长会、部分家长会、家长委员会。

全园性家长大会一般半年召开一次,可在学期结束时召开,由园长主持。主要任务是使家长了解幼儿园的工作情况与打算,也可向家长宣传科学育儿的知识,介绍、推广幼儿园的教育成果等。

班级家长会由各班保教人员主持。主要任务是向家长系统介绍本班工作,幼儿在园的学习、生活情况和健康状况,并听取家长意见。

家长委员会由家长推选代表5—7人组成。主要任务是在家长与幼儿园之间起联系作用,反映家长的意见与要求,帮助传达幼儿园对家长的要求,加强家长之间的联系,发挥家长的教育资源作用,监督、检查、参与幼儿园管理,并动员和组织家长帮助幼儿园解决一些实际困难等。

（四）活动展示与活动参与

幼儿园可以利用节日开展一些活动,或组织教育活动、生活活动等请家长观看,一来可以了解自己孩子在活动中的表现,二来可以进一步了解幼儿园的工作。幼儿园可以统一开放,也可以随时开放。开放活动不是搞形式,不是单纯的表演活动,而是要让家长了解幼儿园的真实情况。

另外,幼儿园还可以开展一些让家长参与的活动,如"亲子游戏",让家长与幼儿共同玩游戏,增进亲子感情;请家长充当教师、助理教师甚至保育员,让家长参与园内的教育活动;还可以请家长发挥自己的专业特长,帮助幼儿园做相应的工作,如维修设备、制作教具、摄影等。

（五）家长学校

幼儿园的家长来自不同地区、不同职业,他们的教育背景、文化程度各不相同,在对待幼儿的态度、方法、观念上更是千差万别。家长学校就是要系统地向家长传授科学的育儿知识,咨询家庭教育中存在的问题,帮助他们树立正确的儿童观、教育观,也可以组织专题研讨会,就共同关心的问题进行交流研讨。家长学校不仅要面对在园的幼儿家长,而且要扩大到社区内的幼儿家长。

思考与练习

1. 简述幼儿园家长工作内容。

2. 幼儿园家长工作的途径和方法有哪些?

3. 结合所学知识,论述如何构建新型家园关系?

4. 案例分析:

一位家长打来电话,怒气冲冲地说,今天他来接孩子,孩子衣服没拿就急匆匆地冲出教室跟爸爸回家。路上小姑娘一句话也不说,一副闷闷不乐的样子,爸爸看了觉得不对劲,就问女儿在幼儿园发生了什么事情,是被老师批评了?还是被小朋友欺负了?女儿什么也不说只是摇头。回到家爸爸觉得女儿身上味道怪怪的,脱下女儿裤子一看,原来小便小在裤子上了。于是爸爸打电话给配班老师(两年教龄的青年教师),想跟老师打个招呼说女儿胆子小,什么事情都不敢说,希望老师多关心一下。可没想到接到电话的配班老师听了家长的话说:"我不知道,下次小便要对老师说。"家长听了很恼火,打电话给主班教师说:"孩子在幼儿园出了什么事,老师竟然说不知道,太不负责了! 你们幼儿园老师怎么当的? 一句不知道就没事了吗?"听了家长的反映,主班教师马上安抚家长,表示一定会查清楚事情的原由,给家长一个答复,并在今后的工作中多加注意。第二天主班教师找到了配班教师,配班教师一脸无辜地对主班教师说:"昨天你不在,我一个人忙死了,真的没注意到,我接到他的电话很害怕,不知道该怎么解决。"

请你就该班老师处理问题的行为进行分析。

第十一章 幼儿园工作评价

思维导图

学习要点

◇ 幼儿园工作评价概述：幼儿园工作评价的含义、作用、范围和类型
◇ 幼儿园工作评价的内容和原则
◇ 幼儿园工作评价的组织和实施的一般步骤，掌握设计评价方案和撰写评价报告的要求
◇ 幼儿园工作评价的现状及主要问题

导 语

　　幼儿园工作评价是幼儿园管理不可缺少的内容和重要环节，也是教育评价的重要组成部分，它包括幼儿园工作的方方面面。实施有效的评价，对于推动园所各个方面的管理工作，提高保教质量具有重要意义。

　　本章就幼儿园工作评价的含义、类型、内容和作用以及评价时应遵循的原则进行分析，就评价工作的组织和实施，评价方案设计以及评价报告撰写的要求作了介绍，同时就目前我国幼儿园工作评价的现状及问题进行讨论分析，提出了改进措施。

第一节 幼儿园工作评价概述

一、幼儿园工作评价的含义

（一）幼儿园工作评价的含义

　　关于幼儿园工作评价的含义，目前我国普遍采用张燕等人的观点：幼儿园工作评价是依据一定的标准与程序，有目的、有计划、有组织地对幼儿园各个方面的工作进行科学调查，搜集、整理、处理相关信息，并作出价值判断的过程[1]。其目的在于获得改进园所教育和各个方面工作的依据，提高保教质量，促进园所发展。

---

[1]　张燕，邢利娅.幼儿园组织与管理［M］.北京：北京师范大学出版社，2000.

(二)幼儿园工作评价的特点

1. 工作评价的整体性

幼儿园工作是由许多要素组成的一个系统整体,是对方方面面整个工作的评价,具有整体性。所以,幼儿园工作评价目标的确定和分解,指标体系的构成,都要从整体出发,反映整个工作的全貌;权重的分配,要以其各个要素在整体中的地位和作用而定,过分突出或忽视任何一个因素,都会导致整体不平衡,从而使评价的结果失去判断和指导意义。

2. 工作评价的协同性

幼儿园工作评价涉及范围广、内容多,不仅是管理者的事,也需要广大教职员工的积极参与,还需要上级主管部门、教育专家以及幼儿家长协助进行。一方面,上级主管部门、教育督导部门对幼儿园管理工作进行评价时,必须取得园所领导、教职员工的支持和帮助,才能获得准确的评价信息。同时,还需要邀请有关专家参加评价工作,以便提高评价的质量。另一方面,幼儿园内部进行工作评价时,必须依靠广大教职工的团结合作,并取得家长的支持。没有协同性,幼儿园管理工作评价就很难进行,即使进行了,也很难获得准确的评价。

3. 评价主体的多元性

幼儿园工作评价关系到幼儿园全局性工作的价值判断,评价的主体是多元的,而不是单一的。多元评价主体有上级教育主管部门、教育督导部门、社会有关部门或团体、幼儿家长以及幼儿园领导、广大教职工等。他们都有权对幼儿园管理工作做出评价,他们的评价对幼儿园的现状和发展会产生直接或间接的影响。

① 以教育系统上级主管部门作为评价主体,以幼儿园作为评价客体,其价值判断的依据是某一时期的教育方针、政策、中心任务,或某项法律、法规的贯彻实施状况,以此实现教育的宏观调控和实行有针对性的指导。

② 以幼儿园为评价主体,以幼儿园内部工作状况为评价客体,其价值判断的准则是自我诊断、自我总结、自我完善,从而改进工作、提高效率、促进保教质量的提高。

③ 以幼儿园教师为评价主体,以幼儿为评价客体,其价值判断的依据是以幼儿的体、智、德、美各方面的发展水平为标志的教学与发展的关系状况,以此推进保育、教育工作的改革,提高保教质量。

④ 以家长和社区成员为主体,其价值判断的依据为幼儿园的各项工作满足家长和社区需求的程度,通过及时的信息反馈,进行幼儿园工作的社会监督,自我完善,提高服务质量,增强园所自身的生存能力和市场竞争力[①]。

二、幼儿园工作评价的目的与作用

(一)幼儿园工作评价的目的

幼儿园工作评价的根本目的在于充分发挥评价的导向、激励、改进的功能,通过评价过程的反馈、调控,促进幼儿园工作不断完善、不断改进,调动广大教职员工的工作积极性、主动性和创造性,同时也促进幼儿园领导不断加强对教师队伍的管理和建设,最终达到全面提高园所保教质量的目的。

---

① 张燕,邢利娅.幼儿园组织与管理[M].北京:北京师范大学出版社,2000.

（二）幼儿园工作评价的作用

1. 有利于贯彻我国的幼教方针，实现教育目标，提高园所保教质量

幼儿园是对学龄前儿童实施保育和教育的机构，是基础教育的有机组成部分。幼儿园必须以保教目标为依据，确立园所的管理和工作目标。通过对幼儿园工作评价，可以对幼儿园贯彻幼教方针，落实《纲要》《指南》精神，以人为本，实现教育目标，提高幼儿园保教质量等方面作出客观、全面、正确的评价，找出差距和不足，从而明确方向，制定措施，保证保教目标的实现。

2. 有利于调动幼教职工的积极性和主动性，树立正确的保教观

成功的评价有助于激发幼儿教师工作热情、促进教师专业成长，加强幼儿园的凝聚力。在幼儿园影响教职工积极性、主动性的因素很多，如福利待遇、收入水平、人际关系、工作负荷、晋升机会等等，但其中最重要的是领导的行为。幼儿园工作评价的基本内容是对园领导和领导班子行为的评价。广大幼教职工通过参与评价以及对反映领导行为的指标体系的理解，了解领导个人和领导班子应该如何管理幼儿园，明确职工在幼儿园工作中的地位和责任，从而发挥自身的主动性和积极性。

另外，评价是对幼儿园全体员工工作成绩、业务水平、能力素质等的综合判断，员工在自评、互评、管理者评价的过程中，对照评价标准看到成绩和进步，找出差距和不足，寻找不断改进工作的途径和方法。所以，好的评价是促进全体员工自我成长、自我更新，提高幼儿园保教质量的重要手段和措施。

3. 有利于提高幼儿园管理工作水平和管理效益

幼儿园工作评价是对幼儿园工作过程状态和效果作出价值判断，能为幼儿园管理工作提供比较准确的依据，从而使幼儿园的各个部门、各级负责人对自己的工作过程、状况及效果有一个比较客观的、全面的了解，并找准自己的工作定位，通过评价不断改进和提高管理工作的水平，使管理工作更加科学和规范。

4. 有利于推动幼教改革不断深入

幼儿园工作评价是幼儿园领导和上级教育行政主管部门了解和把握幼儿园发展状况、整体办园水平以及特色的基本途径。幼儿园工作评价搜集的信息具有客观性、全面性和准确性，既有定量分析，又有定性分析，这不仅为园领导和上级教育行政主管部门了解幼儿园提供了材料，更为科学决策提供了可靠的依据，是幼教改革、幼教发展和管理决策科学化的基本保证。

三、幼儿园工作评价的对象与范围

幼儿园工作评价是以幼儿园内部各方面工作为对象的教育评价，涉及范围比较广，一般包括幼儿园的管理状态、领导干部队伍、保教师资队伍、保教工作、总务后勤工作等各个方面。评价时不必对其全部内容都进行评价，只要抓住同评价目的有重要关系的对象进行评价，就可以实现幼儿园工作评价的目的。参照张燕的观点，我们把幼儿园工作评价的对象与范围归纳为以下四个方面，如图 11-1 所示①。

---

① 张燕，邢利娅.幼儿园组织与管理［M］.北京：北京师范大学出版社，2000.

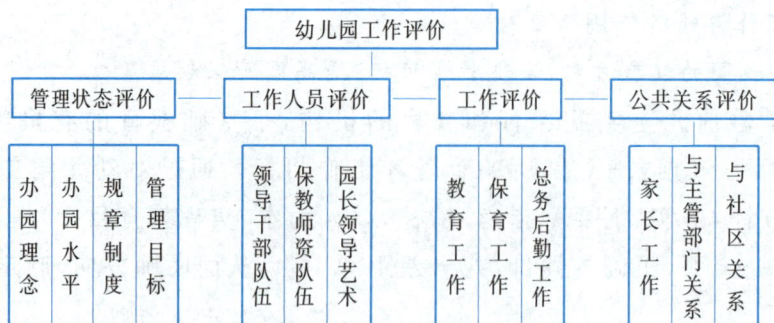

图 11-1　幼儿园工作评价的对象与范围

四、幼儿园工作评价的类型

幼儿园工作评价按照不同的指标可以分为不同的类型,各种评价类型的侧重点有所不同,可以根据实际需要进行选择,也可以综合使用。一般我们把幼儿园工作评价分为五个大类,十二个类型。

1. 按评价的参照体系,即按照标准的来源,可分为相对评价、绝对评价和个体内差异评价[①]

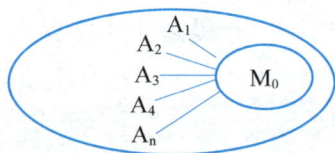

图 11-2　相对评价示意图

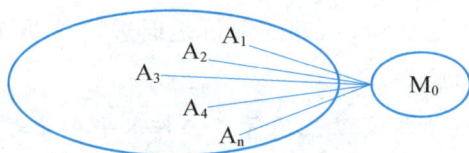

图 11-3　绝对评价示意图

相对评价(见图 11-2)是在被评价对象的集合体内,选定一个或几个对象作为基准,然后将各个评价对象与基准进行比较的评价。在园所管理中,常见为评选先进教职工、先进班组,树立模范典型,以激励全园教职工。但是,这种评价模式只能显示个体在评价集合里的相对位置,而不一定是被评价者的实际水平。

绝对评价(见图 11-3)是在被评价对象的集合体之外确定一个客观的标准,然后将各评价对象与所确定的这一客观标准进行比较的评价。在幼儿园工作实践中,常见为上级教育主管部门对园所的评价,如现在全国许多省、市都在进行的实验园、示范园、一类达标园的验收评价,就是这种形式。这种评价由于具有客观的标准,所以容易使被评价者信服,维持心理平衡。但是,客观标准的制定是否真正反映正确的教育价值观,是需要科学的调查才能得出的。

个体内差异的评价(见图 11-4)是把被评价对象集合中各个对象的过去和现在相比,或把一个对象的各个侧面进行比较而进行的评价。图 11-4(A)关注的是群体内个体前后的发展情况,重视每一个进步;图 11-4(B)关注的是同一个个体在不同侧面的发展情况,体现了尊重个性、以人为本的思想。这种评价充分照顾到了个体的差异,使每一名幼儿园员工和幼儿园总体都能看到自己的进步和不足。在幼儿园工作评价中,多用于园所内部自我评价、总结。由于它没有客观的标准,其评价结果的科学性往往不强。

[①]　王普华.幼儿园管理[M].北京:高等教育出版社,2005.

图 11-4 个体内差异评价示意图

2.按照评价的功能,可分为诊断性评价、形成性评价和总结性评价等

诊断性评价又叫发展性评价,是基础教育课程改革中非常重视的一种评价。这是指在教育活动开始之前,为使其计划更有效地实施而进行的预测性评价,侧重于发现幼儿园工作中的不足和问题,其目的在于了解评价对象的基本情况,为制定教育计划或解决问题搜集资料、做好准备。

形成性评价又叫过程性评价和"即时评价",是一种在计划实施过程中不断进行的动态评价。这是指在教育活动过程中评价活动本身的效果,目的在于及时了解教育活动过程中的情况,及时获取反馈信息,适时调节控制,以缩小工作过程与目标之间的差距,并通过评价研究工作进程,总结经验教训,及时改进工作。

总结性评价又叫终结性评价、效果评价,侧重于对工作结果好与坏的评价,不关心过程和原因。这是指在完成某个阶段教育活动之后,对其成果作出价值判断,也就是以预先设定的教育目标为基准,对评价对象达到目标的程度进行评价。

3.按照参与评价的主体,可分为自我评价和他人(外部)评价

自我评价是指被评价者根据指标,参照一定的标准,对自己的工作进行自己对自己的评价,可以是个体的,也可以是组织的自我评价。这种评价比较容易开展,因此可以成为幼儿园的常规性工作。自我评价的主体也是评价的客体,强调评价者的自我反思。但是,自我评价往往缺乏外在参照标准,不便进行横向比较,主观性较强,容易出现评价过低或过高的现象。

外部评价是指被评价者之外的其他人对工作的评价,所以也叫他人评价。这包括各级教育行政领导的视导评价,督学系统的督导评价,还有专家、同行的评价和社会评价,等等。这种评价的优点是可以从不同的角度对幼儿园工作进行评价,获得的信息比较全面、客观,便于发现问题和采取措施。

4.按评价的方法,可分为定量评价和定性评价

定量评价也叫量化评价,是指对那些能够量化的评价对象,采用定量计算的方法,即搜集数据资料,用一定的数字模型或数学方法,作出定量结论的评价,如运用教育测量与统计的方法、模糊数学的方法等对评价对象用数字描述。

定性评价也叫质性评价,是指对不便量化的评价对象,采用观察、调查、分析等多种搜集资料的方法,处理信息,然后作出判断,进行定性描述,得出一个比较完整的、解释性的评价。

这两种评价是基础教育改革之后讨论最多的评价方式。在幼儿园工作评价中,曾经出现过片面强调定量评价的情况。事实上,在对教育工作现象、成果等的评价过程中,两者应结合使用,互为参照。例如,在评价幼儿园的园所文化建设时,就很难用定量的指标加以测量,而只能通过观察、调查、分析得出结论。在评价园所的办园效率时,又必须有确凿的数据作为证明。因此,综合使用定量评价和定性评价才能科学、准确地进行评价[1]。

---

① 张燕,邢利娅.幼儿园组织与管理[M].北京:北京师范大学出版社,2000.

5. 按评价内容的范围和复杂程度,可分为分析(单项)评价和综合评价

分析评价是把评价内容分解成若干个项目,就某一方面或侧面进行评价,也叫单项评价,其评价对象是幼儿园工作中的某个基本元素。例如,园所办园条件评价,幼儿园工作目标及目标管理实施评价,卫生保健工作评价,教养质量综合评价,总务工作评价,等等。

综合评价是对评价对象的整体进行评价,如各省、市示范园的评价就属于综合评价。

综上所述,各种常用的评价方法各有特点,在具体的评价实践中应根据实际需要和具体情况选择合适的评价方法或综合使用不同的评价方法。要结合评价对象的特点,充分考虑各种评价方法存在的差异以及可能给评价结果造成的影响。比如,当某项评价需突出评价对象某方面的特征时,运用主观性评价方法可能会得到较好的结果;而评价对象的特性不易把握或评价人员的知识不足以准确把握评价对象的特性时,运用客观评价方法更恰当。

思考与练习

1. 什么是幼儿园工作评价?

2. 幼儿园工作评价的对象和范围有哪些?

3. 幼儿园工作评价有哪些类型?

4. 单项选择题

下列属于幼儿园工作评价的目的的是(　　　　)。

A. 发挥评价的导向、激励、改进的功能,最终全面提高园所保教质量

B. 有利于贯彻我国的幼教方针,实现教育目标

C. 有利于提高幼儿园管理工作水平和管理效益

D. 有利于推动幼教改革不断深入

第二节　幼儿园工作评价的原则与内容

一、幼儿园工作评价的原则

(一) 方向性原则

幼儿园工作评价必须坚持我国的幼教方针、政策,坚持教育目的,以保证评价的正确方向,发挥幼儿园管理工作评价的导向作用。通过幼儿园管理工作评价,纠正任何偏离幼教方针、偏离素质教育、偏离教育目的、偏离幼儿身心发展规律的做法。同时,通过幼儿园工作评价,使幼儿园的领导和广大教职工进行自我认识、自我对照,明确自身的发展和改革的方向,促进其自我控制和调节,保证评价的导向作用。

(二) 客观性原则

在进行幼儿园工作评价时,必须采取客观的实事求是的态度,不能主观臆断。因此,必须做到公正、客观,否则,难以得出一个科学的准确的评价结论。对于评价主体来说,坚持这些原则,必须广泛搜集评价信息,信息越多,来源渠道越广泛,幼儿园管理工作评价的客观性越容易得到保证。

（三）发展性原则

在幼儿园管理工作评价中,要坚持用发展变化的观点对待基础和办学条件差异很大的评价对象。只有用发展变化的观点作出解释,确定被评幼儿园在同类幼儿园中的合理地位,才能调动各类幼儿园办园积极性、主动性,从而促进各类幼儿园管理工作的改善。

（四）改进性原则

幼儿园管理工作评价的真正目的是通过幼儿园管理工作评价,促进幼儿园管理工作的改善,提高幼儿园教育教学质量。评价不仅要了解幼儿园实际的管理水平,更要从评价过程和结论中发现新情况、新问题,不断改进和提高幼儿园的管理工作。

（五）多种评价相结合的原则

幼儿园工作是一种多边系统,评价时既要关注评价对象的某一侧面,又要关注整体工作;既要对评价对象进行量化解释,也不要忽略质性评价;既要看评价对象的结果,更要看评价对象的过程。所以,评价时要坚持相对评价和绝对评价相结合、单项评价与综合评价相结合、定性评价与定量评价相结合、自我评价与他人评价相结合、终结性评价和发展性评价相结合的原则。只有这样,才能保证评价的科学性,才能有利于幼儿园各方面工作的改进,才能发挥评价的导向和激励功能。

二、幼儿园工作评价的内容

依据幼儿园工作评价的对象和范围,我们认为幼儿园工作评价的内容主要体现在以下四个方面。

1. 园所的教育理念和办园方向评价

正确的办园方向,先进的办园理念是园所文化的灵魂。教育理念或教育思想是幼儿园办园的起点,而办园方向则是幼儿园一切工作的出发点。

2. 园所的教育资源评价

幼儿园教育资源评价主要包括园舍设施、装备配置和社区资源三大方面,主要评价其园舍面积、室内采光照明、设施设备、玩教具配置、活动场地、庭院环境以及家庭、社区文化资源利用和参与等方面情况。

3. 园务管理的评价

幼儿园的园务管理评价主要包括队伍建设、行政管理、保教工作等方面。幼儿园的队伍建设主要包括园长素质和领导意识、领导班子结构和职能发挥、保教职工队伍结构和素质等;行政管理主要包括幼儿园的规章制度和岗位职责、目标管理与民主管理监督机制的实施、园所工作目标的制定和管理过程的运行状态等;保教工作主要指保教业务和总务后勤业务工作,包括保教常规工作、教育活动的组织和实施工作、保教改革与教研科研以及卫生保健工作、营养膳食管理、财务财产管理、设备养护维修、招生编班及档案建设等等。

4. 幼儿园的公共关系评价

幼儿园是一个社会组织。组织的发展离不开公共关系,良好形象的树立,又是园所发展的重要条件。幼儿园的公共关系主要包括与家长的关系、与上级主管部门的关系、与社区的关系等等。一方面,幼儿园的主要工作任务之一就是为家长、家庭和社区提供服务;另一方面,家庭教育与社区环境、政府与主管部门等社会各方面的因素都会对园所工作产生影响。

思考与练习

1. 幼儿园工作评价应遵循哪些原则?
2. 幼儿园工作评价包括哪些内容?
3. 单项选择题
下列属于幼儿园公共关系评价的是(   )。
A. 幼儿教师与幼儿关系评价
B. 幼儿园与家庭关系评价
C. 幼儿园园长与教职工关系评价
D. 幼儿园保育与教育工作评价

第三节   幼儿园工作评价的组织与实施

一、确定评价目的

评价目的主要依据《规程》《纲要》《指南》等文件精神制定。这些文件的精神是幼儿园工作应遵循的发展方向和达到的总目标,也是幼儿园工作评价的目的。确定评价目的时必须保证幼儿园正确的办园方向,不能违背幼儿教育的规律和幼儿园的实际,只有这样才有利于教育总目标的实现。评价的目的是确定评价标准的依据,只有评价目的明确,符合实际,评价标准的制定才能科学,才能得出可靠的结果,指导幼儿园实践。

二、选择和确定评价内容

幼儿园工作评价的内容很多,如教师半日(或一日)活动评价、教师工作评价、保育工作评价、幼儿园总务工作评价、家长工作评价、幼儿园目标管理评价等等,范围很广。可以根据幼儿园实际需要或阶段工作重点,选择确定所要评价的对象和内容。评价具有导向功能,管理者把评价的重点放在哪里,幼儿园的教职工就会把主要精力放在哪里。

三、设计评价方案

(一)设计评价的指标体系

指标通常指反映某种社会现象的数字,这些数字可以是绝对量、相对量或平均数。指标一般应以数字表示,但由于教育工作的复杂性及其特点,决定了教育工作评价的指标不能都用数字来表示,而是由反映评价对象某方面特征的主要因素、模糊量(如优秀、良好等等级)或数字构成。

指标一般分定量指标和定性指标。定量指标用于考核可量化的工作,而定性指标则用于考核不可量化的工作;相对而言,定量指标侧重于考核工作的结果,而定性指标则侧重于考核工作的过程。

定性评价方法要求评价者具备相关知识和经验,定量评价方法则要求大量的可靠数据。单纯的定性分析容易造成研究的粗浅、评价带有主观性;而有关数据的不完善,也会使得定量评价方法难以得到有效应用和检验。因此,在实际应用中应当结合定性和定量的方法进行系统分析和评价,从而弥补单纯定性评价和单纯定量评价所产生的不足。

1. 定性评价指标设计

在幼儿园工作评价中,评价目标通常比较概括、抽象,难以量化,所以幼儿园工作评价指标常常采用定性评价指标体系。定性评价指标主要凭评价者的直觉、经验,凭评价对象过去和现在的延续状况及最新的信息资料,根据评价对象的性质、特点、发展变化规律作出判断,设定指标。例如,参考资料3,"幼儿园一日活动评价表",包括保教常规、班级管理、课程设置、组织实施四大方面,每一个方面又包括相应的内容,每一个内容分别有相应的描述,评估的结果用合格、良好、优秀三个等级来表示。又如,天津市和平区幼儿园发展性督导评价体系(2007年7月试行)(见表11-1)中幼儿园园务管理为一级指标,队伍建设、行政管理、保教工作为二级指标。队伍建设又可分解为班子建设、教师资格考核机制、师德建设继续教育三个评价要素,每一个评价要素对应两个评价标准,用优秀、良好、合格、基本合格几个等级来表示。这就是定性指标。

表 11-1　天津市和平区幼儿园发展性督导评价体系[①]

园名：　　　　　　　　　　　　　　　　　　　　　　　　年　　　月　　　日

评价指标		评价要素	评　价　标　准	评 价 等 级				信息收集方法
一级指标	二级指标			优秀	良好	合格	基本合格	
教育资源16	园舍设施8	园舍面积2	有与幼儿园规模和保育教育要求相适应的园舍,生均占地面积、生均建筑面积分别基本符合(88)教基字108号规定(0.5) 各类活动房、生活用房、办公用房齐全,安排使用合理,满足正常的保教工作需要。每班有活动室、寝室。活动室生均面积不少于1.8 m²;卫生间使用面积基本达标,厕所和盥洗室分间或分隔;全园有专用活动室,符合《规程》第三十条,使用率高(1.5)					听取汇报查阅资料个别访谈现场观察问卷调查
		各项设施4	各项和各班设施符合(87)城建字第466号文件规定。幼儿卫生间设施符合24条规定;楼梯栏杆、阳台、屋顶平台的护栏等处的安全设施分别符合42和47条规定(2) 活动室室内自然采光好,灯光明亮,照明达标。活动室、寝室有良好的自然通风,有紫外线灯消毒设施,供电线路规范(2)					
		活动场地庭院环境2	活动场地平整、安全,公用和分班活动场地人均面积不低于2 m²,有充分利用场地的措施(1) 庭院整洁、安全、美化、绿化、儿童化、教育化。院内设有沙地(或沙箱)、动物饲养角、种植园地和大型活动器械,并有安全防护设施。绿化面积基本达到天津市规定标准(1)					

① 资料来源于天津市和平区教育委员会,略有改动。

（续表）

评价指标		评价要素	评 价 标 准	评 价 等 级				信息收集方法
一级指标	二级指标			优秀	良好	合格	基本合格	
教育资源 16	装备配置 6	保教设备 2.5	幼儿学习、生活设备齐全,桌椅高度、睡床长度等符合幼儿身体发育现状和有关规定(1)。保健室、厨房设备符合天津市有关规定、卫生部门要求(1)。办公室有适应现代管理需要的相应的管理设备(0.5)					听取汇报查阅资料个别访谈现场观察问卷调查
		玩教具配备 3.5	玩教具符合国家规定的卫生标准和安全标准,玩具要有国家规定的儿童玩具安全标志"绿色萌芽";其配备基本符合国家教委 1992 年下发的"幼儿园玩教具配备目录"的要求(1.5);每年更新、添置玩教具和图书占一定比例且数量充足,满足全体幼儿需要(1);有一定数量、能满足幼儿区域活动及活动需要的自制玩教具(1)					
	社区资源 2	利用和参与 2	充分利用家庭、社区的文化资源、人力资源,不断开拓教育空间(1)					
			营造良好的家庭教育氛围,发挥家长、家委会、社会参与幼儿园管理的功能,效果显著(1)					
园务管理 54	队伍建设 18	班子建设 6	园长及班子成员具备任职资格,积极进行学习型班组建设,具有终身学习的理念和能力,全部取得继续教育合格证书(2)					观摩活动查阅资料个别访谈问卷调查听取介绍
			园长及班子成员重视学习有关法律法规、规章,依法履行管理职责,工作作风深入,每周保证一定时间深入教育第一线,开展教育观摩和保教研究工作,不断提高依法治园、教育科研水平和创新能力(4)					
		教师资格考核机制 4	全体教师应具有《教师资格条例》规定的幼儿教师资格,并符合《规程》第三十五条规定(2)					
			引进竞争、激励机制,实行教师资格考试制度、教师聘任制度(2)					
		师德建设继续教育 8	有师德建设计划、实施过程、典型、考核,不断提高教师的思想素质、道德修养、为人师表等师德水平(2)					
			落实继续教育计划和自培计划,不断提升教师学历层次,不断提高教师终身学习的能力和实施素质教育的水平。教师具有以幼儿发展为本的教育理念,掌握教育新技能(2)					
			教师具有使用计算机能力和教科研能力(2)					
			有一定数量的骨干教师,形成独特的教学风格与特色(2)					
	行政管理 8	机构设置规模编制 3	有符合规定的组织机构;教职工编制与办园规模相匹配(2)					
			幼儿园班额符合《规程》的要求(1)					
		规章制度岗位职责 2	有符合国家法律规范的各项规章制度,措施得力(1)					
			各类人员有明确的岗位职责,其工作程序科学化、规范化(1)					
		民主管理监督机制 3	建立园长负责、决策民主、运行规范的民主管理机制;建立园务公开等有效的监督机制,自觉接受教代会、家长、社会及有关部门的监督(3)					

（续表）

评价指标		评价要素	评 价 标 准	评 价 等 级				信息收集方法
一级指标	二级指标			优秀	良好	合格	基本合格	
园务管理 54	保教工作 28	保教常规 10	严格执行卫生保健的法规、规章,健全并落实卫生保健制度,严格遵守幼儿一日作息制度;保证幼儿每日2小时户外活动(含1小时体育锻炼);安全措施得力,无责任事故和重大意外事故的发生;达到天津市卫生保健工作各项常规要求(3)					观摩活动查阅资料个别访谈问卷调查听取介绍
			重视幼儿血清检测工作,降低VA缺乏率;配合有关部门共同做好幼儿血铅的检测与防治工作(2)					
			严格执行膳食管理制度,落实天津市托、幼膳食营养管理要求细则,保教人员为幼儿创设愉悦的进食环境,落实一人一量,促进幼儿身体正常发育(3)					
			认真贯彻保育与教育相结合的原则,有明确的班级保教集体目标和相互配合工作的职责,建立健全各项常规,形成良好的保教工作秩序,各项活动中体现教育的一致性(2)					
		教育活动的组织与实施 8	教师能遵循教育原则,根据教育目标和幼儿发展的需要,制定具有适宜性、灵活性、有效性的远期和近期及教育活动指导计划(2)					
			教师在计划的组织实施中善于整体把握教育目标,充分发挥创造性,运用教育新技能,优化一日生活、游戏、体育、学习活动(3)					
			创设有利于开发、支持幼儿游戏和各种探索活动,与教育目标、教育内容相适应的活动环境(3)					
		保教研究与改革 5	重视园本教研,有教研组织、制度、活动记录(1.5)					
			有教科研课题,有实施过程,有阶段性成果(1.5)					
			积极进行课改试验研究,园本课程目标明确,内容能体现区域特点、办园特色,适合幼儿发展需要,能有效地组织实施和评价(2)					
		教育工作评价 5	有实施素质教育的自我评价,符合程序,自觉主动,形成激励机制(2.5)					
			积极开展多元化教育评价,有管理人员、教师、家长、社区对各部门工作、教育活动、幼儿发展等教育评价的研究与实践(2.5)					
质量效益 30	幼儿发展 21	保教意识身体素质 9	幼儿身体健康,能适应气候环境的变化,发病少,生长发育正常,身高、体重、血色素、VA达标,喜欢参加体育活动,动作协调、灵活;有良好的生活卫生习惯和基本的生活自理能力;有一定的安全保健意识和自我保护能力(9)					
		个性与社会性情感 7	幼儿心理健康,活泼愉快,喜欢参与各项活动,主动交往,能与同伴互助、合作与分享,有自信心和同情心;理解并遵守日常生活中基本的社会行为规则,学习和行为习惯文明;能独立完成力所能及的事,不怕困难,有初步的责任感;初步具有感受美和表现美的情趣和能力(7)					
		语言表达与认知能力 5	能运用语言与同伴交往,敢于当众讲话,自然大方;能积极参与活动,运用多种感官,探究问题,动手操作能力强,有丰富的想象力和创造力(5)					

(续表)

评价指标		评价要素	评 价 标 准	评 价 等 级				信息收集方法
一级指标	二级指标			优秀	良好	合格	基本合格	
质量效益 30	社会信誉 9	成绩荣誉 2	幼儿园队伍建设、卫生保健、教育教学等各项工作取得成绩,并获得荣誉(2)					观摩活动 查阅资料 个别访谈 问卷调查 听取介绍
		服务效果 2	定期向社区散居儿童开放,为社区内 6 岁以下儿童提供优质服务,效果好(2)					
		满意率 5	全面贯彻《幼儿园教育指导纲要(试行)》《关于幼儿教育改革与发展的意见》等幼儿教育的法律法规、规章的措施,落实好,家长、社会满意(5)					

2. 定量评价指标设计

定量评价指标是依据统计数据,收集评价对象可以量化的信息,运用数学方法作出推论,计算出评价对象的各项指标及其数值。

定量评价指标设计时,最主要的是赋予评价指标的权重。权重是指在评价指标体系中,每项指标相对重要程度的标志,即每项指标在总体中所占的比例。只有赋予不同的指标以应有的权重,才能使评价结果正确反映工作质量的真实情况。

那么,如何确定指标的权重呢?目前确定指标权重,一般是靠经验、调查、专家咨询和统计的方法。调查统计法是比较简便易行、经常使用的方法。

具体做法是把确定下来的评价指标,按级制成问卷。首先,把问卷发给有经验的教育工作者(或专家),请他们按各项指标重要程度作出判断。然后,统计每项指标的得分,并计算出平均分。最后,按指标的隶属关系归一化处理,就可以得出每项指标的权重。假如三位专家将教师基本素质中一项指标分解成的三项指标:政治态度、职业道德、业务能力,确定分数的平均分分别是:政治态度=4.12分,职业道德=4.81分,业务能力=3.48分。那么归一化处理政治态度=4.12÷(4.12＋4.81＋3.48)=0.33;同理,职业道德为 0.39;业务能力为 0.28[①];权重相加后总和为 1。用同样方法可计算出其他各项指标的权重,最后填入评价指标体系表,定量指标就完成了。参考资料6,"幼儿园教育活动评价表"就是一种定量评价,把幼儿园的教育活动分为教育目的内容、教育方法结构、教师基本素质、初步实施效果四个方面,这四个方面的权重分别是 0.3、0.3、0.2、0.2,权重相加后总和为 1。

(二)选择评价方法

幼儿园工作评价内容繁多,评价的方法要适合评价的内容,通过评价能得出可靠的结果。一般来说,定性评价通常采用程度表示法;定量评价通常采用数量表示法。两种方法各有所长,在实际操作中,具体情况具体对待。

1. 程度表示法

程度表示法是非数量化方法,也叫等级评价法,是我国的传统评价方法,它有多种形式。它是指把各项评价指标按照评价指标的重要程度分出等级,分别用不合格、合格、优秀或优、良、中、差或好、较好、一般、较差等类别评定。等级法的优点是简便易行,缺点是粗略,等级之间的界线难以把握。

2. 数量表示法

数量表示法是数量化方法,指在评价过程中采用数学方法,形式多样,或者在分析教育现象

---

① "试论班主任的素质结构和评价标准",http://blog.sina.com.cn。

时用数学作手段,或将评价结果用数量表示,或将评价标准用数字来表示。数量表示法是最常用、最简单的方式,是对评定项目打分或是标出百分比。

(三)撰写评价方案

评价方案最好形成文字,以便评价人员掌握评价的指导思想和具体操作方法,严格按照标准进行评价。

一个完整的评价方案应包含以下内容。

① 对编制方案的说明。这包括评价目的、指导思想、指标系统设计与权重构造说明等。

② 评价的指标系统与权重。这说明评价指标结构,各项指标在系统中的相对重要程度。

(3)分项指标等级及评价方法。

(4)评价用具。这说明评价采用的是测验法、观察法、访谈或问卷调查法等评价工具。评价工具的选择,取决于评价任务和目的。可根据需要选择其中的一种,也可综合使用几种。

(5)评价实施计划。这说明评价过程的具体时间、地点、人员安排以及各个评价阶段的具体要求等。

四、实 施 评 价 方 案

幼儿园工作评价的实施是评价人员以评价方案为依据,依据资料、处理信息,对评价对象进行价值判断的过程。实施评价方案是幼儿园工作评价的重要环节,没有实施,再好的方案也是一纸空谈。

1. 培训评价人员

为了保证评价工作的科学性、客观性和公正性,幼儿园工作评价必须建立和组织评价工作的领导小组,根据不同的评价对象、评价内容和评价要求,确定评价主体,选择合适人员参加。同时,必须对评价人员进行理论和技术培训,使其统一思想。从认识评价的意义、评价方案的学习,到对各项评价指标、评价标准的理解,以及收集、分析和处理相关信息和评价的具体方法的掌握,都要认真对待,以保证评价的科学性。

2. 广泛宣传,取得评价对象的支持配合

一般在正式评价活动之前,都要对评价工作的开展进行广泛的宣传,说明评价的目的、任务以及评价的重要意义,让评价对象了解评价的目的是为了发现工作中的问题和不足,是为了改进工作,而不是针对个人的评价,要赢得广大被评价者以及各个部门的支持和配合,使评价工作顺利展开。

3. 多途径、多方法搜集、处理资料

资料收集的方法很多,一般要根据所收集资料的性质进行选择。常用的方法有观察法、座谈法、问卷调查法、文献分析法、案例分析法、测量法、统计分析法等等。比如,想了解家长对幼儿园工作的意见,可以采用问卷调查法;想了解幼儿在游戏中的表现,可以采用直接观察的方法;想了解教师的业务成长状况,可以采用听课、查业务档案等多种方法。

搜集了大量资料之后,就要对这些资料进行分类整理,一般根据评价指标和评价标准进行处理。一是看全不全,是否包括评价指标和评价标准全部资料,有无遗漏;二是看准确不准确,是不是真实材料,有无虚假,有无矛盾。只有这样才能保证评价的真实性。

4. 实施评价,得出评价结论

对整理过的事实材料进行归类总结、研讨分析,对收集的数据进行统计处理,从而得出相应的结果。然后,对结果进行解释,分析其原因,肯定成绩和指出存在的问题,并提出改进工作的意见和建议,形成评价报告。

五、撰写评价报告

评价报告是对整个评价工作以文字形式进行总结的方式。教育评价报告要求主要对评价的过程和结论进行全面的描述,并提出相应的建议。幼儿园工作评价报告就是要求对幼儿园工作评价的过程和结论进行全面的描述,提出合理化的意见和建议。一般幼儿园工作评价报告主要有以下四个基本组成部分。

(一)封面

1. 标题

评价报告的标题由评价内容、评价对象加文种构成,如"(关于)××幼儿园办园条件的评估报告""关于幼儿家长对幼儿园工作评价的调查报告""幼儿园安全工作自查报告"等等。

2. 评价者、评价对象、评价时间、评价报告写作时间

评价者指的是一定的评价组织。评价对象可以是单位,可以是集体,也可以是个人。评价时间有跨度的,要写上跨度时间。评价报告写作时间一般指报告呈递时间。

(二)序言或前言

序言也就是报告的开头部分。这一部分要写明:评价的目的;评价方案的背景情况,主要写明评价标准的来源,评价人员的组成;评价情况的简要综述。

(三)正文

报告的正文是最主要部分,也是整个评价工作最重要的部分,主要包括:评价方法与过程——描述采用的评价方法以及评价的实施过程,重点写清评价信息的收集与处理过程;评价结果及对结果的分析——介绍收集到的主要信息及对这些信息的分析处理结果。

(四)结尾

结尾主要写两方面的内容:评价结论——对评价信息处理后推断出的结论;评价建议——对评价对象的有关工作提出相应的建议。

思考与练习

请为某幼儿园设计一个评价方案,写出评价报告。

第四节　幼儿园工作评价的现状、问题与对策

一、幼儿园工作评价的现状

(一)幼儿园教师评价制度的弱点

1. 奖惩性评价制度不能激发幼儿教师工作的积极性

现行的我国幼儿园教师评价制度主要是行政(奖惩)性管理制度。由行政组织(幼儿园)对评价对象(幼儿园老师)的现实表现作出评价,划分等级,根据评价等级做出奖励或惩罚决定的评价

制度。这种评价主要是通过对教师工作表现的评价,作出解聘、晋升、调动、降级、加薪、减薪等决定,其基本功能是对幼儿园工作人员实施管理,难以实现评价的激励功能。现行的教师评价制度使教师担心和惧怕不再被领导、同事、学生家长信任;担心评价结果成为转岗、解聘等依据;惧怕被人歧视或者误解。这种评价不仅否定了一部分教师的劳动,并且增加了教师的心理压力①。

2.奖惩性教师评价制度使幼儿园教师疲于应对

这种评价,主要考察教师出勤情况,是否遵守园所规章制度,是否完成一定量的教育计划、教案、教育笔记、听课笔记和心得,是否完成幼儿观察记录、安全活动记录、家园联系记录和成长档案的建立,是否制作了教具和学具,还要看幼儿教师是否会运用和制作课件,是否承担什么课题研究,发表多少篇论文,等等,五花八门令教师应接不暇。教师处于被动接受检查和被评判的地位,工作的积极性得不到保护,其主动性很难得到发挥。而且,评价反馈意见笼统,没有针对性,不利于教师改进工作,只能加重工作负担,导致工作生活质量严重下降,出现职业倦怠。

3.奖惩性教师评价是面向教师过去的评价

这种评价不看过程,只看结果;不看差异,只看标准;关注教师过去成绩,很少关心教师的未来。而且,评价的结果是与教师的职称评定、晋升工资奖金、评选先进,甚至外出学访、出国考察等紧密挂钩。这种评价制度更多的是属于总结性评价,在一个阶段、一个时期内回顾教师的工作结果,侧重对教师教育教学能力的核定,并由此作出人事管理决策②。因为评价只是对结果的鉴定,容易导致教师对工作的不满,造成干群关系紧张,教职工之间的重重矛盾,不利于园所凝聚力、向心力的形成和团队意识的培养,不利于园所教职工的良性竞争、和谐人际关系的建立以及幼儿教师的职业发展。

(二)幼儿园教育活动评价存在的问题

幼儿园教育活动评价是幼儿园众多评价的重要内容,然而,在实际评价时却存在诸多问题,没有达到评价应该达到的目的。

1.评价对象选择错误——评价人

教育活动中,往往不评"工作",只评"人"。教育活动评价应该评价活动本身,而不是评价组织开展活动的老师。

2.评价的目的定位错误——给老师排队

评价的目的应定位于改进教育工作,而不是给幼儿和教师排队③。这种重视完人评价、忽视个人发展的差异性评价,不利于教师专业发展和职业发展,更不利于幼儿的发展。

3.评价时间错误——学期终了进行评价

评价应当在教育活动过程中进行,开展诊断性、形成性评价。以便发现教育活动中存在的问题,及时改进、补偿,而不是在学期的终了或幼儿毕业时再进行评价,否则发现问题将于事无补。

4.评价重点错误——看表演效果,不看幼儿发展

在教育活动评价中,往往看活动的形式是否新颖,是否运用了多媒体手段,是不是热热闹闹,活动是否按照计划圆满进行。只要表演的效果好就是一个好的教育活动。实际上,一个教育活动的好坏,应当看这种活动是否符合幼儿身心发展规律,是否促进了幼儿的发展。

---

① 王维红,申毅.关于幼儿园教师评价的调查与思考[J].山东教育,2003(9)(下半月).
② 何育萍.发展:教师评价的支点——目前教师评价工作中的问题及对策分析[J].北京教育学院学报,2001(1).
③ 刘振民.幼儿园教育评价过程中应注意的几个问题[J].早期教育,2003(2).

5.评价对教育活动设计与组织的改进均缺乏操作性

评价主体单一,专家、领导一言堂,且评价过于泛化,对教师的评价过于注重细节,评价时忽视对做课教师的专业指导。评价应注意教师的参与、交流、分享、借鉴。教师应当是评价过程中最主要的评价主体,要注重教师的个人反思和集体反思。

二、幼儿园工作评价应该注意的问题及对策

(一) 改革现行幼儿园工作评价制度,实施发展性评价,注重对过程的评价,强调评价主体的多元化,发挥评价的诊断和改进功能

1.发展性评价的特点

发展性评价是针对现行行政(奖惩)性管理制度评价存在的弊端并为解决这些弊端而提出来的。"与以往的评价相比,以往的评价过分强调评价的选拔功能,而发展性评价十分强调评价的促进功能;以往的评价注重的是一次性的终结性评价,而发展性评价关注的是多次性的形成性评价。也就是说,发展性评价是在事物发展进程中,综合发挥教育评价的多种功能,运用多种科学的评价手段,诊断出事物发展中产生的效果和存在的问题,激励评价者与被评价者发现问题,对照问题改进自己、完善自己,然后求得发展。"[1]

发展性评价本质是"对事不对人",不贴标签,不分优劣等级,发挥的是评价的诊断与改进功能,而不是奖惩功能。目前许多幼儿园都在尝试采用这一评价方式,比如给幼儿教师建立业务档案,就是采用了发展性评价的档案袋法(档案袋是指用以显示被评价者学习成就或持续进步信息的相关记录和资料的汇集)。对幼儿教师的评价应多一点尊重,少一点苛刻、吹毛求疵,用科学的、公正的评价促进幼儿教师的自我成长,缓解幼儿教师的工作压力,提升职业生活质量水平。

2.评价主体多元化

《纲要》明确要求:"幼儿园教育工作评价实行以教师自评为主,园长以及有关管理人员、其他教师和家长等参与评价的制度。"评价过程应主要是由教师运用相关专业知识,去审视自己的教育实践,发现、分析、解决问题的过程。只有让教师参与评价的过程,评价才能起到改进、激励的作用。

(二) 进一步调整幼儿园教育质量评价验收工作

1.调整幼儿园分级分类验收标准的内容结构,重新定位验收评价的目标

评价内容突出重点,刘丽湘认为应该是"标志幼儿园发展水平的四大因素:环境、幼儿、教师、家长"[2]。要求环境安全、卫生、刺激丰富;有提供帮助幼儿全面发展的丰富材料和自主学习的机会;教师能合理满足幼儿发展和生活的需要;幼儿园能和家长建立良好的合作关系。

分级分类验收的目标,幼儿园不应是为了争取经济性利益,验收者也不应是给幼儿园定级别。如果双方都把目标定位在促进幼儿园发展上,是为了给幼儿园提供技术支持与政策帮助,那么,就不会出现"验收时脱层皮,验收之后松口气"以及"验收期间想办法过关,验收之后再也不问不管"的不良状态。

2.重视幼儿园的自评过程及作用

改变现在自评流于形式的现状,幼儿园园长必须首先认识到自评的目的是为了对幼儿园各

① 林少杰.什么是发展性评价[J].现代教育论丛,2003(6).
② 刘丽湘.当前我国幼儿园教育质量评价工作的误区及调整策略[J].事业发展与管理,2006(7,8).

个方面进行全面分析,从中发现问题,采取措施及时纠正,以提高幼儿园的软硬件建设,从而促进幼儿园的发展。只有园长目的明确,认识到位,才能做好层层发动工作,带领全园教职员工找差距定措施,努力奋进。

三、幼儿园多种"评价表"示例

参考资料 1

幼儿园基本概况调查表①

园名:　　　　　　　　　（盖章）　　　　　　　　　　　　　　　年　月　日

办园类型			占地面积		规　　模						收　　费					教　职　员　工					
园所房舍		寄宿制	全日制	园舍 m²	建筑 m²	小小班	小班	中班	大班	学前班	合计	伙食费	保育费	管理费	其他费用	合计	园长	副园长	教养员	保育员	医务人员	工人
独院	非独院					班级																
						人数																

幼儿园玩教具配备情况统计表

园名:　　　　　　　　　（章）　　　　　　　　　　　　　　　年　月　日

体育活动器械				角色游戏				结构游戏				沙土水教玩具				计算教具			
种类	配备件数	符合要求件数	参考价格	种类	配备件数	符合要求件数	参考价格	种类	配备件数	符合要求件数	参考价格	种类	配备件数	符合要求件数	参考价格	种类	配备件数	符合要求件数	参考价格

美工教具				音乐教具				语言、常识教具				劳动工具				活动室专用设备			
种类	配备件数	符合要求件数	参考价格	种类	配备件数	符合要求件数	参考价格	种类	配备件数	符合要求件数	参考价格	种类	配备件数	符合要求件数	参考价格	种类	配备件数	符合要求件数	参考价格

---

① 徐志民.中国著名幼儿园管理制度全集[M].长春:北方妇女儿童出版社,2005.

参考资料 2

幼儿园工作人员基本情况调查表

园名：　　　　　　　　　　　　　　　　　　　　　　年　月　日

人员	编制	配备	性别 男 34岁以下	35—49岁	50岁以上	性别 女 29岁以下	30—40岁	45岁以上	学历 本科以上	本科	专科	中专	高中	其他	教(工)龄 4年以下	5—9年	10—19年	20年以上	职称 高级	中级	初级	助级	无	公民办 公办	民办	编外
教师																										
保育员																										
保健人员																										
财务人员																										
炊事员																										
清洁工																										
其他																										

园领导	职务	姓名	职级	性别 男 34岁以下	35—49岁	50岁以上	性别 女 29岁以下	30—44岁	45岁以上	学历 本科以上	本科	专科	中专	达标	任园长年限 4年以上	5年以上	10年以上	20年以上

参考资料 3

幼儿园一日活动评价表①

园名：　　　　　　　　　班级　　　　　　　　　保教人员

项目	内容	评估标准	评估结果			定性描述
			合格	良好	优秀	
保教常规	计划	字迹端正,文句通顺,无错别字,计划能体现全面贯彻幼教方针、保教结合的原则				
	记录与分析	字迹端正,文句通顺,无错别字,记录能反映教师对幼儿活动的观察,有判断,并提出下一步工作的设想				
	教育笔记	字迹端正,文句通顺,无错别字,有一定质量,能联系班级情况和本人思想实际				
	个案	字迹端正,文句通顺,无错别字,有针对性,能突出重点,有系统跟踪记录				
班级管理	环境	班级物品安放整齐,环境布置美化、儿童化、教育化,能充分利用周围环境进行教育,教师教态好,能坚持正面教育,师生关系融洽,班集体团结				
	自然角	符合班级年龄特点,引导幼儿观察,管理经常化				
	生活管理	有保育意识,能培养幼儿自我服务能力和自我保护能力				
课程设置	保教结合	一日活动中能贯彻保教结合的原则				
	安排合理	一日活动的组织能做到动静交替,保证幼儿愉快地自由活动				
	生动形象	保教形式多样、儿童化,发挥各种教育手段的交互作用				
	全面观点	保教能面向全体,"四育"互相渗透,有机结合				
组织实施	准备充分	教具、玩具、学具准备充分				
	观察指导	各项活动中能进行个别指导,注重活动过程				
	发挥"三性"	能为幼儿提供充分活动的机会,并为幼儿创设表现能力的条件				

参考资料 4

幼儿园教职工问卷调查表②

教职员工们：

　　为了科学地评估幼儿园工作,我们设计以下问卷,请您配合我们如实回答。

　　谢谢！

园名：　　　　　　　　　　　　　　　　　年　月　日

序 号	内 容	你的意见		
		较好	一般	不了解
1	园级领导的整体素质			
2	园务委员会作用发挥情况			

①② 徐志民.中国著名幼儿园管理制度全集[M].长春：北方妇女儿童出版社,2005.

(续表)

序 号	内　　　容	你 的 意 见		
		较　好	一　般	不 了 解
3	园工作管理民主情况			
4	园管理制度完善情况			
5	园管理工作效果			
6	园领导的办园思想			
7	岗位责任制			
8	人员安排合理情况			
9	奖惩制度调动教职员工积极性			
10	教工政治学习			
11	教工业务进修			
12	园后勤工作			
13	园教工伙食			
14	园幼儿伙食			
15	教师自制教玩具情况			
16	保育质量			
17	教育质量			
18	为幼儿家长服务措施和幼儿家长反映			
19	教研活动解决保教工作实际问题			
20	园领导进班活动情况			
21	教师对后勤、卫生工作主动配合情况			
22	领导重视总结经验情况			

参考资料5

幼儿园教师工作评价内容表①

园名：　　　　　　　　　　　　　　　　　　　　　　　　　　　　　年　月　日

对幼儿园教师结构的评估	1. 教师配备	① 符合省编制标准 ② 教师无慢性传染病或精神病
	2. 学历结构：本科、专科、中专及高中毕业以上学历人员的百分比	
	3. 专业结构：学前教育本科、学前教育专科、幼师、职业中学幼教专业、取得幼教培训任职资格合格证书人员的百分比	
	考评方法：查阅教职工名册及体检卡	

---

① 月亮船教育资源网，http://www.moonedu.com(有改动)。

(续表)

对幼儿教师素质的评估	1. 思想素质	① 热爱本职工作,爱护幼儿,有事业心和责任心 ② 仪表端庄,说普通话,举止文明,为人师表 ③ 遵纪守法,勤奋工作,上班不离岗、不闲聊	
	2. 业务素质	① 能依据教育目标和幼儿发展的需要制定教育教学计划 ② 有认识和评价幼儿身心发展水平,并给予相应辅导的能力 ③ 会设计和布置适宜的环境,合理地组织幼儿的一日生活 ④ 有自制教玩具的能力	
	考评方法:查阅资料、计划,向园长、保育员及家长调查,看各种活动		
对幼儿教师工作情况的评估	1. 教育思想	① 明确幼儿园的培养目标,面向全体幼儿,因材施教,促进每个幼儿在原有基础上得到协调发展 ② 了解和尊重幼儿,注意观察和记录幼儿发展情况,师生关系融洽	
	2. 保教工作	① 建立班级管理和良好常规,幼儿生活得愉快而有秩序 ② 随时满足幼儿饮水需要,加强安全和卫生教育,无伤亡和丢失等事故 ③ 积极开展适合幼儿需要的多种形式的体育活动 ④ 一日活动做到动与静、室内外、集体与个别活动兼顾,游戏时间有保障 ⑤ 根据幼儿年龄特点制定游戏计划,指导游戏过程,提供游戏的场地和材料,使幼儿的主动性、积极性得到发挥 ⑥ 开展的课堂教育活动目的明确,内容恰当,提供幼儿充分运用感官进行实践活动的机会,注意培养学习习惯和认知能力	
	3. 家长工作	① 乐意为家长服务 ② 有与家长沟通思想和密切联系的能力 ③ 定期家访、召开家长会和开放半日活动,听取家长建议,指导家教方法 ④ 家长满意	
对教师教研工作情况的评估	1. 业务学习	① 有学习计划及时间保证 ② 写学习笔记和教育笔记 ③ 及时获得新的教育信息 ④ 进修高一级的专业课程	
	2. 教育研究	① 有研究专题 ② 开展观摩活动 ③ 写论文或专题总结	
	考评方法:在教师自评的基础上,查阅计划、笔记、观察记录、论文,观摩学习活动,与园长、保育员及家长座谈		

参考资料 6

幼儿园教育活动评价表[①]

教师姓名_____ 班级_____ 活动名称_____ 评定者_____ 评定日期_____

项目名称	权重	指标要素	评 价 标 准	评价等级				得分
				优秀	良好	一般	较差	
教育目的内容	0.30	明确度	指是否符合《纲要》与《规程》精神和要求制定出较明确具体的教育目的;教育目标是否符合幼儿实际水平;教育内容与目的是否一致					

---

① 张燕,邢利娅.幼儿园组织与管理[M].北京:北京师范大学出版社,2000.

(续表)

项目名称	权重	指标要素	评价标准	评价等级 优秀	良好	一般	较差	得分
教育目的内容	0.30	整体性	内容的选择与组织是否注意整体性,体现保教结合及体、智、德、美的相互渗透;能否充分发掘内容本身的多方面教育价值					
		科学性	内容是否科学、正确,内容的处理是否重点突出、详略得当,且难易适当、容量适宜					
教育方法结构	0.30	恰当性	根据保教目的、内容和幼儿实际,选择和运用生动、直观、形象的方法					
		针对性	能否因材施教,分类指导					
		游戏性	能否以游戏为主要手段进行教育,注重游戏的教育作用					
		程序严密	教育活动过程层次清楚,程序严密,环节交替自然有序,能有效利用时间					
		结构合理	依幼儿活动和学习规律,注意动静交替,集体与小组活动交替,教育过程形成有机联系的整体					
教师基本素质	0.20	组织能力	能依计划组织活动,指导意识强,能驾驭控制整体活动过程,并有灵活应变处理意外问题的能力					
		教育环境	注重创设与教育目的相适应的心理和物质环境,为幼儿提供适宜的活动材料和玩具					
		教育民主	教态自然亲切,能满足新生儿童的合理意愿,注意激发幼儿的学习主动性,培养自信心和独立能力					
		教育技能	语言规范生动、富于启发性,能熟练演示、操作,掌握必要的音乐、绘画及制作等技能					
初步实施效果	0.20	目标落实	活动效果如何,教育目标是否落实					
		幼儿参与	幼儿能否积极参与活动,是否情绪饱满,能否动手动脑,表现出一定的活动能力,行为习惯如何					
教育特色	酌情加1—5分							
总评	评语							

说明:评价时将有关教育活动状况的实地观察与评价标准逐项对照衡量,在相应的等级栏目内打勾,最后计算出总分。

参考资料7

常州市幼儿园教育工作评价指标①

园名：　　　　　　　　　　　　　　　　　　　　　　　年 月 日

一级指标	二级指标	三级指标	评价分值				自评	他评	评价方式
			优秀 1.0	良好 0.8	合格 0.6	不合格 0.4			
基本素养（20分）	师德修养（10分）	1. 热爱本职工作，有较强的事业心和责任感							座谈、问卷调查
		2. 学会合作，相互尊重，有良好的精神风貌和团队意识							
		3. 遵守《师德规范》，为人师表，信守办园理念和园所共同的价值观							
		4. 具有为家长、为幼儿服务的观念，尊重、信任幼儿，关心每一个儿童的成长和进步							
	业务素养（10分）	1. 学历达标，掌握一定的幼儿教育理论，有学习、反思、分析、评价的能力							座谈、查阅资料、观摩活动
		2. 有扎实的教学基本功和专业素养，有较强的组织教学和开展游戏的能力							
		3. 能根据幼儿身心发展规律和学习特点，创造性地进行教育教学改革							
		4. 具备一定的现代化教学办公能力和信息收集、处理的能力							
保教工作（65分）	保育保健（12分）	1. 合理安排、科学指导幼儿在园的一日生活和活动，各环节过渡自然							日常观察、常规检查
		2. 培养幼儿的生活自理能力和良好的生活、卫生习惯							
		3. 做好安全防范工作，培养幼儿安全意识和自我保护能力							
		4. 能妥善处理突发事件。关注特殊儿童，重视幼儿的身心健康							
	教育教学（25分）	1. 贯彻《纲要》精神，结合本年龄段幼儿教育目标，制定切实具体的各类教育教学计划							观摩活动、查阅资料
		2. 有效利用园内外和社区各种教育资源，针对本班幼儿实际，创造性地实施课程							
		3. 科学安排一日活动，做到动与静、室内与室外、集体与个别活动兼顾，游戏时间有保障							
		4. 灵活运用多种教学手段，支持幼儿主动探索、表现表达，培养幼儿的创造性思维和动手能力							
		5. 采用记录的方式，有计划地对本班幼儿进行观察和记录，注重幼儿发展的过程性评价							

① 常州教育信息网，http://www.czedu.gov.cn。

(续表)

一级指标	二级指标	三级指标	评价分值				自评	他评	评价方式
			优秀 1.0	良好 0.8	合格 0.6	不合格 0.4			
保教工作（65分）		6.有自我反思的意识和能力,通过自我评价和同伴互助等形式,改进和提高自身的教育行为							
	教育科研（9分）	1.积极参与课题研究,制定个人专题研究方案,主动开放教育研究活动							查阅资料、座谈、问卷调查
		2.多途径查阅、收集教科研信息,合理借鉴运用,注重积累、整理过程性资料							
		3.主动展示教科研成果,撰写案例、观察记录、经验总结和学术论文等							
	家长工作（9分）	1.优化家园关系,具有良好的与家长沟通、协调能力,家园联系方式多元化							座谈、问卷调查
		2.有效开发和利用家长资源,主动向家长提供教育幼儿的经验和信息,提高其科学育儿水平							
		3.每学年有针对性地组织家长开放日和亲子活动等,探索家园共育新途径、新方法							
	班级管理（10分）	1.建立良好的班级管理常规,各类物品摆放安全有序,高效利用,便于幼儿自主探索							日常观察、常规检查
		2.营造和谐温馨的班级氛围,幼儿学习、生活愉快有序,师幼互动效果好							
		3.创设课程化的学习环境和开放性、动态性的区域游戏环境,引导幼儿与环境、材料互动							
		4.有主人翁意识,结合班级实际自制相应的玩教具,合理使用并妥善保管班级财物							
专业发展（15分）	培训提高（7分）	1.树立终身学习观念,自觉参加各类教研活动和业务培训,每学年继续教育不低于40课时							查阅资料、同行评价
		2.自主学习教育理论,撰写读书笔记和教育随笔,提高理论素养和教育实践能力							
		3.积极参加园本教研,每学年主动承担一定的研训任务							
	自主发展（8分）	1.积极参与学历进修,根据自己的特长参加具有方向性的专业培训,鼓励选修第二学历专业							查阅资料、个人访谈
		2.建立自我成长档案,确立个人近期发展目标,每学年取得一定的教育教学成果							
		3.每学年开放一次园内或园级以上公开课、研究课或游戏活动							
		4.发挥自身的专业特长,多能一专,指导幼儿兴趣小组和项目活动,逐步形成个人教学特色							
等级		优秀 100—88　良好 87—75　合格 74—60 不合格 60分以下	总分						

参考资料8

幼儿园保育员工作评价表

幼儿园＿＿＿＿＿＿＿＿＿＿＿　　班级＿＿＿＿＿＿＿　　评价日期＿＿＿＿＿＿＿

项　目	细　目	权重	达标度(%)	得分
保健卫生 40分	注意幼儿情绪、饮食、大小便,照顾个别幼儿	4		
	为幼儿增减衣服,提供浴巾,严格固定幼儿用被	6		
	照顾幼儿进餐,鼓励幼儿把食物吃完,照顾食欲不振、体弱和吃得慢的幼儿	6		
	每天消毒幼儿餐具、饮具和毛巾;每周换洗枕套、清洗玩具,紫外线或日晒消毒被褥	8		
	按作息时间开餐,准备碗、筷、碟、餐巾	8		
	保持班室包干区整洁,每天一小扫,每周一大扫	8		
教育工作 35分	热爱幼儿,态度和蔼,坚持正面教育	6		
	严格执行作息制度	3		
	与教养老师一起组织教育活动和指导游戏	4		
	按要求准备和收拾好教学用具、材料	5		
	按教育要求制作教、玩具、布置环境	5		
	培养幼儿良好行为习惯	4		
	做好幼儿安全防范工作	5		
	大胆使用普通话	3		
协作方面 15分	协助教养老师做好班上各项工作	6		
	班上及别班缺人时主动顶班和协助	6		
	协助园内做好各项工作	3		
家长工作 10分	主动与家长联系	2		
	及时了解幼儿缺勤原因	4		
	热情有礼接待家长,帮助家长解决困难	4		
总　分				

？ 思考与练习

1.案例分析:

　　某幼儿园为了提高办园效益,非常注重对幼教职工的业绩考核,每周一小查,每月小结,期末总评,兑现奖金。其主要措施为:① 检查幼儿教师计划执行情况,未执行者,发现一次扣相应分数。② 专人负责检查每班教育、保育、卫生、安全等工作的漏洞,发现问题,扣班级相应分数。③ 教师有突出表现者加分,比如,做公开课、发表论文、获奖等。④ 提倡兼职兼薪,多劳多得,节约编制,教养员兼保育员,业务园长兼后勤园长,等等。

　　然而,这些措施并没有达到园长的预期目的。措施实行的结果却是教职工干劲不足,职工、领导间矛盾不断。请分析问题出在哪里。

2. 社会实践：

走访或调查某幼儿园(也可以是几所幼儿园)，了解该幼儿园工作评价的内容及存在的问题，并根据调查结果提出自己的意见或建议。

参考文献

1. 王学聪.成功幼儿园管理制度全书[M].长春：吉林摄影出版社,2002.

2. 唐淑,虞永平.幼儿园班级管理[M].南京：南京师范大学出版社,1999.

3. 王普华.幼儿园管理[M].北京：高等教育出版社,2005.

4. 张燕.幼儿园管理[M].北京：北京师范大学出版社,1997.

5. 谢秀丽.幼儿园工作管理[M].广州：广东高等教育出版社,2000.

6. [苏联] B.A. 苏霍姆林斯基.给教师的建议[M].杜殿坤译.北京：教育科学出版社,1984.

7. 申毅,王纬虹.幼儿教师专业发展[M].重庆：西南师范大学出版社,2008.

8. 张燕.幼儿教师专业发展[M].北京：北京师范大学出版社,2006.

9. 李季湄,肖湘宁.幼儿园教育[M].北京：北京师范大学出版社,1997.

10. 李志宇,谢志东.幼儿园法律问题案例评析[M].北京：知识出版社,2002.

11. 万钫.幼儿园卫生保育教程[M].北京：北京师范大学出版社,1999.

12. 徐帮学.幼儿园课程设计与幼儿发展评价实用手册[M].长春：北方妇女儿童出版社,2003.

13. 人民教育出版社幼儿教育室.幼儿卫生学[M].北京：人民教育出版社,2002.

14. 麦少美.学前卫生学[M].上海：复旦大学出版社,2005.

15. 汝茵佳.幼儿园环境与创设[M].北京：高等教育出版社,2006.

16. 何幼华.幼儿园管理创意设计[M].上海：华东师范大学出版社,2006.

17. 阎水金,张燕.学前教育行政与管理[M].长春：东北师范大学出版社,2003.

18. 张燕,邢利娅.幼儿园管理案例及评析[M].北京：北京师范大学出版社,2002.

19. 张怀宇.公共关系学[M].北京：中国时代经济出版社,2007.

20. 张燕,邢利娅.幼儿园组织与管理[M].北京：北京师范大学出版社,2000.

21. 穆英琳,徐书芳,李世霞.深化办园体制改革,建立有效管理机制[J].学前教育研究,1999(2).

22. 刘占兰.幼儿园教师的专业能力[J].学前教育研究,2012(11).

23. http://wenku.baidu.com/view/60c3bb8be53a580216fcfeec.html

24. 李季湄：http://www.smjky.cn.

25. 李季湄等在线研讨对话：http://blog.cer.com.

26. 朱燕.以园本培训为依托,促进年轻教师专业成长[J].学前教育研究,2011(3).

27. 袁爱玲.冷静思考园本课程的热潮[J].学前教育研究,2002(4).

28. 程方生.幼儿园课程开发："以园为本"的探索[J].教育评论,2003(5).

29. 周洪飞.幼儿园课程实施方案的制定[J].幼儿教育,2008(1).

30. 孟瑾.促进幼儿园园本化课程建设的管理策略[J].学前教育研究,2011(8).

31. 徐碧贤.建构基于生态环境的园本课程[J].学前教育研究,2009(5).

32. 阎水金.幼儿园课程方案编制与管理[J].幼儿教育(教育科学版),2007(1).

33. 李应君.幼儿园园本课程开发利用研究[D].西北师范大学教育学院硕士论文,2004.

34. 覃兵.园本课程开发的制约因素及对策探析[J].学前教育研究,2007(6).

35. 王淑芳.利用废旧材料创设特色环境[J].宁夏教育,2005(5).

36. 张少珍.创设为主题活动服务的环境[J].教育导刊,2005(7).

37. 王春燕.关于幼儿园环境创设——墙面布置的问题[J].教育导刊,2004(2,3).

38. 陈绍宣,林鹭.浅谈适宜幼儿发展环境的建构[J].幼儿园教育教学,2005(10).

39. 钱霞.幼儿园的经营与管理初探[J].学前教育研究,2001(6).

40. 陈淑珍.把以人为本的理念注入幼儿园的管理中[J].天津市教科院学报,2002(5).

41. 试论班主任的素质结构和评价标准,http://blog.sina.com.cn.

42. 王维红,申毅.关于幼儿园教师评价的调查与思考[J].山东教育,2003(9)(下半月).

43. 何育萍.发展:教师评价的支点——目前教师评价工作中的问题及对策分析[J].北京教育学院学报,2001(1).

44. 刘振民.幼儿园教育评价过程中应注意的几个问题[J].早期教育,2003(2).

45. 林少杰.什么是发展性评价[J].现代教育论丛,2003(6).

46. 刘丽湘.当前我国幼儿园教育质量评价工作的误区及调整策略[J].事业发展与管理,2006(7,8).

图书在版编目(CIP)数据

幼儿园组织与管理/张欣,马晓春主编. —3 版. —上海:复旦大学出版社,2021.5(2024.8 重印)
ISBN 978-7-309-15535-8

Ⅰ.①幼… Ⅱ.①张… ②马… Ⅲ.①幼儿园-组织管理 Ⅳ.①G617

中国版本图书馆 CIP 数据核字(2021)第 044107 号

幼儿园组织与管理(第三版)
张 欣 马晓春 主编
责任编辑/查 莉

复旦大学出版社有限公司出版发行
上海市国权路 579 号 邮编:200433
网址:fupnet@fudanpress.com http://www.fudanpress.com
门市零售:86-21-65102580 团体订购:86-21-65104505
出版部电话:86-21-65642845
上海光扬印务有限公司

开本 890 毫米×1240 毫米 1/16 印张 13.5 字数 339 千字
2024 年 8 月第 3 版第 7 次印刷
印数 23 601—28 700

ISBN 978-7-309-15535-8/G·2215
定价:45.00 元